"十三五"国家重点图书出版规划项目
2018年主题出版重点出版物

口述改革历史 下

主　编：迟福林
副主编：陈　薇　朱冠宇

SPM
南方出版传媒
广东经济出版社
·广州·

图书在版编目（CIP）数据

口述改革历史. 下/ 迟福林主编. —广州：广东经济出版社，2019.5

ISBN 978-7-5454-6756-7

Ⅰ. ①口… Ⅱ. ①迟… Ⅲ. ①改革开放-历史-中国 Ⅳ. ①D61

中国版本图书馆 CIP 数据核字（2019）第 131110 号

出 版 人：李 鹏
责任编辑：毛一飞
责任技编：许伟斌
KOUSHU GAIGE LISHI

出版发行	广东经济出版社（广州市环市东路水荫路 11 号 11~12 楼）
经销	全国新华书店
印刷	佛山市浩文彩色印刷有限公司
	（南海区狮山科技工业园 A 区兴旺路 6 号）
开本	787 毫米×1092 毫米 1/16
印张	20.75
字数	330 000 字
版次	2019 年 5 月第 1 版
印次	2019 年 5 月第 1 次
书号	ISBN 978-7-5454-6756-7
定价	68.00 元

如发现印装质量问题，影响阅读，请与承印厂联系调换。
发行部地址：广州市环市东路水荫路 11 号 11 楼
电话：(020) 38306055 邮政编码：510075
邮购地址：广州市环市东路水荫路 11 号 11 楼
电话：(020) 87393830 营销网址：http://www.gebook.com
广东经济出版社新浪官方微博：http://e.weibo.com/gebook
广东经济出版社常年法律顾问：胡志海律师
· 版权所有 翻印必究 ·

前 言
FOREWORDS

1978年12月18日，党的十一届三中全会隆重召开。这次会议，是新中国成立以来我们党历史上具有深远意义的伟大转折。正如习近平总书记所指出的，"改革开放是决定当代中国命运的关键一招，也是决定实现'两个一百年'奋斗目标、实现中华民族伟大复兴的关键一招"。党的十八大以来，面对复杂的国内外形势变化，面对我国经济发展进入新常态等一系列深刻变革，中国共产党领导全国各族人民坚定不移地高举改革开放旗帜，取得了改革开放和社会主义现代化建设的历史性成就。

自2014年起，中国（海南）改革发展研究院（以下简称"中改院"）启动了"口述改革历史"访谈项目，旨在对体改战线的老领导、老专家以及改革开放进程中的改革决策者、知名改革专家和基层实践者进行抢救性访谈，真实记录改革历史，客观反映改革历程。目前，已完成300多位历史人物访谈，积累视频总时长约500小时，整理文字600多万字。访谈范围除中央层面外，还涉及广东、海南、福建、江苏、浙江、湖北、四川、安徽、吉林、河南、深圳、上海、重庆等省市。中改院在"口述改革历史"访谈资料的基础上，选取90多位改革开放历史人物和70多个改革开放历史事件，编写出版《口述改革历史》上、中、下三册，各收录3个部分，分别为思想解放、农村改革、经济体制改革、对外开放、企业改革、城市改革、财税金融体制改革、社会和文化体制改革、行政体制改革与民主法治建设等。下一步，中改院还将继续坚持"口述改革历史"访谈项目，积极发挥中国改革智库在改革开放进程中的作用。

本书由中改院团队组织编纂，由迟福林教授担任主编，陈薇、朱冠宇任副主编，杨睿、张娟、林秋敏、李阿彬、陈所华、杨若曦、范敏等同志参与了本书的编写和相关工作。编者在整理和编辑本书的过程中，得到了各位受访者特别是诸多老领导、老专家的充分理解和支持，在此表示深深的谢意和敬意！编者在编辑本书的过程中参阅了大量相关资料，书中未能一一注明；广东经济出版社的编辑团队对此也付出了辛勤劳动，在此一并表示感谢。

改革开放是一个波澜壮阔的伟大历史进程，由于访谈范围所限，本书无法全方位地反映各个方面、各个领域的改革开放重大事件。本书所整理、收录的内容以受访者的口述记忆为主，由于时间久远等因素，可能与事实有所出入。同时，在征得受访者本人或家属同意的前提下，增补了部分重要历史事件的材料和公开发表的文章。在整理时，编者尽量保持资料原貌并加以注释及论证。

2018年是我国改革开放40周年，2019年即将迎来新中国成立70周年。希望以本书的出版，庆祝我国改革开放40周年，庆祝新中国成立70周年。

目 录
CONTENTS

1. 对外开放的"侦察兵"

张彦宁　李　灏　003

"文革"结束后,邓小平便提出要派人出去看看,特别要看看发达国家是如何发展经济的。据当时的国务院港澳办公室统计,从1978年1月至11月底,经香港出国和去港考察的人员达529批3213人。其中,共有12位副总理及副委员长以上的中央领导人,先后20次访问了50多个国家。仅当年中国社科院的《经济研究参考资料》一年刊登的出国考察报告就有101期。这些出访考察团被形象地称为对外开放的"侦察兵"。

2. "时间就是金钱,效率就是生命"

王金贵　韩耀根　015

1979年1月,中共中央、国务院批准了广东省和交通部的联合报告,决定在蛇口创办中国内地第一个出口加工区,它被称为"特区中的特区"和中国改革开放的"试验场"。"时间就是金钱,效率就是生命"是蛇口工业区创始人袁庚率先提出的口号,曾被誉为"冲破思想禁锢的第一声春雷"。

3. 深圳、珠海、汕头和厦门创办经济特区

金德本　方　苞　金　凌　郑金沐　梁广大　吴松营　025

　　1979年4月，邓小平提出"可以划出一块地方，叫特区"。当谈到配套资金时，邓小平说："中央没有钱，可以给些政策，你们自己去搞，杀出一条血路来。"在邓小平的倡议下，党中央、国务院作出在广东的深圳、珠海、汕头和福建的厦门试办出口特区的重大决策。1980年5月，根据邓小平的提议，将"出口特区"改称为"经济特区"。

4. "搞一个更大的特区"：海南建省办经济特区

雷　宇　刘剑锋　迟福林　075

　　1988年4月13日，七届全国人大一次会议通过了《全国人民代表大会关于设立海南省的决定》和《全国人民代表大会关于建立海南经济特区的决议》，以此为标志，中国最年轻的省份——海南省成立，成为中国继深圳、珠海、汕头、厦门之后的第5个经济特区，且是全国最大的经济特区。

5. 开发开放浦东
——向世界展示中国实行改革开放的决心

赵启正　李佳能　099

　　1990年4月18日，党中央、国务院正式宣布开发开放浦东，奏响中国新一轮改革开放的号角，浦东迅速成为享誉世界的中国"改革开放样本"。浦东的开发开放，向世界展示了中国进一步改革开放的决心，由此也拉开了中国20世纪90年代更高层次、更大范围改革开放的序幕。

6. 博鳌亚洲论坛成立

陈锦华　迟福林　130

　　2001年2月26~27日，博鳌亚洲论坛成立大会在中国海南博鳌举行。大会宣布博鳌亚洲论坛正式成立，通过了《博鳌亚洲论坛宣言》《博鳌亚洲论坛章程指导原则》等纲领性文件，受到了国际社会的广泛关注。作为一个非官方、非营利性、定期、定址的国际组织，博鳌亚洲论坛是第一个把总部设在中国的国际会议组织。从1998年提出亚洲论坛设想，到2001年正式举办成立大会，中国政府及海南省仅用3年时间便为亚洲及世界提供了一个共同协商亚洲地区经济发展、促进本地区经济合作的高层次对话平台。

7. 中国"复关"和加入世贸组织谈判回顾

石广生　龙永图　黄　海　144

2001年11月10日，在卡塔尔多哈举行的世界贸易组织（WTO）第四届部长级会议通过了中国加入世界贸易组织法律文件，标志着中国终于成为世界贸易组织新成员。2001年11月20日，世贸组织总干事迈克尔·穆尔致函世贸组织成员，宣布我国政府已于2001年11月11日接受《中国加入世贸组织议定书》，这个议定书将于12月11日生效，我国也将于同日正式成为世贸组织成员。2001年12月11日，我国正式加入世界贸易组织（WTO），成为其第143个成员。

8. 回顾"一带一路"倡议的发展历程

王义桅　164

2013年9月和10月，中国相继提出"丝绸之路经济带"和"21世纪海上丝绸之路"倡议，"一带一路"倡议正式亮相于全球。共建"一带一路"倡议的目的是聚集互联互通，深化务实合作，携手应对人类面临的各种风险和挑战，实现互利共赢、共同发展。

9. 我参与的中国（上海）自由贸易试验区总体方案设计过程

王新奎　174

为适应经济全球化发展的趋势和我国经济转型发展的需要，党中央对"新常态"下特殊经济区域改革开放的功能定位、建设目标和运行机制进行了大胆探索创新和顶层设计，作出了设立中国（上海）自由贸易试验区的重大战略决策。

10. 走向大开放先行探索：从特别关税区到自由贸易港

迟福林　183

1988年4月，七届全国人大一次会议正式批准设立海南省，并划定海南岛为经济特区。建省办特区30年以来，从"建立海南特别关税区"到"建设国际旅游岛"，如何以更大的开放办好最大的经济特区，始终是海南的不懈追求与探索。2018年4月13日,习近平总书记在海南建省办经济特区30周年纪念大会上郑重宣布,"党中央决定支持海南全岛建设自由贸易试验区,支持海南逐步探索、稳步推进中国特色自由贸易港建设,分步骤、分阶段建立自由贸易港政策和制度体系",自此,海南大特区的改革开放和发展掀起了崭新的篇章。

11. 中国行政体制改革40年历程回顾

魏礼群　195

改革开放40年来,为了适应经济社会发展的需要,伴随着各领域改革进程的发展,我国行政体制改革持续推进,逐步深入,从政府职能转变、组织结构优化、行政区划调整、管理方式创新、管理流程再造,到行政权力制约、行政队伍建设,各方面、各环节改革举措接连不断,改革成果亮点纷呈,为社会主义现代化建设提供了体制保障,也促进了其他相关领域改革的深化。

12. 回顾我国大部门体制改革历程

朱光磊　202

改革开放以来,我国分别在1982年、1988年、1993年、1998年、2003年、2008年、2013年和2018年进行了多次规模较大的政府机构改革。力图降低行政成本,提高行政效率,国务院组成部门由1982年的100个削减为2018年的26个。其中2008年国务院机构改革的主要任务是,围绕转变政府职能和理顺部门职责关系,探索实行职能有机统一的"大部门体制"。

13. "一国两制":亲历香港、澳门回归

周　南　207

1997年7月1日零时,随着交接仪式的成功完成,"一国两制,港人治港,高度自治"的历史就此开始。"一国两制"是邓小平理论的重要组成部分,香港回归表明"一国两制"从伟大的设想正式成为现实。两年后的1999年12月20日,离开祖国近400年的澳门顺利回归,"一国两制"翻开了新的篇章。

14. 建设公共服务型政府

迟福林 220

  SARS危机是我国改革发展进入新阶段遇到的一次突发性公共事件。它反映出我国改革发展实践中的某些具体偏差，反映出我国政府在公共卫生，尤其是农村公共卫生等社会事业方面欠账太多。从SARS危机中吸取教训，应加快政府改革，实现由"经济建设型政府"向"公共服务型政府"转变，实现经济和社会协调发展。

15. "依法治国"方略的提出

李步云 228

  "依法治国"方略的提出，是中国共产党执政方式上的一次重大改革，是中国治国方略上的重大战略选择，是社会主义制度的创新。"依法治国"方略的发展过程有两个里程碑：第一个里程碑是1997年党的十五大正式把依法治国，建立社会主义法治国家确立为治国方略和奋斗目标。1999年在这个基础上又庄严地把依法治国写进宪法。第二个里程碑是2014年党的十八届四中全会，通过了《中共中央关于全面推进依法治国若干重大问题的决定》，提出全面落实"依法治国"方略，加快建设社会主义法治国家。

16. 向阳人民公社"撤社建乡"

常光南 235

  1980年6月18日，四川省广汉县向阳人民公社摘掉了"人民公社"的牌子，正式取消了政社合一的人民公社体制，建立乡政府，成为全国第一个改制的人民公社。这不仅推动宪法修改规定"乡、民族乡、镇设立人民代表大会和人民政府"，还标志着"三级所有、队为基础"的政经合一的农村基层组织管理体制在中国大地上不复存在。自此，人民公社逐步退出历史舞台。

17. "选出来的干部才算数"
——新中国第一个"村委会"成立

韦向生 242

　　1980年2月，我国第一个村民委员会组织在广西壮族自治区宜州市三岔乡合寨村诞生，果作村委会是全国第一个有正式记录依据的村委会。这一组织从本村实际出发，订立村规民约，制定管理章程，依法民主管理村内公共事务，开创了新中国基层民主政治建设的先河。

18. 我国文化体制改革的历程回顾和经验总结

蔡 武 251

　　文化领域的改革开放从1978年党的十一届三中全会以后就开始了，第一个时期是1978—1991年，文化体制改革的初步探索阶段。第二个时期是1992—2002年，文化领域改革开放进入了扩大探索阶段。第三个时期是2003—2012年，文化体制改革进入攻坚克难，解决深层次矛盾的阶段。党的十八大以来，在以习近平同志为核心的党中央坚强领导下，按照中央全面深化改革的总体部署，不断推动文化体制改革在新的起点上纵深拓展，不断深化文化管理体制改革，推进国家文化治理体系和治理能力的现代化，进一步激发了文化创新创造活力，进一步促进了文化事业和文化产业发展繁荣。

19. 我国教育体制改革的历程回顾

张 力 266

　　教育体制改革，自20世纪70年代末在恢复重建中掀开序幕，经历80年代中期到90年代末阶梯式推进，21世纪第一个十年重点深入，第二个十年由全面建成小康社会目标牵引进入新阶段，在党的十八大以来取得许多突破性进展。

20. 医疗保险改革"两江试点"

彭佩云　宋晓梧　275

1994年4月14日，国家体改委、财政部、劳动部、卫生部共同制定了《关于职工医疗制度改革的试点意见》，经国务院批准，在江苏省镇江市、江西省九江市进行试点，即著名的"两江试点"。同年12月，镇江市、九江市的职工医疗保障制度改革试点正式启动。"两江试点"的重点是实现机制转换，建立"统账结合"的城镇职工医疗保险模式。这一模式，为后期深化医疗卫生体制改革奠定了重要的基础。

21. 90年代中期住房制度改革历程回顾

陈锦华　陈学斌　292

从1980年邓小平同志明确提出改革城镇住房投资、建设和分配制度的总体设想以来，住房制度改革作为城市经济体制改革的重要组成部分，率先在广大城镇展开。90年代中期，住房制度改革在80年代试点工作经验的基础上，进入全面推进、综合配套改革的阶段，取得了突破性进展。住房制度改革涉及金融体制改革、财政体制改革以及土地制度改革，涉及广大城镇职工的切身利益，涉及多个部门利益的协调，在探索中不断推进。

22. 我亲历的城镇化改革政策制定过程

李　铁　308

1998年，党的十五届三中全会将小城镇建设提升至"大战略"的高度，号召各地在发展小城镇中走出一条具有中国特色的城市化道路。2012年11月，党的十八大正式提出："坚持走中国特色新型工业化、信息化、城镇化、农业现代化道路"，"促进工业化、信息化、城镇化、农业现代化同步发展"。一个月后的中央经济工作会议再次强调，要走"新型城镇化道路"，翻开了中国城镇化进程的新篇章。

第 一 篇

2018年4月10日，习近平总书记在博鳌亚洲论坛2018年会的主旨演讲中指出："中国人民坚持对外开放基本国策，打开国门搞建设，成功实现从封闭半封闭到全方位开放的伟大转折。"经过40年的不断扩大开放，中国成为世界第二大经济体、第一大工业国、第一大货物贸易国、第一大外汇储备国，连续多年对世界经济增长贡献率超过30%。实践证明，过去40年中国经济发展是在开放条件下取得的，未来中国经济实现高质量发展也必须在更加开放的条件下进行。这是中国基于发展需要作出的战略抉择，同时也是在以实际行动推动经济全球化造福世界各国人民。

1. 对外开放的"侦察兵"

"文革"结束后,邓小平便提出要派人出去看看,特别要看看发达国家是如何发展经济的。据当时的国务院港澳办公室统计,从1978年1月至11月底,经香港出国和去港考察的人员达529批3213人。其中,共有12位副总理及副委员长以上的中央领导人,先后20次访问了50多个国家。仅当年中国社科院的《经济研究参考资料》一年刊登的出国考察报告就有101期。这些出访考察团被形象地称为对外开放的"侦察兵"。

口述者:张彦宁(时任国家经济贸易委员会综合局局长、委员)
李 灏(时任国家基本建设委员会研究室副主任)

张彦宁

粉碎"四人帮"以后,工业战线就开始搞企业整顿和"工业学大庆"。企业整顿,首先要解除思想顾虑。比方说,"四人帮"掌权的时候,批判"唯生产力论"、批判"管卡压",谁搞管理就是卡工人、压迫工人,批判物质鼓励等,弄得企业不抓管理不行,抓了以后风险很大,搞不好还得挨批判。所以粉碎"四人帮"以后,首先要进行企业整顿,拨乱反正,不然大家思想上都有顾虑,心有余悸。

邓小平同志主持工作以后,就抓了一系列的整顿工作。当时中国已经恢复了联合国的合法席位,中美关系也改善了,与日本的邦交也恢复了,所以我国的外部环境已经从过去的对中国全面封锁逐渐变得开放了。而当时国内经济由于"四人帮"

的严重破坏，已经到了崩溃的边缘，老百姓生活很困难。这时候，中央就酝酿着要召开十一届三中全会，商讨怎样进一步解决中国的问题。于是就有了很多到国外出访考察的活动。

在十一届三中全会召开以前，我印象最深的就是谷牧副总理奉中央之命带领各个部门到欧洲考察，他当时主要是出于宏观上的考虑。第二个印象比较深的就是在我们访问日本之前的几个月，邓小平同志访问了日本。

1978—1980年，我主要参加了三次出国访问活动：1978年访问日本，1979年访问美国，1980年访问联邦德国、瑞士和奥地利。这三次访问代表团的人员基本上没变，由国家经委主任袁宝华带队，邓力群任顾问，团员包括京、津、沪、辽四个省市主管经济的副省长、副市长，社科院的马洪也参加了这个访问团。国家经委除了袁宝华之外，还有副主任徐良图，以及各个局的局长。组成代表团以后点名让我当秘书长，为什么呢？这和我之前的经历有关。1973年我就考察过日本，后来因为合资项目又考察了联邦德国，粉碎"四人帮"以后，中国国际贸易促进委员会组织了一个访问美国的代表团，我随团考察了美国。因此，我对外了解一些情况，对内我是经委综合局局长，便于协调。

图1-1 1978年10月，邓小平访问日本乘坐新干线列车

图1-2　张彦宁（后立）陪同袁宝华同志向邓小平同志汇报访日情况

在我1973年考察日本的时候，日本首相田中角荣是很愿意和中国建立经济联系的，那时候日本对中国逐渐放开，开发中国市场。所以我们到日本的时候日本人很热情，接待我们的单位是日中经济协会①。

之前好多同志由于长期封闭，没接触过外界，出去以后感到我们和国外的差距确实太大。"文化大革命"这10年，国外发展很快。从经济总量上看，日本在20世纪50年代的生产水平和中国差不了太多。但在20世纪60年代日本搞了一个收入倍增计划，经济快速发展。我们到日本的超市一看，国内的商店和它们比起来物资上差得很明显。另外，日本当时已经有了高速铁路，叫新干线，汽车也很普及了，非常现代化。老百姓的生活水平也提高了，基本上每个家庭里头都有家电，陪同我们的人都有照相机。所以我们一比较，中国如果再不谋发展就说不过去了。

当时日本几大跨国公司，比如丰田、松下、日立、东芝、新日铁等，我们都去看了，几个大城市我们也都去了。我印象比较深刻的是，日本政府和企业之间有一批社会团体很会做工作。接待我们的日中经济协会，首先给我们普及日本知识，请

---

① 日中经济协会是通商省协办的一个事业单位，和政府部门有密切的联系。

通商省的人给我们介绍日本经济，请生产性本部①的专家讲日本企业怎么样提高生产率，请能率协会②的专家讲日本怎么样节约能源、如何度过能源危机，请知名专家石川馨③讲怎样开展质量管理。说到质量问题，我们参观日本标准协会的时候，那里有个实验室，实验室里头有各种检测产品质量的试验。其中我印象比较深的就是胶鞋，胶底在机器上不断卷来卷去。我问，这要卷多少次？日方说几万次。那时候我们没有这个概念，但是我想质量搞到这种程度，肯定是好的。

我们还看了丰田汽车的自动化生产线。生产线的开始是原料、部件，接着是一点点的组装，最后完成一道程序汽车就出来了。当时的自动化程度已经比较高了，虽然人工操作也有，但是在生产线上越来越少。汽车下线后还要开出去做速度实验、撞击实验。我们就在实验室里看实验录像，为了测试汽车的安全性，他们将汽车直接撞到墙上，看破坏程度和安全带、安全气囊的情况，过去我们是做不到这种程度的。另外我们参观了松下电器，那时他们已经普及电视机了。我就问，你们电视机的质量和安全性能达到什么程度？松下的工作人员说他们的最后一个实验是把电视机从几米高的地方摔下来，然后看看这个电视机的各个部件是否完好。他们对产品质量、对安全的高要求，在当时给我们留下了非常深刻的印象。

此外，日本的专业化程度也很高。我们参观了一个叫君津的钢铁厂，是新日铁的新厂。走到炼钢炉前面的时候，我看见工人戴的帽子有两种，我很好奇，为什么有两种帽子？厂方说岗位不同，所以有区别。炉前有两种工人：一种是炼钢厂的工人，操作炼钢炉的；另一种是其他公司负责给炼钢炉"喂料"的工人，他们不是一家公司的。还有就是从炼铁高炉出来的铁水到炼成钢，工序不是在同一个车间内完成，中间有火车进行运输。我看到火车上的字，和他们戴的帽子又不一样，就问火车不是新日铁的？他们说火车是另外一家公司的，负责把新日铁的铁水拉到炼钢炉里去炼钢，这整个路程都承包给他们了。钢铁厂里有炼焦厂，这也不是新日铁的，

---

① 公益财团法人日本生产性本部（Japan Productivity Center，JPC）是日本产业经济省直属的特别财团法人。
② 日本能率协会是日本的民间组织。它以提高企业经营效率为目的，注重研究和推广有实际效果的经营管理技术，向企业提供综合服务。
③ 石川馨（Ishikawa Kaoru）是QCC之父、日本式质量管理的集大成者，出生于日本，毕业于东京大学工程系，主修应用化学。石川馨是20世纪60年代初期日本"质量圈"运动最著名的倡导者。

而是专门给钢铁厂提供焦炭的一个专业公司的。他们的专业化水平已经高到这种程度了，在生产流程中间还有不同的专业公司，而我们原来的概念就是产品之间有分工就是专业化了，在流程中存在这么多公司是从没有过的。

1979年，我们到美国参观考察，发现这里比日本还现代化。日本接待我们基本上走的是新干线、用的是汽车，美国接待我们直接用飞机，有的就是公司的专机，一看比日本还气派。这里老百姓的生活水平也比日本要高一些，日本老百姓那时候住"兔子窝"①，面积比较小。

我们在美国参观了电话电报公司、美国钢厂、福特汽车、底特律汽车城等。在现代化水平和管理方式上，日本和美国都差不多，但是在管理细节上有些不一样。日本的工人上班规规矩矩的，穿着整齐，休息都是很有秩序的。到美国一看，好多操作员、工程师的小房间里头放着老婆照片、儿子照片，有的还放有音响，听听音乐。到德国看，德国也是很规矩的。后来我们总结去这些国家的企业看什么时，有两个地方是非看不可：一个是计算机房，看看计算机控制的程度；一个是企业的培训中心，看看怎么培训职工、干部。这些给我的印象也比较深刻。

接着我们到瑞士访问，为什么要去瑞士呢？施瓦布②到中国和经委谈判，谈判结束就邀请我们出国交流，并提出他可以帮助我们到欧洲去看一看，当时接待我们的就是欧洲管理论坛（与中国开始交流后就改为世界经济论坛）。在这我们有点感触，我们看到一个社会团体，它能组织我们到三个国家考察，说明他们和政府、企业的关系都不错，包括美国的美中贸易全国委员会③，它是和我国经贸部外贸促进会对口的、半官方的一个组织，它组织能源部、商务部、财政部等政府部门给我们介绍情况。这些虽然都是资本主义国家，但是都有自己的特点。在资金筹措上，日本的股份公司叫株式会社，靠家庭、企业之间来融资。企业里有三大支柱：年功序列工资制、企业工会、终身雇佣制。每个企业都必须按照这三个支柱进行工作。职

---

① 日本住宅由于面积狭小而被揶揄为"兔子窝"。
② 克劳斯·施瓦布（Klaus Schwab），1938年3月30日出生于德国的拉芬斯堡，后加入瑞士籍。他于1971年倡议创建了世界经济论坛，并担任论坛主席，还担任联合国发展规划委员会副主席。
③ 美中贸易全国委员会是一个非政府、非营利的组织，拥有200多家在中国经商的美国会员公司。委员会的使命是扩大美中商务联系，使全体会员从中受益，进而在更广阔的层面上使美国经济获益。

工进了企业以后基本上是终身雇佣,不能随便辞退。工资要按照年功序列来付,工龄起到了很大作用,这对日本战后恢复经济、缓解劳资矛盾起到了强有力的作用。企业工会就是企业的内部组织。而美国就不一样了,美国的资金筹措主要来源是股东,所以在美国企业里,董事会是决定一切的。美国的企业工会不重要,重要的是产业工会,按行业组织工会,双方各有利弊。日本的企业工会有"春斗"和"秋斗",但是他们"罢工不离岗",带着袖标在岗位上表示我们正在罢工,一点儿不影响工作。美国就不一样啦,他们按照产业来罢工,什么交通大罢工、电器大罢工,看起来是局部的罢工,但是有的关键产业是局部影响了整体。比如交通大罢工,不解决的话,虽然别的产业没罢工,但是生产还是要受到影响,这个就比较厉害了,而且美国的罢工还比较多。美国工资基本上是靠能力的,和日本不一样,你能力行,即使是新来的也能比老员工工资高。另外当时美国的职工流动性很大,一般全国综合性的流动率大概是百分之十几到百分之二十几之间。职工如果不能胜任工作,企业就能辞退职工,并且自动离职和企业辞退给的补偿待遇也不太一样。

德国又是另外一种情况。德国的企业有三个组织:第一个是监事会,基本上是代表资方的,也有一部分职工参加;第二个是管理委员会,进行日常工作的;第三个是工人委员会,基本上参加的都是工人。管理委员会和监事会都有一定的工人代表,工人委员会对一些事情有否决权,比如职工的处理、处分、开除、离厂等。我问这是为什么呢?他们说有两个因素:第一是德国主张社会市场经济,关注职工的利益。第二是因为二战结束后,还比较乱的时候,普遍是工人组织护厂,资本家大多跑了。等稍微平静了,他们再回来时,制度已经形成一部分,资本家不得不让步,扩大一点工人的权利。

我们看的都是资本主义国家,都是面对市场,但根据我们国家的情况,不同的历史阶段,与这几个国家都不太一样。后来我们到法国、英国看,也都有自己的一些特点。

考察完了以后,我们做了这么几件事。

第一件事,就是给中央书记处、国务院写考察报告。这几次考察既有来自几个省市的人,又有像来自社科院的邓力群、马洪这些搞理论的研究学者。而且邓小平同志在我们之前考察了日本，当我们考察日本时，每到一处，就有人说邓小平刚到我们这里考察了，并给我们转述了讲话内容。因此，我们心里就有点底了，考察报告有了明确的方向。考察报告报到国务院和书记处后，中央领导基本上是肯定的，特别是李先念同志很肯定这个报告。当然，类似的考察，邓小平同志、谷牧同志以及其他部委的同志也做过。这之后不久，就召开了十一届三中全会，考察报告的一些内容也放到十一届三中全会上讲了。因此，我认为这份考察报告，对十一届三中全会及以后的政策多少还是起到了一定的作用，特别是在解放思想方面。

考察报告的内容主要有几个方面：一是我们国家和其他国家的差距；二是其他国家的具体做法；三是我们可吸收哪些东西。当时我们觉得可以吸收的东西还是比较多的。因为我们那时候长期实行计划经济，特别是"文革"，把经济搞得很乱。当时大家的思想还是比较开放的，感到搞计划经济不行，非得要面向市场，不改革开放不行。另外就是国外都发展得很快，我们再不发展，中国将来就更困难了，对内经济生活没法处理，对外会受到很大的影响，因此我们主张加强对外合作，还有就是物质鼓励的问题。以前"四人帮"批判物质鼓励，职工除了那点工资以外，没有什么鼓励的政策，工资也是多年没有变化，强调精神鼓励。那么对于现在怎么样把精神鼓励和物质鼓励结合起来，怎么解决平均主义的问题，我们也提了一些意见。

第二件事，就是成立了中国企业管理协会。考察日本，大家感到应该有个社会中介组织，不能什么事都靠政府直接去办，而且中介组织的弹性比较大。所以我们就给国务院写了个报告，经批准成立了中国企业管理协会。不久后又成立了中国企业家协会，两个牌子合成一个机构，开展供企业家日常交流、总结经验的活动，开拓企业家精神。

第三件事，就是抓紧培养干部。因为十一届三中全会已经定下来了要改革开放，但是改革也好，开放也好，都需要有人来运作。而绝大多数人还是秉持旧观念，对外界情况不了解。另外，就是对"四人帮"的那些做法，大家还是心有余悸。所以在成立中国企业管理协会的同一天，我们就办了一个厂长和经委干部的培训班。我记得那时候已经成立经委了，康世恩是经委主任，他发表了讲话。这之后就逼着厂长学习,学习内容包括两方面:一是改革开放的政策;二是国外的现代化管理知识。我们在这方面下了很大功夫,特别是袁宝华同志。那么这以后除了各地协会组织的培训之外,经委又拨出了一笔钱,成立了经济管理干部培训中心。有的地方说培训中心太小啦,于是改成了干部管理学院;也有的地方是培训中心和管理学院一个机构两块牌子。

第四件事,是开展对外交流。利用我们这几次访问建立的关系,加强对外交流。比如:通过德国的杜伊斯堡协会接待考察,培训人员,这一直持续了十几年;和美国合作在大连建立了一个培训中心,培养企业家;不断派人前往日本考察,包括日本企业的技术改造等;和欧洲管理协会合作培养研究生,开始是在企业管理协会办研究生班,办了几年后觉得协会的环境还不够,欧洲那边想成立学院,经过多次商量,最后在上海成立了欧洲管理学会,现在还挺有名望的。此外,还成立了质量管理协会。

整体来讲,当时中国的改革开放的愿望和恢复生产发展经济的愿望是非常强烈的,大家感到不改革开放不行了,连吃饭穿衣都是问题,物资匮乏得很啊!另外,我觉得中美关系的改善也为改革开放提供了契机,美国也想开拓中国市场,这是很重要的。而全国在那段时期进行的所有考察活动,应该说是一种历史性的活动,在当时和以后都起了一定的积极作用。

李灏

粉碎"四人帮"以后,陆陆续续地有出访团了,但是规格不高,也不是以考察为目的,主要是去谈判的。所以1978年这次谷牧同志带队出访考察欧洲就很不同了,是以政府名义出去的全国最高规格的代表团。代表团团长谷牧是国务院分管经济工作的副总理,团员包括水电部部长钱正英、农业部副部长张根生、国家建委副主任彭敏、北京市副市长叶林、北京市主管工业的书记严明、广东省副省长王全国、广西主管工业的区党委书记朱广权以及山东省革委会副主任杨波等20多名长期从事经济工作的中央和地方各级领导干部,加上工作人员一共30人左右。

出访代表团是1978年5月2日出发的,6月6日回国,期间去了法国、瑞士、比利时、丹麦、联邦德国5个国家。当时国外对我们的出访很重视,好几个国家都是国家元首接待的,一些国家的接待是超规格的。

图1-3　1978年5月2日谷牧乘专机到达巴黎,对法国进行友好访问,法国总理雷蒙·巴尔到机场热烈欢迎其来访

这次考察目的很简单,就是让大家大开眼界,了解外部世界,看能不能解决一些问题。比方说,利用外资行不行?有没有外资可利用?那时候利用外资是个大问题啊!另外就是了解下外国的经济状况究竟怎么样,我们能有什么可借鉴、可合作的。这次出访不仅是外国的元首和政府首脑接待我们,国外的研究机构也希望和我们交流。我们在联邦德国汉堡研究所见到了该所所长古托夫斯基。外方人员介绍说,他是联邦德国"五贤人"①的成员之一。当时所谓的"贤人",是政府的高级顾问的意思。他跟我们谈了联邦德国搞市场经济的过程,非常生动。古托夫斯基说,联邦德国刚搞市场经济的时候也很艰难,物资匮乏,街上丢个马铃薯都很多

---

① 德国经济专家委员会,有时也译为德国政府经济顾问委员会,全称是"为总体经济发展提供建议的专家委员会",是一个为德国政策制定者在经济政策方面提供建议的学术组织。由于该委员会有五位最负盛名的经济学家,也被称为"五贤人"委员会。

人去抢。怎么办呢？当时有两个办法：一是"把螺丝钉再弄紧一点"，分配制度不变，还是按照社会主义原则分配；二是加入市场条件，激发积极性，后来是走了这条路子。当时意大利和法国都是社会党和共产党联合执政，慢慢过渡，经济就复苏了。后来回头看苏联，却过渡得早了，因为苏联的生产发展水平还没有到那个地步。

在联邦德国考察时，我国大使馆播放了一个纪录片，反映德国战败后经济从破败到复苏的过程。当时士兵衣衫褴褛，柏林城乡一片废墟。然而战后仅仅20多年，国民经济就完全恢复了。大家看后感到很震撼，对这个纪录片印象非常深刻。

我们在法国参观戴高乐机场，1分钟起降1架飞机，1个小时能飞60个航班。我后来问国内的同志，他说首都机场1个小时只能飞2个航班，就感到差距很大。还有联邦德国的工厂效率也很高，比如我们在联邦德国的威斯特伐利亚电力公司的露天煤矿参观，人家年产煤5000多万吨，只需要工人2000人。有国内的同志告诉我，放在国内，咱们可需要七八万人才有这个产量。

我们还看了欧洲的内河运输。西欧几个国家的内河不长，跟我国的长江、黄河比起来差远了，但开发利用得很好。联邦德国政府官员跟我们说，莱茵河在联邦德国境内不过几百公里，水深还不一样，浅水地方只有2米多，但他们采取多种措施开发利用，年货运量占当时联邦德国货运量的20%以上。

联邦德国总统谢尔请代表团到总统府座谈，总统府就在莱茵河边，谢尔总统说，我们的莱茵河很"勤奋"。谷牧同志说，我们的长江比莱茵河长，但运量少得多，不是我们的长江不"勤奋"，而是我们的工作没有做好。

我们还发现，我们去的国家的农业现代化水平和机械化程度都很高，科学技术的运用使劳动生产率大大提高了。我们到了丹麦，这里是西欧有名的粮仓，农业劳动力只占全国总劳动力的6%～7%，但生产的粮食、牛奶和猪肉，可以满足三个丹麦总人口的需要，生产效率极高。

我问当时陪同的中国使馆的外交官："西方变化这么大，发展那么不同，你们给中央写过报告没有？你们有没有把西方国家的真实情况报告给国内？"外交官跟我说："我们敢讲吗？谁写了回去就要被批判，是崇洋媚外，认为你靠不住，要把你调回来的。"当时大使馆是受到严格控制的,但凡出门一定有两个人陪着,不能私自行动,除了大使可以带妻子之外,大家都不能带家属。所以控制得这么严格,工作没法开展。

这次出访给大家带来的最大冲击就是觉得我们落后了,当时我国经济还没开放,绝大部分的同志对国外的情况都不熟悉。比方说利用外资的问题,明明是我们搞项目,外国愿意借钱给我们,但我们又不敢向人家借,为什么?因为人家是资本主义国家呀,你跟资本主义国家借钱那还了得!考察完起草报告的时候,谷牧同志就讲了,不用讨论了,你说个数,多少钱都让你借。过去向国外借钱,即便利息比较低都不行,所以后来谷牧同志到中央政治局汇报的时候就讲清楚了,要大胆地利用外资,人家有多余的资金想输出,利息也不是很高,愿意和我们合作,我们就要打开国门。所以从现在来讲,过去我们借人家的钱是开放,现在到国外投资也是开放,你要是关了门,那绝对是落后的,赶不上时代。因为一个人动脑,比不上一百人动脑,人家科学发明也多。

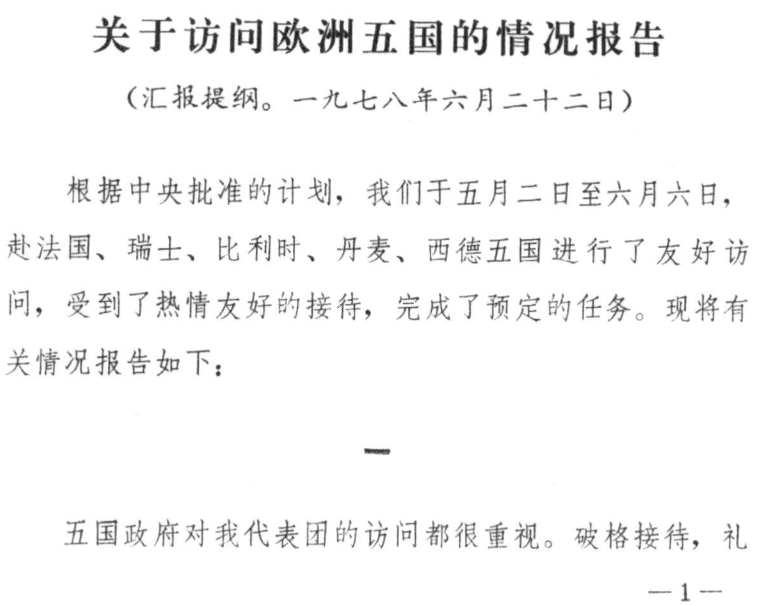

关于访问欧洲五国的情况报告
(汇报提纲。一九七八年六月二十二日)

根据中央批准的计划,我们于五月二日至六月六日,赴法国、瑞士、比利时、丹麦、西德五国进行了友好访问,受到了热情友好的接待,完成了预定的任务。现将有关情况报告如下:

一

五国政府对我代表团的访问都很重视。破格接待,礼

— 1 —

图1-4 1978年6月22日,谷牧率领的中国政府代表考察团向中央提交的《关于访问欧洲五国的情况报告》

回国后，这个考察报告要怎么写？上午我们回到乌鲁木齐，下午大家就开始讨论如何形成向中央汇报的报告。我当时是主笔人，在乌鲁木齐草拟了写作提纲，回到北京后就起草了初稿，经过考察团的同志们反复讨论和修改，最终形成了1.5万字的《关于访问欧洲五国的情况报告》，交给谷牧总理审定后上报中央。后来有人说，这份报告最大的亮点是对我国经济建设和改革开放提出了建议，这些建议不仅操作性强，而且对我国改革开放产生了深远影响。①

---

① 袁晓江：《1978年谷牧率团考察欧洲五国》，《百年潮》，2017年第10期。

2."时间就是金钱,效率就是生命"

1979年1月,中共中央、国务院批准了广东省和交通部的联合报告,决定在蛇口创办中国内地第一个出口加工区,它被称为"特区中的特区"和中国改革开放的"试验场"。"时间就是金钱,效率就是生命"是蛇口工业区创始人袁庚率先提出的口号,曾被誉为"冲破思想禁锢的第一声春雷"。

口述者:王金贵(时任蛇口工业区工程科科长)

韩耀根(时任《蛇口通讯报》总编辑)

王金贵

蛇口工业区是怎么来的呢?这要从当时的交通部部长叶飞说起。叶飞当时去西欧访问,路过香港顺道了解交通部下属的在港企业招商局的运营情况。到了香港后,他发现香港经济发展蒸蒸日上,企业经营搞得很兴旺。而当时招商局在香港做得不好,还是死气沉沉,没有什么作为。香港寸土寸金,招商局想在香港发展,实力还是很差。叶飞就提议说,能不能在香港对面,在广东沿海找一块地方,搞一些和航运有关的工业?

那时候"文革"已经结束,各个地方的政府都在紧抓经济和生产工作,再加上当时广东一带"大逃港"现象比较严重,所以广东省也想把沿海的经济搞活,解决群众逃港的问题。后来叶飞将自己的想法与广东省委沟通,广东省委很支持这个想法。所以交通部和广东省联合打了一个报告给中央,希望在香港对面要一块地,建一些工厂和工业企业。中央很重视这份报告，正好赶上党的十一届三中全会作出了把党和国家工作重心转移到经济发展建设上来的决定，此时这个报告正好对上号。

最初想的就是建5个工厂，货箱（集装箱）制造厂、钢丝绳厂、玻璃纤维厂、拆船厂、氧气厂。结果拆船厂的滩地搞好了，但是拆船有污染，所以后来就没建拆船厂了；氧气厂建了；钢丝绳厂也因为没有钢，所以没建。

后来我们觉得可以建出口加工区，因为那时候很流行，包括我国台湾与新加坡都建了出口加工区，那么我们就想把这个地方也建成出口加工区。而建出口加工区这种想法跟建几个工厂比，就上升了一步。最后中央感觉可以搞成中国改革开放的一个试验区。好多人不知道，以为原来开始就是要建特区，其实不是，建特区都有一个发展的过程。

获得中央批准后，招商局很快在蛇口成立了工程指挥部。但指挥部的人大多是交通系统原来搞航运的，原来指挥部的总指挥、副总指挥，全是香港中远公司的人，对发展工业、建企业、企业管理不熟悉。所以交通部就在其管理的国内企业里选调技术干部参与到工业区的建设上来。

根据当时交通部的两条招聘要求：一是不能逃港；二是政治上可靠、为人正派，因此我从上海第三航务工程局被选派到了蛇口。我是1979年7月25日到的蛇口，来了以后，我主要负责搞港口建设。科里还有搞电力的、搞公路的、搞航道的、搞房子的、搞水利的、搞通信的等七八个专业型人员。我是科长，他们都是各管一方面。除了我们这些搞工程的，还有财务、人事、指挥等十几二十个人，人不多。我报到的时候，也就十六七个人，吃饭两桌人都不到，大家就围着一桌吃饭。那时我们住在蛇口公社的办公室，一个码头后面的瓦房，一下雨就滴滴答答漏雨。

我来后首先就是要搞码头港口建设，当时蛇口工业区规划里面要建600米的顺岸式码头，前期的开山填海已经开始了。1979年7月，为了打通五湾至六湾的通道，开始炸山填海，蛇口工业区基础工程正式破土动工[①]，后来大家一致称那是"蛇口第一炮"，当然也是中国改革开放的第一声"开山炮"。

---

① 涂俏：《袁庚传·改革现场》，海天出版社，2016，第73页。

图2-1　1979年7月8日，蛇口轰然响起填海建港的开山炮，被称为改革开放的"第一炮"（蛇口改革开放博物馆提供）

之后还要做"五通一平"，所谓"五通一平"是什么呢？"平"就是平整土地，那个时候蛇口没有什么平地，基本上都是山坡，所以一定要挖山，要填海。"五通"就是要通电、通水、通信、通航、通路。但在当时的蛇口工业区，"五通"的任何一件事情都非常难。因为当时蛇口没有国家计划，你要钢材水泥，全部都是从香港进口，然后香港从外面进口。比如说通电，广东省自己的电力不够，经常停电。我们刚来的时候，指挥部从香港买了一台发电机，但是没人会用。广东供应不了电力，那我们只好跟香港电力公司协商，从香港买电，然后铺电缆过来，这个过程也不是这么简单，这要有人批准才行。通路也是有故事的，从107国道到蛇口有8公里路，当时委托的是广东省公路工程处来给我们修这段路。在路基搞得差不多的时候，就是不肯铺沥青，拖在那儿不做。意思是什么呢？就是想我们请他们的处长去香港参观。后来我们没办法，就请了他们的处长去了香港，但是还是不行，他们还想要其他的，就是拖着不做。实在没办法，最后我们只好到省里告状，然后对那个处长做了处分，才把这个问题解决。

"五通一平"里面最难的是通信。当时中国对外的电信通道只有北京、上海两个通道，别的地方不允许有线路跟国际上连通。那我们在蛇口做出口加工区，需要引进外资，如果不能对外通信，外商怎么可能来呢？所以袁庚当时为了通信的事情没少到北京去沟通,这事情最后就上报到胡耀邦总书记那里,他做了批示,特事特办。相关部门这才同意我们引进程控机房,搞对外通信,这样才解决了通信问题。

讲到"五通一平",还得加上建码头的问题,这里也有一段故事,就是"4分钱"的故事。当时我们和这个施工单位有合同规定,工期有奖罚,你提前一天我奖多少,推后一天我罚多少。施工单位意识到"文化大革命"刚结束,工人还是懒懒散散,工作效率很低。但是双方有合同,又怕我们罚他们,他们领导怎么办呢?弄了一个奖励的办法,这个奖励的办法是根据车队队长一辆车一天拉40次为标准,实行奖罚制度。根据这个标准,完成40车,一车2分钱,如果说40车以上,一车4分钱,所以"4分钱"的故事就是这样来的。全国后来各单位为了提高生产效率也开始实施奖金制度,但是国有企业我不知道他们的标准是怎么定的,到最后就出现滥发奖金的现象了。后来国务院就开始下文件,制止发奖金了。那我们这个施工单位也是交通部的工程单位,交通部给他们下命令不能发奖金,他们也只好不发奖金。司机原来有奖金的时候,一天最多拉到120车,多数人都在80车左右。这一不发奖金,也就拉三四十车。这一下子工程进度就慢了一半,那什么时候才能完工啊。我们都等着码头建好,把香港的材料、设备运进来,我们很着急。但施工单位也没有办法,根据当时的规定,就是不能发奖金。最后还是特区特事特办,这个事情才解决。

所以蛇口工业区在设立之初,尤其是基础设施建设的"五通一平"上有许多难处,也有很多故事。

这期间很多领导人都来视察过,我印象最深的是1984年1月,邓小平同志来视察深圳、珠海、厦门这几个特区。搞得最好的还是深圳,所以他首先到了深圳,他在深圳大概看了两天。这两天主要看了国贸、看了旋转餐厅,还看了渔村。但是他没看到引进外资,也没看到什么工业,觉得没看到实质性的东西。所以后来到了蛇口,看了华益铝厂,还看了其他几个厂。他还上了微波山,在微波山上看了我们的码头、港口,也看了别墅区,还有一些住宅和工厂。到了11点多,邓小平同志到了我们办公楼7楼,7楼会议室有个大模型。袁庚就按照那个模型给他介绍蛇口工业区的情况。中午休息时,他跟我说要出去转一转、看一看。我就领他去了后甲板转了一圈,看了看,他蛮高兴的,他还很想再多看看。

蛇口工业区获批后，袁庚很快提出了一句后来全国闻名的口号："时间就是金钱，效率就是生命。"这句口号来源于袁庚亲身经历的一件事。

袁庚在招商局驻港工作期间，与香港一家企业买了一栋大楼。当时签合同时已经是周五下午的2点钟。卖楼的公司负责人签完合同拿了支票就要走，急迫到什么程度呢？袁庚说，当时那个老板的司机就在楼下等着，车都没熄火。袁庚看到了他很着急，就说，我们买卖了一栋楼，这也算大买卖了，应该一起庆祝一下。卖楼方说不用，他们要赶紧把支票存进银行里面，下午3点以后银行就关门了，晚一天存就少一天的利息。

这件事对袁庚刺激很大，他后来多次讲到，香港人的时间观念和资金运作效率很高，抓得很紧。而过去，我们的国企没有时间概念，今天不行就明天，明天不行就后天，这种精神状态、工作效率还远远不符合发展的要求。

所以袁庚在蛇口发展过程中提出，如果工作没有效率，没有时间观念，不能很好地服务外商，那外商到你这儿来投资干什么？就算你人工便宜一点，地皮便宜一点，但工作却不出效率，不出质量，外商一样也是不会来的。

"时间就是金钱，效率就是生命"，这句口号提出后，一些中央领导人到蛇口视察，袁庚都会问领导同志这句口号好不好。当时来视察过的领导人也没说好，也没说不好，都没有对这个口号有一个明确的态度。

到了1984年，新中国成立35周年大庆上有彩车巡游活动。当时深圳市和蛇口工业区做一个彩车。我们就做了一个突出蛇口工业区特色的彩车模型，希望展示改革开放后蛇口的发展成就和凸显蛇口作为改革开放窗口的标志地位。当时袁庚跟办公室主任说："能不能把口号打上去？"我说："好，这口号是我们蛇口改革开放的精神，把口号放上去这样才完整。"我就给彩车制作厂家打电话，做了四块有人操作转动的牌子，一面是"时间就是金钱"，一转过来就是"效率就是生命"，彩车通过天安门的时候可以两面转动，各个方向都可以看得到。

彩车运到北京后，就放在前门旁边一个广场上，靠近天安门那一侧。当时参观的人很多，都围着我们的彩车拍照留影。我们那个彩车很特别，别人的彩车是体育的、纺织的、钢铁的主题，一看就知道是要展示什么。我们这个人家看不懂，但是又挺花哨和鲜艳，所以照相的人很多。再加上后来中央电视台新闻联播节目组拍到了我们这个彩车和车上的口号，蛇口工业区和"时间就是金钱，效率就是生命"这句口号在国内的影响力一下子就爆发了。

图2-2　1984年，"时间就是金钱，效率就是生命"的蛇口彩车参加新中国成立35周年国庆节天安门广场大游行（蛇口改革开放博物馆提供）

蛇口被称为改革开放的"试管"，这个"试管"还是时任国务院总理来视察以后说的。我们那时候才2.14平方公里，一块巴掌大的地方。所以总理就说："你们大胆地搞，你们就是九牛一毛，杯水车薪，对国家来讲你们就是个试验田。"所以我们就叫它为中国改革开放的一个"试管"。这个"试管"对中国改革开放的各个方面都有影响，比方说成立管理委员会，我们为什么要成立管理委员会？我们希望中央给蛇口工业区权力，后来中央、省委、市委一起开会，决定给蛇口工业区县级权力。所以我们成立了一个管理局，两块牌子，一套人马，袁庚是工业区的书记，熊秉权是工业区的副书记、管理局的局长。管理局和工业区基本上说是不分家的。后来其他很多地方都用了这种模式，包括14个沿海开放城市用的全部是我们这一套——成立管理委员会。我们这些试验都是行之有效的，所以中国各个省、市，各个部委都到蛇口来参观。

韩耀根

蛇口工业区的成立和发展,袁庚曾跟蛇口工业区的干部这样形容:蛇口工业区最初只有2.14平方公里,我们是在方寸之地上搞"试验田",如果是失败了,那无碍大局,对国家没什么大的伤害。但蛇口是改革开放的"试管",这个"试管"生出来的是一个漂亮的小孩子,还是一个怪胎?就看我们在座的一千多名干部的努力了。

1979年1月,袁庚担任香港招商局的常务副董事长。我之后采访他的时候,他跟我说,中国如果再这样封闭下去,中国历史就会倒退,人民在苦难中永远改变不了命运,所以只有改革开放才是唯一的出路。那么具体来说,他及时向中央打了个报告,就是要求在毗邻香港的广东省宝安地区划一块土地出来,做些试验。做什么试验呢?做一个吸引外资能够在这里落地,让他们来办些企业,让国家看看有哪些经验可以汲取的试验。后来深圳经济特区成立后就演变为"四个窗口":技术的窗口、管理的窗口、知识的窗口、对外政策的窗口。

可以说当时创立和发展蛇口工业区,袁庚是很想把这个试验区做成功的。为此,他第一个想到的就是人才问题。蛇口工业区创立之初,在计划经济的思维下,还没有人才流动一说。干部的调动、提拔都由上级安排,所以当时"铁饭碗""铁交椅"的观念根深蒂固,造成了干部的思想凝固,文化知识更新很慢,这就跟中央赋予深圳、蛇口作为改革开放试点窗口和试验田的定位很不相称。

比如,有一次,一位干部在向英国来访者介绍蛇口工业区的情况时,问剑桥大学的教授:"你们剑桥大学每年能建多少座桥啊?"结果闹了一个笑话。过几天,他在接待美国访问团时又问人家:"英国人说英语,你们美国人说什么语呀?"又闹了一个笑话。这都说明蛇口工业区创立之初干部文化素质起点很低,迫切需要引进敢闯敢干、有新思想新思路的人才到来。

袁庚在引进人才上有几条路子。一条路子是他亲自去找,主要是去清华大学、北京大学等大学去找一些敢于冒险、有闯劲的青年学子,像今天看到的周为民、顾立基、余昌明,这批人就是袁庚亲自从清华大学招来的。另外一条路子是通过中央组织部批准,允许蛇口工业区组织部门到全国各个大学去招收人才。再一条路子就是通过蛇口工业区的发展实践，通过报社的传播，吸引人才，像20世纪40年代青年人投奔延安似的，吸引人才投奔蛇口。蛇口工业区再对吸引来的人才进行筛选。

人才招到后必须要培训，袁庚在蛇口本地办了个培养人才的"黄埔军校"，实际上是干部培训班。外面过来投奔蛇口的人先到培训班培训一段时间再派到工作岗位上去。

蛇口对人才的培训，在培训的教材和培训的方式上跟内地是不一样的。比如最大的一次培训是南海酒店的服务员培训。理论培训完以后，袁庚批准300名酒店服务员同时到香港实习，看看香港的酒店是如何服务客户的，及时吸收香港服务客户的先进经验来改变内地的计划经济状态造成的僵化的服务模式。

为了开阔干部眼界，袁庚引进了观点不同的教师群体。这些人有的坚持唯物主义理论，有的对唯心主义有所研究，袁庚允许他们在培训的时候跟干部们展开讨论，尽量让接受培训的干部开阔眼界，了解世界的各种信息。

由于蛇口是特区，蛇口的图书馆特意从香港定了一些内地看不到的报纸杂志，让蛇口的干部可以放开眼界去甄别信息，让脑子开动起来，研究怎样建设、办好中国特色的社会主义，怎样办好蛇口这个出口加工区。

人的问题解决了，还要解决思想的问题。袁庚当时说过，要改变我们蛇口人的思想，必须要求蛇口干部精神面貌焕然一新。邓小平同志要求我们"杀出一条血路来"，干部就必须解放思想，"敢想、敢言、敢试、敢闯、敢为天下先"，在创办特区的实践中更新知识，更新思想，否则人才到了深圳、蛇口以后，仍然还会退化。

当时整个中国新闻界在总结蛇口改革开放经验时遗漏了一个大问题：实际上中国企业现在普遍推行的企业愿景、企业核心价值观、企业口号、企业使命、企业精神等一整套企业文化的元素，袁庚在开始的时候就已经想到了。1981年美国人出了一本书，这本书把日本当时具有强大的企业竞争力的原因，归结为日本有独特的企业文化所形成的文化软实力。那么要把工业区搞好，不仅要注重硬实力，还要注重软实力。所谓软实力就是与"杀出一条血路"相对应的"五敢精神"："敢想、敢言、敢试、敢闯、敢为天下先"。这是蛇口的企业精神。那么，与这种精神相对应的企业口号是什么呢？在一次从香港轮渡到蛇口的船上，袁庚提出了两句话，"时间就是金钱，效率就是生命""顾客就是皇帝，安全就是法律"。

我想，袁庚肯定不是突然提出这两句口号的，一定是在实践中不断探索、不断磨炼、不断淬化之后才提炼出来的这样两句口号。

袁庚曾跟我说过，在酝酿这两句口号的过程中，他曾想起自己下放上海船厂时看到工人们慵懒怠工的状态，又想起自己在招商局驻港买楼付款时遇到卖方对时间和效率那么重视的例子，以及日本人在蛇口盖厂房那种争分夺秒的例子，凡此种种，似乎都与他面对中央给蛇口的一点权力直接相关。而袁庚却把这些"特殊权力"视作"重债在身，如负千斤"，只能从时间和效率两翼上为蛇口增强软实力，才能完成中央赋予蛇口的责任与使命。

当时口号提出后是有争议的，争议的焦点就在于"时间就是金钱"的"钱"字和"效率就是生命"的"命"字。反对袁庚的人说，袁庚就是一要钱二要命，完全是从反面去理解，去否定这句口号。当然，也有人不同意"顾客就是皇帝，安全就是法律"。当时围绕这句口号产生的矛盾冲突很尖锐，一直到1984年4月，邓小平同志肯定了这句口号，一下子就把争论解决了。

图2-3　1982年，"时间就是金钱，效率就是生命"。深圳市蛇口工业区办公大厦旁这一醒目的标语牌告诉人们，这里的开拓者正是以处处争分夺秒、事事讲求效益的精神，在建设一座工业新城（蛇口改革开放博物馆提供）

当时为这件事情，正在蛇口的我的朋友过永鲁写了一封信给我，我把这封信改成新闻稿发表。那天报纸的头版头条推出一条主标题"时间就是金钱，效率就是生命"，引题是"邓小平肯定蛇口一句有争议的口号"。这稿子一推出来，全国震动很大。蛇口企业文化建设很快被大众所接受，推广普及开来。到1984年国庆大典上，深圳经济特区彩车开过天安门广场，这句口号装置在彩车的显著位置上，接受中央领导的检阅。从这以后，口号的影响力越来越大，为中国改革开放时代注入了强大的精神推动力。

3. 深圳、珠海、汕头和厦门创办经济特区

1979年4月,邓小平提出"可以划出一块地方,叫特区"。当谈到配套资金时,邓小平说:"中央没有钱,可以给些政策,你们自己去搞,杀出一条血路来。"在邓小平的倡议下,党中央、国务院作出在广东的深圳、珠海、汕头和福建的厦门试办出口特区的重大决策。1980年5月,根据邓小平的提议,将"出口特区"改称为"经济特区"。

口述者:金德本(原国务院特区办经济特区司副司长、国务院体改办经济特区和开放司司长)

　　　　方　苞(先后任中共深圳市委副书记、中共珠海市委书记)

　　　　金　凌(时任福建省体改委副主任)

　　　　郑金沐(时任厦门市体改委副主任、主任)

　　　　梁广大(时任珠海市委书记、市长)

　　　　吴松营(时任《深圳特区报》社长、总编辑)

金德本

党的十一届三中全会召开,就已经作出了中国要改革开放的重大决策,但真正开始试办经济特区,实行改革开放政策,应该是从1979年7月,《中共中央、国务院批转广东省委、福建省委关于对外经济活动实行特殊政策和灵活措施的两个报告》(中发〔1979〕50号)(下称"50号文件")正式下发算起。"50号文件"是根据1979年4月,邓小平在同习仲勋、杨尚昆的

一次谈话中提出的“利用沿海有利条件，创办特区”的意见起草的。中央和国务院决定：对广东、福建两省的对外经济活动给以更多的自主权，以充分发挥两省的优越条件，扩大对外贸易，抓紧当前有利的国际条件，先走一步，把经济尽快搞上去；原则上同意两省试行在中央统一领导下大包干的经济管理办法，在计划、物资供应、物价政策等方面也实行新的经济体制和灵活政策；先在深圳、珠海两市划出部分地区试办出口特区，待取得经验后，再考虑在汕头、厦门设置特区。[①]因为当时国家外汇特别紧张，全国的外汇储备就几十个亿，国家实行对外开放以后需要进口大量的东西，要花很多外汇，因此要试办经济特区促进出口。

中共中央、国务院批转
广东省委、福建省委关于对外经济活动
实行特殊政策和灵活措施的两个报告

中共广东、福建省委，省革委，中央、国务院各有关部、委、局：

中央、国务院原则同意广东省委《关于发挥广东优越条件，扩大对外贸易，加快经济发展的报告》和福建省委《关于利用侨资、外资，发展对外贸易，加速福建社会主义建设的请示报告》，现转发给你们参照执行。

广东、福建两省靠近港澳，华侨多，资源比较丰富，具有加快经济发展的许多有利条件。中央确定，对两省对

·1·

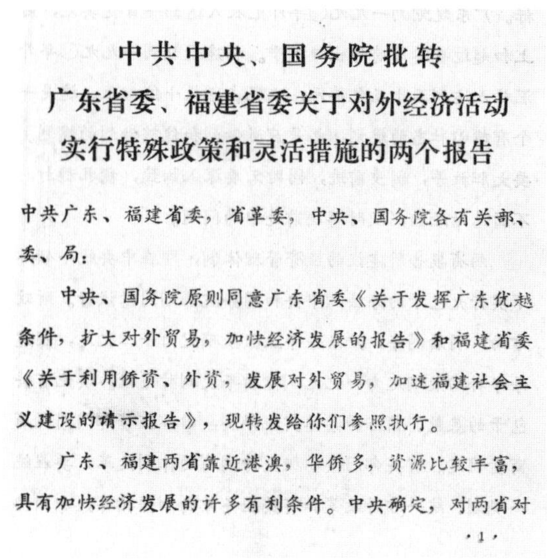

图3-1　1979年7月15日，《中共中央、国务院批转广东省委、福建省委关于对外经济活动实行特殊政策和灵活措施的两个报告》（“50号文”）正式下发

虽然“50号文件”中指出要先在深圳和珠海试办出口特区，待取得经验，条件成熟的时候，再考虑在汕头、厦门试办出口特区，但实际上1980年5月16日，《中共中央、国务院关于〈广东、福建两省会议纪要〉的批示》（中发〔1980〕41号）（下称“41号文件”）下发就已经明确指出要在深圳、珠海、汕头、厦门四个地方试办经济特区。“41号文件”一方面指出一年来的实践证明，中央决定广东、福建两省在对外经济活动中，实行特殊政策和灵活措施是正确的。两省进行的经济体制改革，不但有利于加快两省经济的发展，而且有利于促进全国的经济体制改革。[②]另一方面还明确提出了决定在广东省的深圳市、珠海市、汕头市和福建省的厦门市各划出一定范围的区域，试办经济特区，实行经济开放政策，吸引侨商、外商投资

① 《1979年7月15日 中共中央、国务院决定对广东、福建两省对外经济给以更多自主权》，中国共产党新闻网。

② 《中国共产党广东历史大事记（1978—2004）》，广东党史网。

办厂，或同他们合办企业，引进先进技术，发展对外贸易。①这份文件的下发，正式将"特区"定名为"经济特区"。

在党的十二大召开之前，建设经济特区这项工作是由国家进出口委和国家外资委设立的局级单位特区工作组具体实施的。这个特区工作组一共就8个人。1982年国务院机构改革之后，外资委和进出口委被撤销，特区工作组就被划转给国务院办公厅，由国务院办公厅直接管理，单位名称和人员编制不变。当时中央负责这块工作的是谷牧同志。

1984年3月26日，中共中央书记处和国务院在北京召开沿海部分城市座谈会，会议决定进一步在沿海开放14个港口城市②，作为中国实行对外开放的一个新的重要步骤，我们的工作量增加了，工作联系的地方也增加了，特区组的8个人就不够了。因此国务院同意扩充人员，并把特区组提升为国务院副部级的办事机构，名称改为国务院特区办公室，由谷牧同志直接领导特区办。当时谷牧同志就说，我们还

图3-2　1984年4月6日，邓小平、李先念同志在北京中南海会见参加中共中央书记处和国务院联合召开的沿海部分城市座谈会的全体同志

---

① 《福建省大事记》，载《中国对外开放30周年回顾展》，2008。
② 这14个港口城市分别是：大连、秦皇岛、天津、烟台、青岛、连云港、南通、上海、宁波、温州、福州、广州、湛江、北海。

是要精简机构，虽然工作很重要，任务也很重，但是人员不能太多，不要超过40个。他要求我们深入调查研究，充分听取特区的意见要求，冲破思想意识上的阻力，为打破旧的体制去呼喊。他严格要求特区办人员不许在特区买东西，特别不允许买进口商品。他对自己要求也很严格，以身作则。我听他们讲过，过去特区还比较落后，谷牧同志去考察工作，那会儿正是南方最热的时候，又没有空调，实在热得睡不着觉，只好在床底放几块冰块降温，他自己还开玩笑说这是"冰镇谷牧"。他当时岁数也不小了，还经常到第一线去考察、调研，从他身上我们学到了老一辈革命家的优秀品质，他在中国改革开放历史上功不可没。我们对他非常敬重。

我们对特区前10年的发展有一个大体上的划分：1979—1982年是试办阶段；1983—1985年是建设阶段，就是基础设施建设阶段；1985—1989年是特区的发展阶段。其中深圳特区的建设是最令人关注的，中国对外开放使国外都很震惊。所以小平同志讲特区是"四个窗口"：技术的窗口、管理的窗口、知识的窗口、对外开放的窗口。

我们后来对特区的作用又加了"两个扇面"：一个是向外辐射的扇面；一个是向内辐射的扇面。"四个窗口"和"两个扇面"的作用已经开始在发挥，尤其是国外非常关注中国经济特区的建设。特区建设也是在中央方针政策的引导之下，以及国务院相关部门的大力支持之下取得的成绩。

实际上特区建设最大的特点是国家只给政策不给钱，包括深圳特区基本建设前5年已经投入将近上百亿元，1987年底已经达到103亿元，但是这103亿元中，国家主要给政策，在资金方面真正投入的只有2.8亿元，包括水、电、路等。这2.8亿元是怎么构成呢？实际上就只有两个项目。一个就是"二线"，也叫特区管理线，刚开始深圳特区划的范围是327.5平方公里，深圳整个面积是2020平方公里，在深圳特区内特殊政策不可能覆盖到其他的地方，过去出现很多问题，包括走私、贩私等，中央早就已经考虑到了，因此刚开始就决定要把特区和非特区隔开。这隔开非同小可，特区管理线83公里长，有6个大的通道和29个小的通道，都由海关和武警管理。刚开始的时候，进深圳特区是要边防通行证的，我们去了也一样要有边防通行证才能进到特区。"二线"主要管理的还是货物，因为实行特殊政策当中有一条就是特区自用的生产原材料都是免税的，但是出特区到内地其他地方包括深圳其他地方去是要补税的。发展到最后，在特区内自用的市场物资是半税（所谓市场物资，实际上很多都是生活物资），这个管理起来难度就很大，因此从刚开始就管理很严。这条线大概真正投入的资金是1.3亿元，这是国家投资的一部分。

还有1.5亿元投资也是和对外开放密切联系的，用于回购由港商投资建设的海关边防的联检大楼。当时深圳的基本建设投资，政府和企业自筹的大概占1/3，银行贷款大概占1/3，还有很大部分是利用外资。海关边防的联检大楼一开始是由港商胡应湘投资，设施很好，很高档。刚开始这也属于基础设施建设，但是因为所有权归他，海关边防，包括商检卫检、联检大楼里的所有机关都要受制约，后来中央决定收购，国家把钱全部还给这位港商，建楼大概花了1.5亿元。

因此国家花钱在深圳建设的这两个项目的资金，就占了约2%的比例，其他建设资金要么是借来的，要么是利用外资，还有就是我们自己的银行以及企业和政府自筹的。1979年，面积为327.5平方公里的深圳特区的地区生产总值大概就2个亿吧，其中1.2亿元实际上是农业生产总值，因为那时候的深圳基本上是一个渔村。还有一部分就是商业，工业占的比例非常小。到了1987年底，深圳地区生产总值的总额已经超过50亿元，年均增长速度大概是47%，每年都是以这个速度递增，发展非常快。因为国家相关的政策到位，利用外资、吸引外资的项目很多。

深圳经济特区的发展最初都是以出口为主，最早实际上主要是靠中外合资企业、外商独资企业的出口，因为国内没有这么多高档的产品可以出口赚外汇，实际上就是靠引进一些生产线，简单加工组装一下，跟来料加工的性质是一样的，这种简单出口组装出口量很大，但赚钱却不多，对我们来说收益并不大，而且带来很多弊病。到1982年上半年，中央有一个紧急通知，就是打击经济领域中的违法犯罪活动，最突出的问题就是走私、贩私。当时很多人大量从内地收购东西然后出口，出口可以退税，外汇还可以留成，扰乱了经济秩序。几个经济特区都有这样的情况出现，有些地方的走私就更严重了，像汕头走私就是蚂蚁搬家似的，小船靠到沿海就把货物送过来，逃避海关的管理。所以中央下大决心遏制经济领域当中这些不良行为，使经济特区回到正确的道路上来。

深圳、汕头走私的事件出现后，大家对特区争议挺大。刚开始的时候中央的决心是很明显的，但是对办特区，一些同志实际上是不太理解的，甚至也有些担心，老同志担心就更明显，说这是资本主义。

这里还涉及一个对特区的管理问题。当时对特区的"管"和"放"这个度怎么把握呢？首先就是要有一个大的原则。当时国务院领导同志在一次会上讲，我们办的特区叫作经济特区不是政治特区，特区虽然在对外经济工作当中有很多特殊政策、灵活措施，但是必须坚持四项基本原则、坚持党的领导、坚持社会主义道路，这点什么时候都不能变，这个大的原则是确定的。1980年全国人大批准施行《广东省经济特区条例》，这个条例从法律上确定了特区的性质、特区所要坚持的原则和特区实行国家各个方面法律法规的原则，在这些方面不能有任何的特殊，特殊的只是经济政策和经济体制，当时我们叫作特事特办、新事新办。因此特区在前10年没有发生什么重大的政治问题。所以在对外开放的过程中虽然有不同的声音不断地出现，但是中央还是一直坚持这个政策。

我国走的是一条与其他国家不太一样的道路，中国有很多自己的具体情况，在这过程当中方向是明确的，随时出现的问题是我们不可能预见到的。在出现问题的时候，党中央、国务院还是下决心坚持对外开放的政策不变，有什么问题解决什么问题，加强管理。对外开放不仅使我国的经济、社会发展出现了很大变化，实际上也培育了很大一批干部和管理人才。有些人虽然在这过程当中没有经受住考验，出现了一些问题，但是真正走过来的人信念就更加坚定了，方向更加明确了，特区的发展实际上是中国改革开放经济发展的一个缩影。

特区在建立之初，实行很多特殊政策，渐渐地我们对外开放的面覆盖到全国。我们之所以从点到面发展、推进，实际上就是为了带动全国。现在经济特区的名义还在，但是历史使命、功能发挥，应该说基本上都已经完成。当时特区叫"改革开放的排头兵"，排头兵就是带队，让大家跟着走，但是在这过程中有的地方比特区跑得还要快了。所以说所有的事情还是得用辩证的方法来看，不能永远不变。特区在我们国家的经济社会发展当中的作用是不可忽略的。

当然，现在的深圳发展又到了另外一个阶段。深圳毗邻香港，在引进技术、引进管理、引进资金的过程当中,大部分用的是香港的东西,但是香港并不能完全代表先进发达国家的水平,不可能长久。后来深圳在转型过程当中,谷牧同志曾带了24个部委的领导去深圳开会,确定了"外引内联"的方针,"内联"就是利用我们国家的技术、人才到深圳去建企业,以这种内联企业为基础,然后引进国外的先进技术,发展深圳经济特区。中央这个决策对深圳的工业发展起了非常大的作用,深圳的工业很快就发展起来了。现在深圳实际上应该是以科技创新为主,目前在国家创新战略中处于领先的地位。

应该说特区的功能和作用是作为窗口,让世界了解了中国。建特区的目的就是在合作的过程中让我们通过引进外资、引进管理、引进外国的经验,让国际上很多国家、很多人了解中国,看到中国的发展,看到中国很多现象跟国际上没有很大的差别。这样融入世界这个大家庭当中去,才可能受到国际信任、认可,经济特区的作用才能发挥出来,我觉得这是最重要的。总之,经济特区是世界进一步认识和了解中国改革开放的重要见证。

方苞

我有幸先后参与了深圳、珠海两个特区初创时期的领导工作。这段经历给我留下了毕生难忘的印象,到现在仍然记忆犹新。

深圳经济特区建立初期的四大改革创新

深圳,过去是宝安县城,人口2万多,与香港陆地相邻,一河之隔,一桥相通。宝安县,过去是以农业为主的边防县,约30万人口,农业产值约1亿元,工业产值约7000万元。1979年深圳市成立,1980年建立深圳特区,经过40年的改革开放和特区建设,深圳市已经初步建设成为一个现代化的大城市。这个翻天覆地的变化,吸引着全世界人民的关注。我们创办经济特区,走前人没走过的路,摸着石头过河,初创时期有四点是至关重要的。

第一，经济特区的范围和管理。

深圳经济特区范围如何划定，特区如何管理，有一个思想解放的过程，领导班子和各级干部的思想解放、大胆改革和求实创新，推进了深圳的全面、快速、持续发展。关于特区范围，在酝酿时，广大干部群众有三种意见。第一种主张把特区范围划得小一些，在罗湖口岸附近划出0.8平方公里作为商业区，在上步区①划几平方公里做工业区，用以建工业厂房招外商或让港（外）商办工厂。其理由是投资小，见效快，稳当，易管理，风险小。这种主张主要是借鉴菲律宾的巴丹自由贸易区的经验。第二种主张是要办大特区。有部分干部提出把全市都划为特区，其理由是有足够的发展余地，有利于第一、第二、第三产业全面引进外资，加快经济发展步伐，有利于城市规划建设，有利于增强外商投资信心，有利于引进资金雄厚的外资企业和先进的技术设备。第三种主张是充分利用深圳的地形，背靠梧桐山山脉和羊台山山脉，面向大鹏湾和深圳湾，东起偕仔角隘口，西至南头、西乡两镇交界处，所辖面积327.5平方公里。其理由是该地形充分利用背山靠海的地理环境，辖区内有约100平方公里地形平坦，可供较长一段时间特区建设和发展使用。

市领导班子听取各方意见，经过多次酝酿，反复讨论，吸取各方有益构想，排除其不足之处，本着既要充分利用地形，使特区有较大的发展空间，又要有利于加强管理，有利于防止偷渡走私，防止特区外群众无序涌入特区造成社会秩序混乱的原则，同意第三个方案上报。省委、省政府派出工作组实地调查、听取意见，省领导亲自听取汇报，批准了这个方案。后来的实践证明，此方案具有适度规模，同时具备了利于发展和利于管理的优点，既保证了特区在三四十年内有足够的发展空间，又防止了特区外群众无序涌入特区。这是解放思想和勇于改革创新的结果，也是坚持实事求是，坚决践行民主集中制和群众路线的结果。

珠海、汕头特区创办早期范围比较小，后来借鉴了深圳特区经验，在邓小平同志1984年初南方谈话后，都及时请示中央批准，适度扩大特区范围。珠海特区从原来的海边荒滩三小块共6.81平方公里扩展为15.16平方公里，再扩展到121平方公里；汕头特区从最初在汕头市郊龙湖区的1.6平方公里扩展为52.6平方公里，再扩展

---

① 上步区，广东省深圳市的一个历史区划，为现今福田区的前身。

到234平方公里。扩大范围后,都有了较快的发展。深圳是1979年建市的,当年国内生产总值1.96亿元,人均GDP仅有606元,出口总额930万美元。到1990年底,全市三资企业3269家,"三来一补"企业6400家,累计实际利用外资32.53亿美元,出口总额29.96亿美元,在大中城市中仅次于上海,排第二位。如果当年特区范围只有几平方公里或十几平方公里,肯定不会有如此显著的效果。

第二,确定"外引内联"方针,实行对外开放与对内开放相结合,这也是思想解放和敢于改革创新的结果。

深圳建市初期,部分干部受外国出口加工区的影响,怕出现走私漏税问题,怕引进国内企业,难于管理。他们不主张通过内联让国内企业进入特区。但是,多数干部持不同意见,他们认为深圳是在农业县的基础上建市的,工业基础十分薄弱,严重缺乏技术、管理人才和配套资金,对外资的吸引力,吸收和消化外国先进技术、管理经验的能力都很薄弱。想加快引进外资和发展现代工业的步伐,较好地发挥"四个窗口"①和"两个辐射"②作用,就必须有选择地批准一部分具备相当技术、管理水平的国内企业进入特区,在政策上要让内联企业与本市企业一样享受同等待遇,也让它们实行外引内联。这样,才有利于国外先进的技术和管理经验更快地向全国转移辐射,加速国内工业的更新换代,提高国内商品在国际市场中的竞争力,特区的"窗口""辐射"和"试验场"作用,就会更好地发挥出来。实行外引与内联相结合的方针是1981年市委领导班子经过认真讨论后正式确定下来的。作出这个决定后,大大加快了深圳的发展。

图3-3 中建三局建设工程股份有限公司在承建深圳国际贸易中心大厦时,创下了三天盖一层楼的"深圳速度"

---

① 注:技术、管理、知识、对外政策。
② 注:向内、向外辐射。

在此期间，国务院王震副总理多次带领国防科学技术工业委员会的领导到深圳视察，研究军工企业如何利用特区窗口，加速"军转民"进程。国内一批有战略眼光和具有相当条件的企业很快就进入特区。它们也是最早进入特区开展外引内联的。接着，原属"三线"建设的西南、西北"军工"企业也纷纷到深圳，通过外引内联实现"军转民"，加快发展步伐，也为深圳建设发展做出了积极贡献。

电子工业部、省电子工业厅和深圳的电子企业首先打破条块分割，在深圳特区组建综合性、行业性的外向型集团公司——赛格集团，通过外引内联28家企业，总资产近3亿元。还联合内地5所高等院校和28所研究所，只用3年时间，就开发了321项电子产品，其中15项被确定为替代进口产品，6种产品获美国UL安全认可，大大提高了国产配套水平，增强了出口创汇能力。1989年该集团增至100家企业，产值增至33亿元，税利达3.1亿元。

中国长城计算机集团进入深圳特区后，集中100多名科技人员，投入6000万元用于新产品开发，不到3年时间，推出科研成果120多项，工业总产值12亿元，创汇2000万美元。

国家纺织工业部联合18个省市纺织工业企业到深圳组成华联纺织集团，引进国外先进技术设备，进行试验、消化、创新再往内地转移推广，5年时间建立32家企业，拥有总资产7亿多元，产品出口率达90%以上，20世纪80年代中期年产值4亿多元，创汇1.1亿美元。

到1988年，特区成立不到10年，深圳市已有中外企业1500多家，70%以上的产品出口，远销55个国家和地区。国内企业的有序进入，也改变了深圳技术管理人才奇缺的弱点，从内地输入深圳各类专业技术管理人才6.6万人，为深圳特区加速吸引外资和经济发展提供人才保障，也为特区后来的发展打下了坚实的基础。深圳特区的"窗口"和"辐射"作用进一步显示出来，成为连接国内外经济的纽带，也促进深圳大步迈向国际市场。深圳的实践经验证明：我们既要学习外国的成功经验，同时必须结合我国国情，要解放思想，敢闯，敢改革创新，也要实事求是，从实际出发。

第三，市委三个文件、正确处理四个关系、促进四个结合，特区内外、城乡、工农实现共同快速、协调、健康发展。

深圳特区初创时期,历届领导班子都十分重视特区外宝安农村发展工作。1979—1981年,市领导班子调整了3次,每一次都为深圳农村经济发展和农民脱贫致富制定相应的政策措施,3年连续发了三个文件:〔1979〕3号文件、〔1980〕321号文件和〔1981〕11号文件。

三个文件首先推进农业的发展,1979年3月,市委就发出〔1979〕3号文件:《关于发展边防经济的若干规定》。该规定是根据1978年7月,时任广东省委书记习仲勋同志到宝安视察调研,听取县委汇报请示时作出的决策,省革委会于1979年2月以〔1979〕21号文正式批复宝安县委的书面报告。深圳市委组成后,同年3月用3号文件转发省革委会的21号文件。其主要内容:一是恢复和发展边境贸易,农村社队完成上交任务后的蔬菜、三鸟[1]、鱼、果,以至稻草,都可以通过边境民间贸易渠道出口,所得外汇,按一定比例上缴国家,自留部分允许进口农业生产资料和农民生活资料自用。二是积极开展补偿贸易,引进外资和先进的种养技术,发展以出口为主的种养场。三是引进外资投资设厂,来料加工装配,发展农村工副业生产。四是扩大过境耕作,允许过境耕作人员收集境外废旧物资免税进口,交境内供销社或工厂翻新加工出售。这些政策都是基层干部、农民多年的心愿和诉求,是百姓渴望的。

通过贯彻落实以上文件要求,扩大了农村和农业的开放,又促进了外贸体制和计划体制的改革。首先是突破外贸管理体制,又带动了计划管理体制的改革。过去进出口贸易是国家外贸公司独家垄断经营的,省革委会21号文件和市委3号文件同意恢复边境小额贸易,边境贸易出口和分成外汇进口物资均由市、县边境贸易公司经营,非边境地区农村完成国家任务后的农副产品出口,由国营外贸公司或由边境贸易公司代理。这样,进出口贸易就由国营外贸公司独家经营改革为国营、地方、代理制并行。三种所有制竞争突破了国营外贸公司独家经营的垄断压价收购行为,从而推动境内农副产品购销价格的放开。

同时,推进计划体制改革。省委、省政府于1978年4月决定在珠海、宝安两县

---

[1] 即鸡、鸭、鹅。

建立鲜活农产品供应香港、澳门的外贸生产基地，随后，批准宝安县调整5万亩粮田种菜、养鱼出口。1979—1981年，深圳市委先后制定三个文件：1979年3月，市委发出《关于发展边防经济的若干规定》（3号文）；1980年，市委发出《深圳市农村实行特殊政策、灵活措施若干规定》（321号文）；1981年发出《关于恢复宝安县建制几项政策措施》（11号文），允许外商在种养业开展补偿贸易，外商就纷纷进口推土机挖塘养鱼，租地雇工养花种菜，传授先进的种养技术。从此，"粮食种植和收购计划是死任务"这种计划管理体制和价格管理体制被突破了。1979年，省委同意深圳市在粮食自给的前提下，全部免去粮食统购任务，由深圳市自主安排鱼塘菜地，以解决出口香港市场的需要，农业领域率先突破计划经济体制。恢复边境贸易和外贸、计划体制改革，让农民有了自主权，农业生产的规模化、商品化、集约化和农业现代化的步伐迅速加快，当地农民也因此迅速致富。

比如养鸡业，过去依靠传统家庭养鸡，只能小打小闹，宝安县出口供应香港活鸡每年都在4万~6万只徘徊。1978年夏，边境社队与香港五丰行合作，在香港新界办起第一个年出栏量10万只活鸡的示范鸡场，并以此作为培训境内养鸡人员的实习基地。1981年，深圳市新建5万只以上规模的养鸡场达27个，活鸡出口量当年增加到114万只。1989年，出口香港活鸡达1800万只，占香港市场的1/3，还有1000万只活鸡在省内市场销售。当时，我们制定了相关激励政策，养鸡公司实行产供销一条龙，内外贸相结合，建大中型饲料厂，搞好经营管理，保证社队或农民每交售一只鸡能获利2元。淡水养殖面积从6000亩发展到10万亩，蔬菜种植面积也从7000亩发展到8.9万亩，垦荒新种荔枝达10万亩，从养鸡、养鱼、种果菜、花卉中获得年收入几十万元、上百万元的种养大户犹如雨后春笋般涌现。农民生活水平和农户收入超过香港新界农民的越来越多。还有，市农办通过外引内联，与美国的康地和泰国的正大集团联合办饲料厂，出口内销，与国家畜牧总局联合办"华宝"公司，与北京农委所属县区企业联办京鹏公司，宝安县办"宝垣""宝安"集团，实行股份制，农村社队和农民可入股分红，利率不低于10%，20世纪90年代股票上市，持股农民获得更大收益。全市农民从得到实惠中增强了信心，更加坚定地拥护党，执行国家改革开放政策，坚定走中国特色社会主义道路。偷渡香港这个困扰我们近30年的老大难问题因此获得根本性解决。农民有正道致富，安居乐业，既不盲目流入特区，也不愿冒着被重罚和判刑的风险去走私了。特区的社会稳定，治安良好，也就大大增强了对外资的吸引力。农民从自身迅速致富中认识到特区发展建设和自身命运的必然联系，为特区建设提供了大量集体用地，这成为改革开放和特区发展建设的重要动力，在很多方面都为特区发展建设做出贡献。

三个文件大大推进特区外农村的工业化、城镇化和现代化。这三个文件在运用特区优惠政策向非特区辐射方面有了许多明确规定，例如：特区政府"尽量把'三来一补'企业放到宝安县去办""特区内的企业也尽量采取发外加工、设立分厂、委托承包等形式，将部分加工生产任务交给县、社企业经营""县还可以办进出口贸易货栈""县成立进出口服务公司，直接办理本县地方外汇进口业务""外资'三来一补'项目由县审批""社队兴办的农工商联合企业免征所得税三年""宝安农村上述企业可享受特区企业同等优惠待遇"等。市委把国家给予特区的特殊政策，辐射到特区外的宝安县全部农村，大大加快了宝安农村工业化、城镇化的进程。

原宝安县委早在1978年夏，根据习仲勋同志视察宝安期间的指示，当年就开始引进港商办厂办企业。在上述三个文件的政策指导下，1981年10月恢复建制的宝安县委就作出决定，首先在特区外围，交通便捷的布吉、横岗、龙岗、平湖、西乡几个圩镇和宝安新城创办工业小区，进而沿着西乡至松岗，布吉至公明，横岗至坪山、坪地、坑梓三条公路两旁村镇发展"三来一补"工业，到20世纪80年代中期，宝安农村引进"三来一补"工业超千宗。宝安县出口总额，1978年约1000万美元，2000年达289亿美元，工缴费①达11亿元。宝安农村劳动力平均收入：1978年350元，1990年4335元，2000年达2.25万元。据宝安区2005年统计，当年工业厂房出租2.5万栋，约6000万平方米，出租屋128万间（套）4000多万平方米。宝安农村人均拥有集体资产：1979年293元，1990年1.55万元，2000年达18.7万元。原来1000~2000人口的村庄，变成几万人口的城镇，宝安农村基本实现了工业化、城镇化。

---

① 即企业以原材料或半成品委托外单位加工或装配而支付的加工费，或因完成外单位委托的来料加工业务而取得的收入。

市委三个文件的政策规定辐射特区内外农民迅速致富,正确解决了"四个关系":特区与非特区的关系,发展工业与发展农业的关系,城市建设与农业建设的关系,改革开放与稳定发展的关系。充分体现了"四个结合":国家利益与百姓利益相结合,外引与内联相结合,执行中央方针政策与坚持群众路线相结合,学习借鉴国外先进管理经验与本地实际情况相结合。贯彻执行"三个文件",坚持"四个结合"和处理好"四个关系",是特区建设成功的重要经验。

第四,农产品购销改革取得突破。

1981年以后,深圳市人口猛增,特别是1983年几万工程兵进入深圳,菜价猛涨,干部、工人工资制度尚未改革,生活负担突然增大,反映强烈。市政府虽然拨出土地和资金,三次引进市外农民到宝安办蔬菜基地,但是旧体制的弊病尚存,引进的外地农民也没有积极性,不少人也偷越边境赴港去了。特区内肉菜供应紧张,菜价飙升的局面成为市领导班子面临的一大难题。1983年春,我们把外贸体制改革与菜价改革相结合。外贸、内贸两个公司合并果菜购销业务,由各自经营改为统一经营,购销价参照香港公开批发价挂牌,根据市场需求5天调整一次,内销亏损由出口创汇进口家电盈利去弥补,由此大大提升了宝安农民种菜、养猪的积极性,促进了农产品流通,解决了吃菜难、吃肉难的问题。放开蔬菜价格的突破,进一步加快了深圳向市场经济体制推进的步伐。

赴任珠海

第一,学习邓小平同志第一次南方谈话,继续清除"左"的思想障碍,推进解放思想。

1984年,省委调整珠海领导班子。2月,我被任命为珠海市委书记;3月,我与时任珠海市市长梁广大同志到北京参加特区工作会议,会议传达了要学习邓小平同志第一次南方谈话精神和党中央、国务院关于特区工作和进一步开放14个沿海城市的决定。

我到任后,用两个月调查研究,与珠海市处级以上每个干部谈话,主要是听取他们对珠海建市以来改革开放发展建设经验教训的看法。大家的意见集中在两点

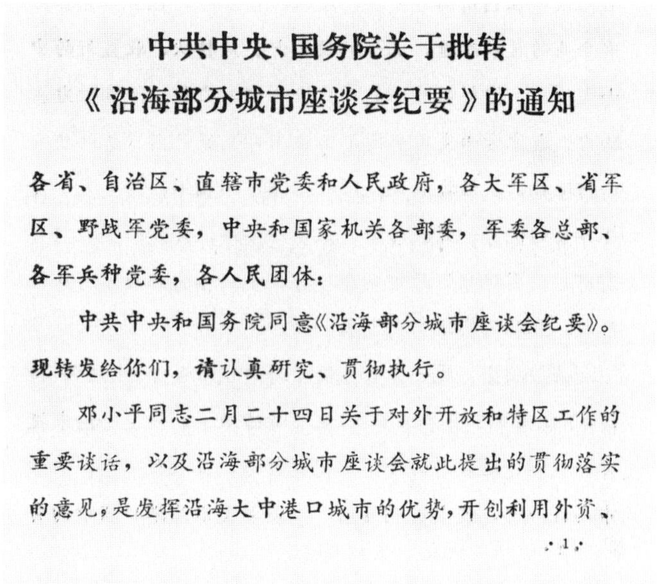

中共中央、国务院关于批转
《沿海部分城市座谈会纪要》的通知

各省、自治区、直辖市党委和人民政府，各大军区、省军区、野战军党委，中央和国家机关各部委，军委各总部、各军兵种党委，各人民团体：

中共中央和国务院同意《沿海部分城市座谈会纪要》。现转发给你们，请认真研究、贯彻执行。

邓小平同志二月二十四日关于对外开放和特区工作的重要谈话，以及沿海部分城市座谈会就此提出的贯彻落实的意见，是发挥沿海大中港口城市的优势，开创利用外资、

·1·

图3-4　1984年5月4日，下发《中共中央、国务院关于批转〈沿海部分城市座谈会纪要〉的通知》

上：一是思想不够解放，妨碍改革开放；二是特区范围太小，选点有问题，特区领导体制存在诸多矛盾，领导力量分散。有干部反映：开平县某乡镇企业到珠海市申请开办一个氧气厂，未被批准，其理由是市工业部门拟申请资金办一个同样的国营工厂。这件事暴露了我们的行政管理干部头脑里的“一大二公”观念尚未肃清，热衷于国有企业独家经营，怕多种经济成分竞争。当时我想：这些陈旧的思想观念仍在妨碍着社会生产力的发展，如果不转变这些思想观念，不转变这种把个体经济当作资本主义尾巴、把竞争当作资本主义特有现象的陈旧观念，不改革这种高度集中的僵化的计划管理体制，就无法加快特区发展的步伐。推进全市干部思想大解放成为当务之急。

1984年4月和8月，市委召开两次三级干部会议：前一个会议侧重联系思想实际，清除“左”的影响，促进思想解放；后一个会议侧重研究如何突破计划经济体制的束缚，促进体制创新。通过学习邓小平南方谈话及中央关于进一步扩大开放会议精神，联系干部思想实际，取得以下成效：一是在经济所有制结构上破除“一大二公”的旧观念，实行多种经济成分并存，多条渠道创业，多家经营竞争的格局。市委提出，发展经济要调动各方积极性，实行国营、民营，集体、个体，“三来一补”“三资”企业一齐上。二是在外引内联上摈弃怕让出国内市场，怕国营企业吃亏，不敢让利，不愿放权，管得过多过死的观念和做法。坚持互利原则，给合作方以优惠政策，尽量使其能得到较多的利益。三是在分配制度上破除平均主义思想，实行按劳分配，多劳多得，善于经营者多收入，鼓励靠勤劳致富，鼓励善于经营

管理者先富起来。四是在行政管理上破除妨碍基层、企业、劳动者积极性、主动性的管、卡、压的行政规定，实行简政放权，下放引进外资、引进先进技术项目的审批权，简化进口生产设备和工商管理的审批手续，规定审批时间不得超过半个月，不准随意增收各种管理费。教育各级干部学习运用经济杠杆管理经济，扩大企业自主权，推行厂长（经理）负责制和工厂企业干部聘任制。五是在生产经营管理上破除独家垄断经营思想和害怕竞争的心理，引导企业在搞好主业的基础上发展多种经营，向多元化发展。六是改革财税制度，破除不管企业死活只管收钱的思想，树立增强企业活力、扶持生产力发展的"放水养鱼"观念，市对区县、区县对镇的财政体制改统收统支为逐级包干。七是放宽海岛政策，发展海岛经济，制定扶持海岛经济发展的有关政策。八是搞活流通渠道，发给特区外农村以及邻近市县5000户农民进入特区的较长期使用的边防证件，搞活、搞好特区内农副产品供应。九是在用人制度上破除对知识分子的偏见，制定吸引、选拔人才的优惠政策和措施。先后制定《关于进一步放宽引进利用外资和搞活经济的若干规定》《关于知识分子待遇的若干规定》《关于经济体制改革和行政机构改革的若干规定》。十是围海造地，增加珠海发展后劲。珠海市通过外引内联与香港光大集团、省水利厅珠江水委三家联合围海造地，开发磨刀门①出海口工程，短期目标造地5万亩，中长期目标造地15万亩，1984年酝酿、谈判合作条件，1985年5月正式开工。同时，市属珠光公司中标澳门围海工程，组织斗门县社队为其提供沙石材料，为市财政多赚外汇，为斗门社队多增收入。

　　第二，重点推进特区管理体制改革，带动其他领域改革有序稳妥地开展，充分调动干部群众的积极性和主动性。

　　到1984年，珠海特区建立4年来，对比建市前有较快发展，但与深圳比，差距逐年增大。市委组织各级干部学习贯彻邓小平同志第一次南方谈话和中央关于进一步扩大开放会议精神，同时联系实际总结经验找原因。很多同志认为：特区选址不当，范围太小，领导管理体制存在诸多矛盾，领导精力分散，财政投放重点没有在特区，都是要害。

---

① 磨刀门位于广东省珠海市洪湾企人石，是西江径流的主要出海口门。

珠海特区早期选址在海边的无人荒滩，面积6.81平方公里，不连片，三小块，不利于集中规划发展。当时分工一名副书记专责抓特区，直接对市委书记负责；市委、市政府其他领导成员，则分管特区外的其他工作，他们无权也不敢插手特区事务。当时市里的建设资金、物资、人才都比较缺乏，容易顾此失彼，市地方财政的重点放在市政府所在地香洲区，而没有放在特区；引进外资项目安排在特区内还是特区外，大家的意见也常有分歧。

因此，市委讨论决定，先从改革特区领导体制下手，正、副市长都兼任特区管委会正、副主任，全市党政工作的中心和重点在特区，全市的人财物和引进外资项目，也重点放在特区，每位领导干部分管工作，首先在特区内抓落实，各领域的改革开放，首先在特区内探索，付诸实践，见成效，出经验，再在全市推广。从此，全市的力量形成了一个拳头，劲往一处使，特区优惠政策得到了充分发挥，特区建设和发展的步伐明显加快了。

同时，市委、市政府多次向中央、省委请示报告，经批准，把特区扩大为15.16平方公里，不久，再扩大为121平方公里，连成一片，市中心香洲也划进了特区。

特区的扩大，领导体制改革的推进，使各项优惠政策得到了充分利用，各项改革以及经济发展的步伐迅速加快。与1983年相比，1984年八项经济指标实现翻一番，其中，工农业产值增长107%，是前4年年均增长的5倍，其中工业总产值增长160%，为前4年年均增长的4倍，财政收入增长135%，引进外资协议金额增长5倍，旅游盈利增长460%。1985年GDP增长44.7%，1986年在全国加强宏观调控的条件下，经济增长仍然达到16.1%。

第三，坚持"两手抓，两手都要硬"。

邓小平同志关于改革开放、试办经济特区和两个文明建设的论述中，反复强调要坚持"两手抓，两手都要硬"。市委、市政府从搞好班子自身建设入手，带头两手抓、两手硬，在重点抓特区经济建设和物质文明建设的同时，着重从两个方面推进精神文明建设。一是加强宣传文化阵地的建设。1985年在财政十分困难的情况下，拨出资金，创办了珠海特区报、电视台和广播电台，坚持用正确的舆论和先进的文化引导和教育干部群众,推进思想解放和改革开放,引导和动员全市人民积极参与特区建设。二是抓整党整风。加强纪律整顿,刹住党政机关经商、炒卖外汇、倒卖进口批文、倒卖电视机和电子计算机等紧俏进口物资以及乱罚款、乱收费等歪风,查处一批大案要案,依法惩处一批严重经济犯罪分子。坚决纠正"一抓就死、一放就乱"的弊病,进一步提高党员干部的党性观念,进一步提高党在人民群众心中的威望。

1985年秋,我们两次到斗门县调研,发现该县以捐赠为名,套汇逃税进口几百辆小汽车倒卖的案件。在处理过程中遇到的阻力较大,有这么一种舆论,说什么"别的县市能这样干,我为何不能?""特区领导还不如别地思想解放""别地不处理,为何处理我?""错误难于避免,严肃处理会使人束手束脚"等。市委坚持"两手抓,两手都要硬",坚决批判了这些错误思想,严肃处理了有关责任人,及时刹住了这股歪风。1986年,又结合端正经济发展的指导思想,批判和制止了靠倒卖洋货致富,走私套汇逃税致富,以及把各种歪门邪道作为发展经济和致富的捷径等错误思想和违法违纪行为。同时,对那些由于缺乏经验造成工作失误的,则注重帮助教育,从轻处理,这既坚持了社会主义方向,又不挫伤干部的积极性。在对外开放的情况下,如何正确对待外来文化的影响,又是一个亟待解决的问题。我们组织各级干部学习中央、省委有关指示,提出要正确处理好"吸收"与"抵制","堵"与"导","防御"与"进攻"的关系,排污不排外,并采取了一些实际措施。此外,我们还分别在口岸、商场、农村、工厂抓文明单位建设;在"严打"的基础上抓好社会治安综合治理。3年间,虽然"一手软"的问题还没有完全解决好,但在不少方面得到了很大程度的改进和加强。

第四,高标准制定和实施城市规划。

1984年上半年,随着特区范围扩大和形势发展的需要,市委、市政府邀请全国资质较好的十几个规划部门帮助开展新一轮的城市规划,并请全国专家指导,邀请港澳和内地有名专家评议,由规划部门综合后,再提交市领导班子审批。市领导班子用3天时间逐一对照审定,比如市委决定把珠海建设成为生态环境优美的花园式城市,审定市区绿化覆盖率为45%,并要求3年内实现。为方便居民生活,审定小区居民生活服务半径为1公里。市委、市政府还要求城市建筑设计要美观实用，款式新颖，造型各异，高低错落，别具一格，不搞"石屎森林①"和"火柴盒堆砌"，要求规划建筑设计部门不仅要注意建筑单体的美观，还要重视一条街、一个小区立体结构的美观。居民住宅小区则推广海霞新村的经验，特别强调海岸线规划，在靠海一侧要保留足够的绿地和休闲用地，不能让建筑物遮挡游客欣赏海景的视野。

1984年秋冬，在搞好特区规划的基础上，珠海市开展大规模城市建设。在开展特区内的"七通一平"的同时，加快推进港口、码头、公路、桥梁等交通设施和其他硬件建设，以及调研酝酿空运、海上航运的具体方案。特区内划分8个功能小区开发建设，做到规划一片，开发一片，收益一片。

第五，调整产业结构，明确以工业为主导，渔农业、旅游服务业全面发展的方针。

建市初期，珠海市各级领导干部对经济结构和未来产业发展的主攻方向有多种主张。有的说，珠海环境优美，海域广阔无污染，发展旅游业优势大，应作为重点方向；有的说，应重点发展渔农业；有的说，珠海与深圳地理环境不同，深圳毗邻香港，适宜引进先进技术发展工业，珠海毗邻澳门，没有这个优势，难以引进工业项目。市领导班子分析研究，对各种争论意见进行客观分析后，从中长期发展考虑，最后还是确定以工业为主导，工商、农牧、旅游全面发展的方针。

三级干部会议明确指导方针后，市领导通过实地调研，总结推广了四个先进典型作为发展外向型和替代进口型工业的发展思路。一是华声磁带厂。该厂早期是港商经营的"三来一补"企业，只有6个工人，一间厂房，靠手工劳动，后来湾仔镇政府把它转型为乡镇企业，向银行借贷外汇，从日本、美国、意大利、西德、丹麦进口具有20世纪80年代水平的先进设备，生产空白磁带由港商负责出口销售。同时与国家电子工业部第三研究所研制生产测试带，填补了国家的一项空白，产品供应国内10多个城市几十间工厂，替代进口。二是与上海某企业联营的汉胜特种电线厂，与四川某军工厂联营的荣胜电工厂，引进国外具有20世纪70年代水平的设备，

---

① 粤语中指钢筋水泥建筑组成的地方。

节省外汇70%，技术设备容易消化吸收转移国内，产品畅销国内外。三是市保健食品厂，购进日本先进的设备技术，采购四川野生魔芋，加工成魔芋糕、魔芋丝粉，全部出口日本，挤进超市。该厂有20多个工人，年创汇达100多万美元。四是市无线电厂生产的家用电器，元器件国产化达70%，关键件靠进口，产品出口苏联及东欧各国。

市委、市政府召开工业会议，总结推广上述四个典型经验，同时提出，工业发展要实行"四个结合"和"四个为主"的方针，就是"外引、内联、自办相结合，以外引为主；外向型、替代型、自给（国内销售）型相结合，以外向型为主；市办、县区办、乡镇办相结合，以市办为主；大中小相结合，以中小企业为主"的方针，调动了各方积极性，从而加快了工业发展的步伐。1986年湾仔镇乡镇企业申请市政府支持外汇，进口先进设备，办起中富塑料瓶厂，并于90年代上市。1986年珠海市与南京雷达总厂、香港光大公司联合创办压缩机厂，引进外国先进的技术设备，是当时全国八条生产线中两条最先进的生产线，后来发展为格力电器集团公司，于90年代上市，股票市值快速上扬。90年代上市的还有丽珠医药公司，也是在1986年市医药公司与省医药公司联合办的药厂发展起来的。中瑞表壳厂是珠海市与杭州手表厂联合引进瑞士的先进技术设备建成的，一段时间内畅销国内外。珠海建市前工业产值只有四五千万元，建市4年后，1983年为1.2亿元，1984年增至3.3亿元，1985年达5亿多元。这些，都为后来珠海产业发展提供了有益的经验。

第六，积极探索推进行政机构和干部制度改革。

过去行政机关重叠，管理僵化，效率低，阻碍发展。我们从政企分开、简政放权、减少层次、提高效率入手，行政机构保留委（办），撤销局，委（办）、局两层剩一层。撤销了工业局、轻工局、二轻局、纺织工业局、乡镇企业管理局、畜牧局、商业局、外贸局等19个行政部门，改成为生产服务的，产供销一条龙、内外贸相结合的，自主经营、自负盈亏、照章纳税、定额上缴的集团公司。其行政职能分别划归经委、外经委、农委、财办。市的委、办、局从50个精简为29个，精减40%。

珠海特区的发展和建设主要是依靠原珠海县的各级干部和建市后调进的各级骨干，这些同志最熟悉珠海情况，有几年特区工作实践经验，值得信赖。但是，随着特区范围的扩大和发展，干部队伍无论从数量上还是从质量上都与迅速发展的形势要求不相适应。市委多次调研后采取了如下政策措施。一是大力选拔干部到特区建设队伍中来。选拔具有大学文化、几年特区工作实践，表现优秀、年龄在35岁左右的青年干部到各级领导岗位上来；挑选一批具有高中文化水平，有一定工作能力，表现优秀，30岁左右的青年干部作为后备干部，送华南工学院、暨南大学、中央党校留薪离岗学习，回来后量才适用。二是大力发展职业技术教育，增设工业、旅游、财贸、政法、卫生五所中专，成立教育学院和电大，并和中山大学、华中工学院、华南工学院、暨大合办大专班，对年龄不到45岁，文化未达大专水平的干部，每年安排脱产学习，1~2年后量才适用。三是上级分配来的大学毕业生，分批到基层实践锻炼两三年，接触群众，增长知识，学到本领，提高水平，表现优秀者可越级提拔使用。四是报请中央组织部、省委组织部批准在全国招聘人才，市委制定了吸引优秀人才的优惠政策措施，其中一条是1985年筹资几千万元建设每套面积超过100平方米的三房一厅、四房一厅的住房1500套，作为招聘人才之用，这些条件在当时是极具吸引力的。1984—1986年，市委从1.6万名应聘者中择优录取3000多名具有大学文化水平的各类人才，约占珠海市原有干部总数的40%。不论本市培养选拔的人才还是从市外选调的人才，在当时和以后的珠海特区的建设和发展中，都发挥了重要作用，做出了积极的贡献。

第七，建立对各级领导干部的监督机制。

办好特区，加强党的领导和建设是关键。我们特别注重抓市领导班子的自身建设，市委多次强调：凡是要求党员干部做的，市领导班子一定要带头做到。同时，积极探索对领导干部建立有效的监督机制。

1986年8月12日，市委召开扩大会议，在全省率先对市领导班子开展民主评议、民主测验、民主推荐，并请省委组织部派人到会监督和指导，市委召开处级以上干部大会，向市领导集体和个人提出批评意见和建议，先背靠背，后面对面。再由我代表市委集体和个人做检查对照和自我批评，然后由到会同志给每位市领导按优秀、称职、基本称职、不称职四个选项打钩填写评议表，评议结果给本人看过后再在会上宣读，本人不服评议结果，可以保留意见，向组织说明情况。1986年的测评，有一位副市长不称职票数超过半数，报经省委批准，降职使用。

这种创建民主监督机制，加强对领导干部监督的探索，不仅使领导个人置于党和群众的监督之下，帮助他们及时发现和纠正缺点和错误，而且促进了党风廉政建设，获得了上级领导组织部门的肯定。

1987年春节前后，我调到广东省委工作。

金凌

1979年7月，中央给了福建特殊政策和灵活措施，那个时候福建是一个什么状况？第一，福建是解决台湾问题的前线，30年来没有什么建设，没有大工业，基础设施落后。第二，福建是一个底子比较薄的穷省，财力有限，20世纪80年代初，全省一年的财政收入只有12亿多元。第三，与全国一样，福建也受计划经济体制束缚比较严重。第四，思想上的束缚很多，思想解放程度还不够。

当然，福建也有优势，不然中央为什么给它特殊政策和灵活措施呢？福建的优势叫作"山、海、热、侨、台、特"。自然条件是地处亚热带，有山有海。人文条件是"侨、台、特"，就是华侨多、海外侨胞多、台胞多，与台湾隔海相望，中央又给了发展的特殊政策。

特区创建之初的十大基础设施建设工程

在创建特区之初，我们大力加强基础设施建设，当时提出了十大基础设施项目，共五类，每一类有两个项目。

第一类基础设施项目是建两个机场。首先是用科威特王国的阿拉伯基金会贷款，新建了厦门国际机场。1982年1月动工，1983年10月就建成了，用了一年零九个月就通航，质量很好，这是少有的。科威特贷款方来验收项目的时候也非常满意，我们的努力获得了信誉的回报。另一个机场项目是改扩建福州义序机场，把军用机场改造成为可以起降民用飞机的机场。第二类基础设施项目是建两个电站。

一个是沙溪口水电站，地点在福建的南平、三明的山林之间。另一个电站是永安火电厂的三期扩建工程。第三类基础设施项目是建两个港口。一个是厦门东渡港口，另一个是福州马尾港口。第四类基础设施项目是建两条铁路。这两条铁路并不是新建，而是扩建。鹰厦铁路和来福铁路，是我们福建最早的两条铁路。其实来福铁路是一条支线，鹰厦铁路是当时为了解放金门岛专门修到厦门的一条铁路。第五类基础设施项目是建两座万门程控电话。一个是福州的万门程控电话。万门程控电话我们做得很早，1980年我在省府办公厅当处长的时候，就了解到当时在国家邮电部支持下，日本的富士通和福建省合作，希望我们引进他们的万门程控电话项目，福州当时正在和他们谈判。项目谈成后，大概1982年就正式投产。还有一个就是厦门的万门程控电话。我记得当时万门程控电话投入使用后，通话非常清楚，有些北京的领导同志，还有国家部委的领导同志到福建视察工作的时候，尝试接听，跟他们在北京打电话一样清楚。我曾经也去过一些省份学习交流，有的地方就是因为长途电话不灵，十分麻烦，还不如叫个长途的出租车，比打电话还快。所以说万门程控电话做得比较成功。所以总结当时福建的十大基础设施就是：两个机场、两个港口、两个电站、两条铁路，还有两座万门程控电话。

对外开放和国际合作的实践探索

福建除了推进十大基础设施建设外，还在全国较早地设立了华福公司，这是个国际信托投资公司，具有对外借款的金融资格。当时我们向美国芝加哥第一商业银行、休斯敦银行等借款购买了远洋轮船、做电子产品贸易等。华福公司是国内地方层面上较早具有融资资质的信托投资实体。

同时，我们还推进了几个中外合资项目。第一个项目是厦门卷烟厂跟美国雷诺士烟草公司合作，利用厦门烟厂的生产设备加工骆驼牌香烟，学习他们先进的技术和管理经验，加工香烟用骆驼牌的商标，一部分在我们福建销售，另一部分送回美国销售。这是第一个中外合作项目，大概是在1980年就做起来了。

第二个项目，福日电视机公司。就是1981年福建电子设备厂和日本日立制作所合资做电视机，有黑白电视机，也有彩色电视机。当时电视机非常畅销，市民买都要凭票，电视机质量很好，达到日本日立牌的水准，黑白电视机年产16万台左右，彩色电视机年产12万台左右。

体制创新和制度改革

另外，从改革方面来讲，我们首先是从体制外各个措施进行突破。比如：第一项就是推广农业承包经营责任制。这方面福建当时稍微慢了一点，当时可以做的就是小段作业包工，包工到组，或者定个基数、超产奖励等，当时还不能包产到户。直到1981年2月，项南同志来福建主持省委工作。他来后做的第一件事情就是倡导全省干部解放思想。他第一次召开省委工作会议，做的报告就是谈解放思想，当时抓解放思想的力度也很大，所以福建省搞包产到户在1981年有突破了，因为符合民心，而且主要是把干部思想问题解决了。第二项就是推动乡镇企业蓬勃发展，出现了"晋江模式"，这也是体制外的突破，跟包产到户是连在一起的。第三项就是农产品统购制度的改革，大部分农副产品放开。过去除了粮棉油等是由国家统购统销，还有很多产品列入计划收购，价格都要国家定。当时全国都在逐渐放开，粮食油料之类的重要商品还不能放开，但是很多小东西，比如鸡蛋、鸡、鸭、水产品等副食品，还有些三类物资就开始放开了。福建当时放开的力度更大，农村很多三类物资和部分二类物资都放开了，取消派购计划，取消国家定价，自由流通。还有一部分小手工业品，如竹木制品也放开了。第四项就是个人进入流通领域，经商贩运。因为当时乡镇企业发展起来了，很多肩挑小贩，从农村到城市，用手推车贩运商品。后来，不光是允许肩挑小贩零售，甚至批发也可以搞。个人可以在城市开小商店，可以摆摊，城乡之间的封锁开始打通。城市的一部分小商店也放开了。过去什么都买不到的情况得到了一些改变，群众有了就业的门路。这些都是当时福建省在体制外突破的改革举措。

通过改革，经济就开始有了一些活力，与对外开放相互促进。到了1983年，福建的改革要从农村进入城市，而且要加快、加大改革力度，放宽领域。所以，福建省把1983年定为福建的改革之年。

体制改革势头良好，基础设施初步完善，厦门建经济特区就具备条件了。厦门经济特区批下来是1980年，破土动工是1981年10月。最初在湖里这个地方划出2.5平方公里作为经济特区，在发展的过程中我们感到2.5平方公里太小，项目施展不开，生产力布局铺不开，因为所处位置不能利用老市区原有的生产要素和生产能力。湖里的2.5平方公里是一片荒地，什么配套工业都没有，统统都要新建，这就不能利用厦门市区原来的一些生产要素发挥市区的一些潜力，所以我们省提出要扩大厦门特区的面积，要把2.5平方公里扩大到全岛。

厦门自由港的探索

邓小平同志于1984年2月来视察厦门的时候，福建省就提出了扩大厦门特区面积的要求，同时要求实行自由港。到了1985年，厦门经济特区就扩大到了全岛。小平同志来厦门视察，还有一个小故事。当时福建的领导提出厦门想建设自由港，小平同志听汇报，省委第一书记项南同志提了三条：货物自由进出，人员自由往来，货币自由兑换。小平同志说，厦门特区可以实行自由港的某些政策。后来国务院对厦门批下来的就是实行自由港的某些政策，中央对福建是很支持的。

小平同志在厦门视察时题词："把经济特区办得更快些更好些。"这不光对厦门经济特区扩大到全岛并实行自由港的某些政策有重要意义，实际上对福建全省都有非常重要的意义。我领会他的基本思想是对外开放是要进一步"放"，而不是"收"，让实践来证明对外开放是正确的。所以接下来国务院给了福建很多政策措施，不光是对厦门，而且是对全省的进一步开放。第一，把福州列入沿海开放的14个城市，同时成立马尾经济技术开发区。第二，把闽南三角洲，就是漳州、厦门、泉州，以及闽南三角地区11个县市列入对外开放格局。第三，延长政策试用期。当时中央给福建、广东的特殊政策期限是先试行5年，1984年底就到期了。那要建厦门经济特区就要延长政策试用期，所以当时就提出了凡是行之有效的政策措施继续试行，再延长5年，就是继续试行特殊政策、灵活措施。这样，福建就初步形成了一个多层次的对外开放格局，但当时只是初步形成，完全形成是后面的事情。所以小平同志到福建视察，对推动福建对外开放非常重要，意义深远。

福建改革开放的成效

现在回顾福建改革开放、建立经济特区的历程，成绩就是基本冲破了计划经济体制，初步建立了社会主义市场经济体制的基本框架。我想福建主要有三个特点：

第一个特点，就是改革与开放互相促进。福建的经济外向度比较高，很多的企业、很多的产业都具有外向型的特征。到1994年的时候，已经开业的外商投资企业，占全省工业总产值的40%，是很高的数字；还有，全省出口总值占全省生产总值的比重高达35%。这些是外向度的统计数。1995年外商投资的合同金额，在全国我们是排第三位。1994年全省涉外税收是1984年的151倍，占全省总税收的1/7。外向度比较高说明改革与开放相互促进。

第二个特点，就是多种所有制经济比较发达，包括厦门在内的福建全省多种所有制经济繁荣，在非国有经济占相当大的比重，其中当然包括乡镇企业。1994年，全省经济比重是国有经济占33%，三资企业占40%，乡镇和民营企业占26.45%，就是说，国有经济占1/3，还有2/3都是非国有的。全省是这种情况，有些地区非国有经济占的比重更高，甚至占到80%。非国有经济里面，乡镇企业和三资企业是两大主力军，这也体现了我们对外开放的成果。

第三个特点，就是改革坚持了市场化取向。改革到底改什么？不是计划经济体制的修修补补，而是坚定不移向市场经济这个目标走。

这三个特点是福建改革取得的成效。我在想，我们理应走在前面，因为国家给了我们特殊政策、灵活措施啊。如果说还有什么不足，应该说我们有的工作还做得不够。总之，历届省委、省政府领导全省人民群众艰苦奋斗，取得了不少成绩，生产总值、财政收入不断增加，人民文化程度不断提高，居民收入不断增长，经济发展和社会发展都非常明显。这既是全省人民努力的结果，也是改革开放的成效。

1979年，党中央、国务院就作出在深圳、珠海、汕头和厦门试办经济特区的重大决策。1980年10月，国务院批准厦门建设经济特区。为什么要选在厦门办特区？

郑金沐

办特区、搞自由贸易区、搞自由贸易港都是有条件的。第一要看港口的自然条件。有没有好的港口？这个港口是不是在国际航线上？好港口如果不是在国际航线上，就不能搞转口贸易，形成中转港。第二就是便于隔离，便于管理。除了自然条件、地理条件外，还有两条重要的特殊的条件：第一条是远离性，就是要远离本国的政治中心和经济中心；第二条就是异质性，对经济腹地要有异质性，即特区的外贸体制跟要出口的地方的外贸体制不一样，这样才能互补。

1992年我参加了中国经济专家代表团，去俄罗斯介绍办特区的情况。我对俄方讲，办特区是有条件的。首先，厦门的贸易合作对应着台湾，具有不同的贸易体制。从厦门自然条件来讲，港口是深港，不冻少淤，万吨级的船不受潮水的限制，涨潮的时候7万吨的船可以进来，海沧港区航道已经过改造，10万吨级、15万吨级的船也可以进来。另外，厦门的港口是在国际航线上，这就便于对外贸易和转口贸易。第二，可以发挥对台、对侨的作用。厦门市和福建省的华侨多，厦门是福建华侨的集散地，过去福建人跑南洋、跑海外都是从厦门出去的。再一个就是管理方便。厦门是个海岛，而且有一定的工业基础。当时四个特区当中，厦门机械制造业是最好的，办特区之前，我们的机械，特别是冲床、压力机是出口的。再一个就是大学多，有厦门大学、理工学院、集美大学，现在还有个华侨大学，整体的文化程度高。

并且，厦门早在古丝绸之路时就开始搞外向型经济了。丝绸之路中的茶叶之路就是从厦门走的，后来郑成功在厦门搞对外贸易，鸦片战争后厦门也是五个通商口岸之一。外向型的经济元素比福建省的其他城市都要多。

此外，福建有几百万福建籍的华侨、台胞，而且在港澳的福建人、厦门人也很多，企业家也很多。他们纷纷来厦门，表示要为家乡四个现代化建设出一份力量，希望厦门也能办特区。

所以厦门市委、市政府根据中央〔1979〕50号文件和〔1980〕41号文件的精神，于1980年6月8日，向福建省委、省政府提出了关于建设厦门经济特区的报告。

国务院于1980年10月7日批复同意福建省在厦门湖里划出2.5平方公里搞经济特区。

为什么只批2.5平方公里？当时国务院同意在湖里划出2.5平方公里搞经济特区，主要是搞出口加工。国外一些出口加工区的面积都不太大，一般也只有几平方公里，他们认为1平方公里最好，80%的面积搞仓储，20%的面积搞出口加工。关于厦门经济特区选址问题，当时推出三个地方进行选择。

第一个是马銮，这个地方有4平方公里的盐场，附近还有6平方公里的农地可供发展之用，距盐场2公里的排头村，可建深水码头，距九龙江只有5公里，供水供电问题不大。但在岛外，交通不便，一切设施都要从头做起。

第二个是筼筜港东北坡，有1平方多公里的土地，水、电、通信均可用市区的设施，距码头近。但没有发展余地，特区管理也不太方便。

第三个是湖里，紧靠东渡港区，有2.5平方公里可供特区利用，距公路、铁路近，供水供电同市区是一个系统，易隔离，便于管理。

从三个地方比较，湖里条件最好，所以最后确定在湖里建设经济特区。当时的厦门经济特区，实际上是个出口加工区。直到1985年6月29日，国务院同意将厦门经济特区的范围，调整为厦门全岛和鼓浪屿全岛后，厦门经济特区才由出口加工区转为以工业为主兼营旅游、商业、房地产业的综合性、外向型的经济特区。当时在建特区的时候，又有两种意见，到底是以工业为主，还是以贸易为主，经过争论，大家统一了意见——搞工业为主。实践证明，国务院确定厦门经济特区以工业为主是正确的。有人说，一个城市如果没有工业就没有脊梁骨，是软骨头。工业可为贸易提供货源，贸易可为工业提供市场。

还有个争论，到底是先搞形象工程还是先搞基础设施，因为深圳原来是个渔村啊，现在高楼林立，有一点现代化城市的模样，很让人羡慕。于是大家说厦门在改革开放之前没有什么建设，我们应该建高楼大厦，把形象先搞起来。后来市里的领导说不行，因为我们搞特区是要引进外资，引进外商来办企业，你没有基础设施这怎么行。"筑巢引凤"，你连"巢"都没有，怎么引"凤"来啊？后来大家就统一了，抓基础设施，把有限的钱都用来搞基础设施建设。

建基础设施，首先要建港口、建机场。建港口的时候也有争论，是建成商港还是建成渔港。因为厦门水产也很发达，而且还有远洋捕捞队，所以有的人说应该把它建成渔港，最实惠。大多人说这么好的港口建渔港，使用价值就打折扣了，应该要搞商港。那么在争论当中，刚好万里同志来厦门视察，说就搞商港，渔港到另外一个地方搞，就把这个确定下来。

厦门当时没有机场，那一次万里同志是坐火车来厦门视察的，来厦门刚好在路上碰到下大雨，一下雨铁路就塌方了，不能进来。当时已经到福建，火车只能再开到广州，由广州坐飞机到漳州军用机场，由漳州军用机场再坐大巴来厦门。一到厦门，万里同志就说，要办特区，一定要有机场。当时有些人还想不通，厦门离金门这么近，怎么能建机场啊？省里的领导陪他去看过去的老机场。原来我们有一个曾厝垵机场，是国民党时候建的，现在已经没有用了。同安马巷有个军用机场是中华人民共和国成立后建的。我们岛内高崎也有个机场，也是国民党时候建的。万里同志看完马巷机场后就到了高崎，问省委书记，金门有没有民用飞机？项南书记说有。万里同志说："金门敢飞民用飞机，我们为什么不敢建机场？"这就把反对的声音压下去了。他说机场一期就在高崎建。

这个机场建起来后厦门的地位大大提高，厦门跟国外国内的距离拉近了，对特区起了很大的作用。我们建机场利用的是科威特的贷款，1983年10月22日，厦门高崎国际机场就开始正式通航了。这是全国第一个用外资建的机场，建成时间也是全国最短的。但毕竟2.5平方公里太小了，搞不出名堂出来，起不了什么大的作用，更起不了宣传的作用。1984年2月7日，邓小平同志来厦门视察，当时省委书记项南想向小平同志汇报把厦门经济特区扩大到全岛，以及把厦门建成自由港的一些想法。于是他把这些想法先向陪小平同志来厦门视察的王震同志汇报了，王震同志听了很兴奋，提示项南同志，这些想法可以向小平同志反映，明天到外面视察的时候，找机会向小平同志汇报。

按事先预定的方案，小平同志一行乘"鹭江"号游艇环游鼓浪屿。登艇之后，为了汇报方便，王震同志主动让开自己的位子，要项南同志坐在小平同志身边。项南同志拿出事先准备的地图，对小平同志说，厦门特区现在实际上只有2.5平方公里，实在太小了，太束缚手脚，即使很快全部建成，也没有多大的实际意义。把特区扩大到全岛，使整个厦门岛都开放，这对引进外资和先进技术，对改造全岛的老企业，都可以起到更大的作用。小平同志一边看地图，一边答道："我看可以，这没有什么问题嘛。"接着，项南同志对小平同志进一步谈到，现在台湾同胞到大陆，都不是直来直去，要从香港或者日本绕道而来，这太麻烦。如果把离台湾金门最近的厦门建成自由港，实行进出自由，这对两岸中国人的交往，会起到很大的促进作用。有位华侨几年前就提出了设立自由港的建议。我们考虑，把厦门建成自由港，可以充分调动侨商、外商投资的积极性，对解决台湾和香港问题也很有好处。

图3-5 1984年，邓小平视察厦门经济特区，听取福建省委书记项南汇报

小平同志问项南同志，香港是不是自由港？自由港要实行哪些主要政策？项南说主要有三点：人员自由往来、货物自由进出、货币自由兑换。

小平同志听后表示，前两条可以。这后一条，你们拿什么跟别人兑换？项南同志说，我们考虑发行特区货币。小平同志听后想了想说，是你们单独发行特区货币，还是几个特区联合发行一种货币？这个问题要研究一下。

那么小平同志顾虑的货币自由兑换的问题怎么解决？我们想通过搞离岸金融来解决。离岸金融在国外有搞过，像新加坡就搞得比较好，还有一个就是台湾。过后，国家计委宋劭文副主任、中国人民银行刘鸿儒副行长到深圳考察港币的情况，他们在深圳考察后又来了厦门，认为要发行特区货币难度很大。后来，我们就提出借鉴新加坡开展"离岸金融"业务的做法来解决资金自由进出问题。随着特区对外金融联系的日益密切，可逐步开办银行内外账户相分离的离岸金融业务，即境外来的资金进入特区，不进入境内账户，而由特区各银行分别设立的境外账户加以管理。实施这种"外来外去"的离岸金融业务，既能实现厦门特区较大规模的资金自由进出，又不冲击国内资金的正常流通和国家汇率的稳定。开展"离岸金融"业务，是厦门最早提出的。

小平同志回去以后，跟中央领导交换了意见，认为厦门要搞自由港，目前条件还不具备，但可以实行自由港的某些政策。1985年6月29日，国务院批复厦门经济特区实施方案。这个批复就是"85号文件"。这个批复的一些政策不是完全自由港的某些政策，只比特区的一些政策稍微宽一点，就是人员进出自由、货物进出自由、资金进出自由等方面。

1985年6月，习近平同志来厦门任市委常委、副市长。他根据小平同志视察厦门的讲话和国务院"85号文件"的精神，组织100多位教授和实际工作者，经过一年半时间，完成了21个专题的研究，主持制定了厦门经济社会发展战略，确定厦门的发展模式，就是建设自由港型的经济特区，分三步走：第一步建保税区，第二步是自由贸易区，第三步是有限度的全岛开放的自由港。

这"自由港的某些政策"的管理措施在厦门特区建设当中得到不同程度的体现，主要有以下几个方面：

第一，在货物进出和外资投资企业税收方面，一定程度上实行了自由港的减税、免税的政策。比如，特区生产的产品出口免征关税，特区内使用的生产设备和原材料进口免征关税、进口产品税和增值税。第二，进出口贸易在一定程度上做到自行审批。厦门能够自主经营本特区所需的商品及作为生产资料的生产设备、原材料、零部件的进口和本特区内产品的出口，并在海关的监管下开展转口贸易和过境贸易的业务。第三，厦门的保税业务从零起步，允许除了毒品、武器之外的外国商品在特区内指定的地方和在海关的严格监管下，储存、改装、加工、加贴标签、复运出口。对这类货物不征关税、进口产品税或增值税。这就说明除了武器、毒品以外，外国的产品可以在这个地方开展保税业务，允许换包装、换牌、加贴标签等。

现在已经有保税生产资料市场、保税仓库、保税工厂，后来又设立了福建自由贸易区。第四，在人员出入境方面，实施了落地签证。厦门的人要到国外去考察，由厦门市政府批就行了。外国人可以在厦门办落地签证。华侨、港澳同胞在厦门口岸办理一次有效的出入境通行证。厦门在人员出入方面获得了一些优惠政策。第五，在金融方面形成了以中央银行为主导，专业银行为主体，外资合资银行和其他金融机构并存的多元化、多功能、外向型的金融体系。厦门市是全国最早允许外资银行经营人民币业务的地区。当时允许4家外资银行经营人民币业务，一个是国际银行，是我们特区跟澳门、印度尼西亚华侨合资的一家银行。另一个就是华侨银行，是著名的爱国华侨陈嘉庚创办的。此外还有两个是集友银行、集美银行。第六，在市场体系方面，建立了生产资料、人才、劳务、资金、技术、房地产要素市场，金融外汇调节市场，除了深圳以外，我们是第二家搞起来的。

这些就是当时"85号文件"批的，在封关之前的一些政策的执行情况。这份批复对厦门经济特区建设产生哪些重大的影响和作用？

第一个就是国内外反响很大。因为厦门在改革开放以前，是海防前线，不能建设。过去曾厝垵一带的海边是不能去的。现在不但开放了，而且还实行了自由港的某些政策。深圳是在渔村办特区，影响当然很大。但厦门是在海防前线建特区，实行自由港的某些政策其意义完全不一样。这说明，邓小平同志对外改革开放的决心是很大的，把前线都拿出来办特区，还可以实行自由港的某些政策，这在国际上影响很大。

第二个是促进经济体制改革。要实行自由港的某些政策，我们当时的体制不行，因为是老城市建特区，计划经济的思想意识还很浓。中央一直在讲，开放促改革，这是完全正确的，而且是通过这三十几年的对外开放摸索出的经验，通过开放才能够促进体制的改革。那么这样通过实施自由港的某些政策，对厦门的经济体制改革、机构改革等都起到很大的促进作用。

第三个是扩大对外开放。

第四个是推动经济快速发展。

到珠海经济特区工作

梁广大

我是1983年10月来珠海工作的。刚到珠海工作,确实比较陌生。所以当时我就向市委、市政府的领导请教,请教过后,我就跟各个部门、几个系统的人员来谈,差不多有30次,听取他们的意见。第一个问题,提得比较多的意见就是珠海经济特区这么小,怎么开展工作?另外,当时特区有一套人马,政府也有一套人马,市委有一套人马。特区的同志是搞特区的,又不搞政府工作,市委、市政府又不能参与特区工作,时间一长,大家就互相不协调,你搞你的,我搞我的。每年为3000万元财政如何分配,争得面红耳赤。

第二个问题,是发展方针问题。有人说搞加工业收取外汇,有人说要搞好农渔业,为城市服务,为出口增加收入。第三个问题,珠海有山有水环境好,应搞旅游业。还有的说,应该以工业为主,建成农牧渔业、旅游业、房地产业综合发展。第四个问题,就是没有钱,希望国家给钱。但当时国家经济十分困难,为了支持特区,国家分3年给了珠海2700万元开办费。但干部还是等国家给,"等靠要"思想比较突出。第五个问题,主要就是缺乏人才。当时的干部基本上都是搞行政、党政军工作的,但是懂经济、懂外经外贸、懂国际法的人才基本没有,怎么跟国际打交道,这些真的很难。技术人才也十分匮乏,只有农业技术人员和修造船厂技术人员。还有就是干部受"左"的影响比较大,不敢逾越半步,甚至有的同志在外商到珠海考察时,都不敢主动接触和投资洽谈。他们怎么想的呢?就是怕"运动"再来又受批斗,说谁跟资本家勾搭,真是跳进珠江都洗不清。

我刚到珠海时,珠海特区内当时只有几个工厂,有两家宾馆还比不上南海一两个公社,跟深圳比差远了,深圳已经发展得红红火火,这里冷冷清清。我当时住在招待所,晚上吃完饭,太阳还很高我就出去到处看,基本上珠海是以渔农业为主,当时市政府大楼还没有盖,那块地还种菜,晚上还有青蛙叫。我跟司机开着一部车到了水湾头,车子转弯去山坳的时候,熄了火,停在那里。这时候边防战士就冲上来，呼喝我们，干什么？你们干什么？为什么停在这里？司机说，我们是市政府的，这个车子熄了火现在走不动了。边防战士打量了一下，不像是偷渡客，穿戴都很普通，而且也不会开车偷渡吧。他就把这支枪往后背，帮我们推车，后来又来了另一个哨兵帮我们推，一路大概推了有六七十米，车子才打着火，开回市政府了。

这些问题，反映珠海经济发展底子薄，基础比较落后，发展慢。

珠海发展的重大转折

当时办特区，社会议论很多。有人说，经济特区除了五星红旗是红的以外，全部变了颜色。这是比较大的一个影响。更有人说，广东个别地方走私贩私，都是改革开放办特区带来的。有个别地方，出现一些黄赌毒，都认为是改革开放、兴办经济特区带来的。有些人把特区视为租界，认为没什么两样。更有些人干脆公开提出了，特区不能再办下去了，要收了，不能再放了。

就在这样的关键时刻，1984年小平同志来珠海视察。1月29日，我同市委书记吴健民一早到中山温泉接小平来珠海。一上车，我们就跟他汇报，他只是听，没发表任何意见，有时点下头。我们的车队沿着古鹤村、南溪村入上冲检查站，转到拱北海关口岸。这里当时都没有马路，都是以前修的小道，很窄。到了拱北这个口岸，只是在车上远望一下澳门那边。我们从口岸沿着拱北海边转到一个刚引进的房地产项目，叫银海新村，就在拱北宾馆以北的地方，在车上看了一下，再顺着靠山边的国防公路，往九洲港、度假村这边走，这时港口刚刚推土，只建了一个简易的客运码头往返香港，度假村盖了几幢别墅，我们一边走一边介绍。然后就走到刚推开一条路面的港湾路，路没建好，都是运输黄土的车子。摇摇晃晃经过现在的园林宾馆、海滨公园，那个时候这里什么都没有，还是一大片农田，通过土路到吉大村，走过一条石板铺的路，才开到珠海宾馆对面的小山上。香洲毛纺厂就在那里，一到毛纺厂，厂长黄国明跟几个副厂长在这里迎接。小平一进厂内，空气都充满油味，很难闻，但小平同志还是兴致勃勃地看。他一进去就问厂长，这个设备从哪里来？原材料从哪里进货？销售往哪里去？黄国明就回答他的话。

参观完毛纺厂，小平同志就上了毛纺厂二楼，这里有一个电子厂，主要就搞收录机组装,当时很时尚。看完电子厂,我们就顺路到了珠海宾馆,事实上,珠海宾馆就在毛纺厂的后面。小平又在珠海宾馆看里面的小超市,内有单车、缝纫机,包括收录机,还有电冰箱,当时都是很稀罕的产品。

图3-6 邓小平同志视察香洲毛纺厂,广东省省长梁灵光(第二排右一)、珠海市委书记吴健民等省、市领导陪同(李国怀摄影)

看完都11点多了。小平同志到珠海宾馆的一个会议室又听我们汇报,他仍然没有说话,有时点一下头。我们提出能不能请小平同志帮我们题个字,鼓励一下我们。小平同志当时就回答好,他提起我们事先准备好的笔,就写了"珠海经济特区好",然后落款写上时间。站在小平身后的那几个人,我记得有吴健民、我和省接待处长关相生等人,我

图3-7 1984年,邓小平同志题词"珠海经济特区好"(李国怀摄影)

们就热烈地鼓掌。

后来小平就去休息了。我当时就在思考这句"珠海经济特区好",确实对我们鼓舞很大,完全想不到他对珠海有如此高的评价。但是我还是感觉有些惭愧,为什么呢?我们感觉珠海特区都没有什么,没有几个企业可以去看,到处都是村庄,就连珠海宾馆对面的吉大,都是一片农田、山地,没有什么大的变化,所以我心想,这是鼓励我们,我们不能辜负啊,一定要名副其实。但是我又感觉呢,小平这个题词有非常深远的意义。事实上他用"珠海经济特区好"回答了社会上当时的种种非议,你们说不好,我说好。

休息了一个小时左右,小平就出来了。不久,杨尚昆、王震他们也出来了,他们一出门口就看到珠海宾馆大门对面有一个小山坡,有一组雕塑,叫"孙悟空水帘洞",有几个猴子在这里。小平借孙猴子说了一些话,他说,这个孙悟空,都没有闹起来,怎么说什么都全变了,变什么了?你看,这里还是农村嘛!杨尚昆、王震,还有我们这些人,都给这句幽默话逗得哈哈大笑。下午3点多往广州去,又路过吉大村,路面是用石块铺成的,通过一座小桥(白沙坑)上另一座小桥。小平对那座小桥印象很深啊,1992年第二次来的时候还提起了那座小桥。

图3-8 邓小平同志幽默地借孙悟空雕塑讽刺特区变色论调的玩笑话把大家逗得开怀大笑。图中右三是杨尚昆同志,右二是王震同志,右一是珠海市代市长梁广大(李国怀摄影)

小平视察珠海以后，大概3月26日，中央就在中南海召开了经济特区工作会议（沿海部分城市座谈会），差不多开了一个星期，当时是由谷牧来主持的。会上主要领导传达了小平同志的讲话与会议精神，明确了特区是"窗口"：技术的窗口、知识的窗口、管理的窗口、对外政策的窗口。

这次会议对我启发最大的，是小平同志说，这里有一个指导思想必须明确，就是特区不是收不收的问题，而是放不够的问题。所以，这个会议又明确扩大了14个沿海城市的开放，对我们的鼓舞很大，对全国的震动也很大。再有一个，是针对干部的思想提出来的。小平说，你们的思想要解放一点，胆子要大一点，步子要快一点；干事业一定要有一股劲，没有一股劲是不行的，没有一股劲，就干不出事业来。这些事实上是针对当时干部的思想精神状态说的，鼓舞我们放开手脚来干。我们回来以后，就立即传达，开干部大会，认真学习领会，要求付诸行动。

小平同志视察珠海是珠海发展的重要转折点。为什么是重要的转折点呢？珠海当时正在改革体制、调整发展思路，小平同志来了以后，整个干部思想、工作作风、经济发展都跟过去完全不同，珠海处于大发展的时期。珠海的干部特别振奋，按照小平同志说的，要有一股劲，要有一股敢于"冒"的精神，加快体制等各方面的改革。

第一个是撤销特区过去的管理体制，把特区跟市政府的体制统一起来，该归口的归口，该合并的合并，该独立的独立，该撤销的撤销。特区就留一个特区办，其他都由市委、市政府统一领导，不能靠少数人来办特区，大家一起来办特区。

第二个是解决发展方针问题。过去一些人和专家提了不少发展方针的问题，争论不下，后来决定按照中央试办特区的要求，还是以工业为主，农牧、渔业、贸易、商业、房地产业、旅游业综合发展。坚持以工业为主，综合发展这个方针，不能再争了。1984年，我们建的第一个工业区就是南山工业区，半年时间建起40多万平方米的标准厂房。《人民日报》有篇报道称我们创造了跟深圳速度相媲美的"南山速度"。南山、吉大、北岭、兰埔、夏湾、前山等地区建工厂、建标准厂房等吸引外资、内资来发展。

1984年，我们引进的项目近九成都是工业，工业总产值就超过过去的农渔工业的产值，改变了珠海的经济结构，而且所有行业都蓬勃发展，工农业总产值比1983年增长了近3倍，1985年又比1983年翻了两番。从这以后我们的发展速度非常快，都是百分之三四十的增长速度，特区发展的面貌改变了。

第三个是规划问题。我们原有的特区范围小，建一条路这段是特区，那一段又不属于特区，这很难处理，所以我们把特区内跟特区外一大片统筹连在一起规划。当初国家给珠海特区的范围划了6.81平方公里，总感觉摆不开。到1983年下半年，特区扩大到15.16平方公里，再到1988年扩大到了121平方公里，我们也在扩大规划的范围。

第四个是解决资金问题。要靠利用外资，利用银行资金，自己承担发展责任，不能依靠国家，国家当时也十分困难。要按照小平同志说的"杀出一条血路来"，自己搞。1984年我们向珠海的几个银行借钱，银行的钱都被我们借光了。因为当时珠海人少，又没有多少家企业到银行存钱，所以存款少，有存款才有贷款，没有存款，就没有钱可以贷。所以有些行长知道我去找他了，第一次见到他，他可以借出一点钱来支持特区建设，经常向他们借钱，他们也实在借不出来。所以我有时打电话去银行，行长都不敢接。但是有时逼得没有办法了，我就到银行登门拜访。行长们都说："市长，我真的没有钱了，银行的钱都给你借得差不多了，我连日常正常应付存款客户支出都很紧。"所以，我很理解他们的难处。

后来我就跟市委书记方苞商量，我要把珠海五大银行的行长，全都带到北京去借钱。他赞同了这个做法。于是我们一行人就去了北京，一个又一个银行去借钱，先到中国人民银行、工商银行、农行、建设银行借了接近4亿元。后来又通过我们驻澳门、香港的珠光公司，借了3千万美元。这就解决了资金开发建设的难题。

1984年这一年，珠海的固定资产投资就是特区前3年的总和，珠海到处都是灯火通明，到处都是建房子、建工厂的打桩机、吊机，到处都能见到工地，建设气氛红红火火。然后我们就去香港招商引资，开招商会议。

还有就是引进人才。引进各类技术人才、法律人才，懂管理的、懂经济的人才。组织工作组到各大城市去招聘，很多人都涌来了，浩浩荡荡，但他们来后没地方住啊，搞得束手无策，就先把政府准备搞招商引资的厂房改成宿舍来供他们住宿。我们吸取这次招聘人才的教训，认识到不能由政府统一招聘，后来实行办什么企业，就招聘什么人才，甚至你来办企业，我跟你合作，这样就解决了人才问题。

跳出珠海论珠海

第一，珠海经济特区，不是珠海的特区，是国家的特区。

1984—1988年，珠海的发展一直很快，以外向型经济为主，有着以电子、电器、精密机械、医药为主的工业基础，全市引进国外的先进生产设备和生产线共3万多台（套），引进的技术和设备达到3亿美元，合同利用外资21亿美元，实际利用外资7亿多美元。到珠海投资的有美国、日本、加拿大、比利时、瑞士、澳大利亚以及我国的港澳台共20多个国家和地区。1988年全市外贸出口比1979年增长51.3倍，外商投资企业的出口相当于特区创办前9年的总和。

1986年，国家进行宏观调控，国务院召开特区工作会议，讲为什么要进行经济调整，要压基建。后来国家又召开各省省长会议，要继续基建，珠海投资总额从17个亿压到13个亿，后来又压到9个亿。就在这个宏观调控的时间，我们不能不考虑，珠海经济特区关系到国家，关系到大局，珠海这样建设下去，能不能建好？能不能完成国家给我们试办经济特区的重任？1987年，我们在综合分析研究国内外重点城市的发展规律之后就发现，一个城市要兴旺发达无外乎要具备航运、空运、电力、供水、陆路交通、金融中心、商业中心、旅游中心等这些重要功能，这决定一个地区的命运，决定将来。

于是在1987年的时候，我们把几套班子、各部委办人员集中在望海楼开会，要统一思想解决这些根本问题，提出要跳出珠海论珠海，不能以珠海来论珠海。我说珠海是国家的特区，不是珠海的特区，要想大局，就要建设大西区。当时很多人议论，说特区范围内都没有建设好，你又跑到西区去了，要花多少钱啊？投这么多钱下去，能不能回收啊？承受得起吗？所以一开始一些同志不同意往西部发展。

1988年我们再组织几套班子和各部委办人员去考察调研西部环境，考察后又开了第二次会议，根据一些同志的思想情况，我们又提出要"抢占发展制高点"。所谓"抢占发展制高点"，就是要保持一个地区经济发展经久不衰，而只有开发西部才有这个条件。

第二,"命运工程"。珠海市委在1988年调整了城市规划,把全市作为一个整体进行统一规划和开发,决定开发大西部的同时东部也要继续发展招商引资搞建设,提出了建大港口、机场、能源基地、水厂、铁路和东部伶仃洋大桥等工程。

珠海经济特区,为什么敢搞这几大命运工程?那时候就是一个省要搞大港口、飞机场、铁路、能源基地、水厂、伶仃洋大桥,都被人说是天方夜谭,何况是珠海这个特区。但我们围垦的几十万亩土地是非常珍贵的资源,价值很大,这让我们有了底气。我们要把有限的资金和资源放到决定今后更大发展这方面来。一个一个地办企业,多引进一批项目当然好,但是比不上首先把这些决定未来命运的工程搞上去,这些是珠海经久不衰的最根本动力,不管你承不承认,有了这些命运工程,你就占了半边天,在整个大区域产生影响,人家都往你这里跑。

我们市委班子统一思想,对整个珠海就实行城乡统一规划,规划五大功能区以后,重点放在西部,一次次绕着珠海海岸线找大电厂、大港口的选址,最终发现高栏群岛是最理想的、最适合建国际大港口、大能源基地和重工业基地的地方。通过专家调查,利用原来的三灶旧机场建设国际机场,在西部建设水厂。我们同时又开始建设横跨珠海东西部的珠海大道,要把特区跟西部的港口、机场、能源基地连到一起。这条路建在原来是一片海水海滩,到处是小河涌的坑坑上面,还要建跨过磨刀门、虎跳门、鸡啼门、泥湾门等出海口大桥,最大的是唐刀门大桥。1993年建好,60多公里长的珠海大道全线通车。珠海大道的规划设计是双向16车道,先建8车道通车。

在规划建机场跑道时,就被一座近200米高、体积为2000多万立方米的炮台山挡住了,如果正常搬迁起码要四五年时间才能搬运走,但是我们要抢占发展制高点啊!后来我们想到要爆破,请中央军委支持,我们找到南京解放军工程兵工程学院,用了一年多时间在山底里挖隧道打孔,装运12000吨TNT炸药,光是炸药就运了大半年从没有停过。1992年12月28日上午10点左右引爆,"砰"的一声,很沉闷的响声,整个山都塌下来了,一个大蘑菇云,向天空升起来,在国内、国外都少见,当时爆炸专家从国际资料中看不到这样大的爆破,所以号称"亚洲第一爆",

香港、澳门都感受到强烈的震动。这样机场用3年多就建好，1995年通航。1996年中国首届航展在珠海举办。

图3-9　1996年11月，中央军委副主席刘华清（左三）参加第一届中国国际航空航天博览会，广州军区司令员陶伯钧、广东省委常委、珠海市委书记梁广大等陪同（王红摄影）

　　为什么要建伶仃洋大桥呢？伶仃洋大桥是我们20世纪80年代初就提出来的设想，这个大桥对我们非常重要。我来珠海几年后发现，很多货物进出口非靠香港不可，特别是我们的集装箱，要运到香港，当时很难。从珠海运集装箱到香港，经过差不多七个摆渡。一个集装箱运到香港的费用是四五千港元，这是约束珠海经济发展的一个大难题。1984年后我们一直思考这个问题，怎么样缩短香港与珠海的距离，使香港和世界各国各地区企业家来珠海办企业更方便，成本更低。尽管建了九洲港集装箱码头，但仍不方便。当时我们就想到在唐家湾建一个深水港，但这里的条件与九洲港差不多，淤积区太大，水深不够。后来就想，能不能干脆就把码头直接建到内伶仃岛，对面就是香港，所以我们最后决定建大桥，大桥名称就叫伶仃洋大桥，30多公里长，通过淇澳岛、内伶仃岛连香港直接进入香港集装箱码头和香港九龙城区了。另一面再到深圳，又方便并直接连东部沿海高速公路，珠海这边通过珠海凤凰山隧道到珠海前山入南屏山边往珠海澳门交界茂盛围处入澳门，当时是封闭式双向车隧道，十分方便。进入珠海后往西直接接通西部沿海高速公路，往北直接接通京珠高速公路。所以我们从1988年研究决定，在1989年外商投资春节联谊会上第一次提出要建伶仃洋大桥，然后就请省有关部门、国家有关部门和国内国外的建桥专家一起搞规划勘探论证多次，市委还组织去日本、美国、澳大利亚、丹麦等国家考察跨海大桥建设情况。国务院和国家有关部委、广东省几任领导都支持这个方案，1997年底，国务院正式批准伶仃洋大桥建设立项。

图3-10　1984年开始建设的九洲港货柜码头全景（李志均摄影）

1992年小平同志第二次视察珠海对我们影响更大，一下子让我们安心了，突破了思想上的精神枷锁。过去几十年争论不休的姓"社"姓"资"等问题得到解决了。珠海通过学习，也放开手脚大干起来，外商纷纷进来，好几家世界500强企业当时就参与进来。国内很多机构和企业跟我们合作。我们继续坚持原有的战略规划，坚定不移地抢占珠海经济发展的制高点，建设好港口、机场、铁路、大能源基地和大水厂，还有建设伶仃洋大桥，这些都是关系到整个珠海的命运工程。我记得，当时珠海的经济社会发展在国家小康社会指标考核里排在全国前列了。

珠海创立科技重奖也是影响很大。小平同志参观考察亚仿公司那天，在车上，我向小平同志汇报，珠海准备在1992年3月召开推动科技进步大会，重重奖赏做出突出贡献的科技人员，要奖给他们小轿车、住房和上百万元现金等。小平同志听了之后当时就举起右手大拇指说："我赞成。"所以我们就举办了科学技术重奖大会。我们买了奥迪车，买了房子，直接奖励给科技人员。当时广东省省长叶选平也参加这个大会。他就说，科技重奖是一石激起千层浪啊，就要在科技体制里来个突破。

这个大会在全国引起很大的轰动，也在国际上产生影响，国内外很多带着项目的科技人员来珠海，我记得当时引进了有四五万人才，为珠海的高科技经济发展增加了很多的科技人才。

实践中奠定珠海特色发展道路

珠海在经济发展过程中走过一条跟别的城市"不一样的道路"，这条道路总体来说是生态文明的道路。是怎么来、怎么做的呢？

第一，"第一桶金"。

在珠海禁止引进一切有污染的企业和项目，后来有人批评我丢掉经济发展"第一桶金"，实际上，我不仅没丢掉，还保护了珠海的"第一桶金"。

1985年，珠海颁布环境保护"八个不准"的规定，明确不准在山坡25米等高线以上兴建建筑物，不准在沿河纵深60米、沿海纵深80~100米的范围内兴建任何建筑物等。为什么要这么严格保护环境？我到了珠海发现很多地方炸山取石，板樟山隧道南面原来就是一个大采石场，补偿停后，用了很长时间进行绿化才有今天这般景象。所以珠海很早就不准开山取石，市区禁止有大烟囱工业和污染项目，比如电镀厂、磨光厂、印染厂、纺织厂、水泥厂、化工厂、冶炼厂、饲料厂等凡有污染问题的，都不允许进入珠海市。

此外，还有个台湾的纺织厂，当时已经签了合同，选址在横琴。但是我一看设计图纸，又有两条一两百米高的大烟囱，而且还带有印染，又没有污水处理设施，我就坚决不同意。如果同意，这不仅是整个横琴环境要被破坏，甚至连澳门都会受影响。尽管有的领导主张批，我再三说明，最后上级领导还是支持我。所以有不少同志说我们在环境保护问题上抓得太死。确实，我们需要加快建设，但是不能以破坏环境为代价，否则无论付出多少努力都难以弥补。

当时还禁止摩托车上牌，也禁止达不到国家尾气排放标准的汽车上牌等。这就限制了很多投资项目，包括国内外的，还有我们自己招商引资来的一些重点项目，这就遭到不少非议，但是我还是坚持先用政府规章管理，后来特区有了立法权后就把这些规章管理转为正式法规。

这里有一件重要事项，说明环境保护跟发展的关系。1987年珠海与国家有关部门签订建设大电厂协议，这个电厂当初选址在唐家湾后环处，筹备了两年。如果是秋天或者冬天，北风一刮过来，煤尘污染源就直接影响到市区，平时唐家、金鼎也经常受到污染。当时，我们就到处找合适的地方搬迁。最后我们把电厂厂址选到高栏群岛，把大电厂建在西海岸。

有很多地方把最好、风景最美的地方批给开发商，珠海就禁止，珠海把最好、最美的海岸线、河流两岸都留给老百姓，这些地方不允许建任何建筑物和构筑物，也不允许任何单位占有，要把一个广阔的空间，每一片海域留给人民共享。就是我们先用规章管理，再用立法权保护。这样做，广大人民群众是拥护的。不能只看到眼前的经济利益，就不考虑人民的公共利益、长远利益。

第二，珠海模式的土地管理实行"五个统一"。

1985年初，我们提出对土地实行"五个统一"，1987年9月市委、市政府成立土地管理体制改革领导小组，把全市土地（除粮食保护用地，以及每条村预留的部分让农民今后由于工业发展无田耕时还可以办工业、第三产业的土地，和每户预留给后代用于建房的土地外）统征起来管理，实行全市统一。土地一定要用"统一规划、统一征用、统一开发、统一出让和统一管理"来执行。后来珠海有了立法权把"五个统一"立了法。"五个统一"保护了国家和农民的利益，同时也确保了珠海的城市规划和环境保护。因为开放不久，农民对土地价值没有认识，土地征用很容易，任何单位、任何个人都可以直接征用，国外国内有钱的部门和企业就随意圈地，一圈就是圈一大片土地，乱开发，赚了钱又不给政府缴税。我们后来制定了一系列规范文件，包括土地补偿、集体土地、村民宅基地和生产生活用地、怎么签订土地征用协议等。

我们按照"五个统一"先从上冲那边开始搞统征试点，1988年底，完成特区内土地统征。1992年6月，我们完成了西部全市土地统征，凡是粮食保护区的地，政府就不得征用。土地如果不统一起来，整体规划就不容易落实。我们对珠海的土地有大的规划，明确了功能，明确了定位，就不会出现乱建乱盖的行为了。

统征之后就是统一开发，统一开发主要是先搞"七通一平"，把"毛地"变宝地，把低值土地升值，再统一出让回收本金，回收本金再投入基础设施建设，不断逐步走向良性循环。当时国务院在珠海开了两次全国性的省长会议推广珠海土地管理经验，邹家华副总理说这是土地管理的"珠海模式"。

第三，经济与人口发展相适应。

我们坚持经济发展与人口发展相适应的理念，早就制定了人口管理规定，实事求是看城市经济发展决定人口，不以人口决定城市规模。一方面不能急躁地放任大量人口进入特区，不让人口的增长速度一下子超越经济的发展速度。人口多了，经济又没有发展，你怎么解决就业、食宿、读书等问题呢？所以我们非常明确经济发展与人口发展一定要相适应。一方面我们规定区域平均每平方公里8000人，不要超过1万人，也不能建过多的高楼大厦，一定要适当发展。另一方面，凡是技术人员、科技人员，到珠海没有限制，这些人才越多越好。这就是说，我们要提高人口的素质，调整和优化人口的结构。我们看到国内外一些大城市就是这样的，人多不一定兴旺，甚至会带来很多社会问题。因此，不管外界有怎样的反对意见，我们都坚持比较严格地控制人口。

第四，养老保险起步早，底子厚。

1985年起，珠海市就全面推进社会保障工作，成立了社会劳动保险公司，全市初步形成社会保险工作要求。1992年，我们起草并多次修改完善了《珠海市社会保险暂行办法》（简称《办法》）。这个《办法》上报广东省人大常委会，也引起多方高度的关注，省人大常委会在半年之内，多次来珠海调研修改这个《办法》。1993年11月16日，广东省第八届人民代表大会常务委员会第五次会议通过《广东省珠海经济特区职工社会保险条例》。这部法规的实施，表明珠海建立社会保障制度体系工作走在全国的前列。

最近我了解了一下，到2018年为止，全市参保的总人数达到558万人次。全市社会保险基金结余460多亿元。全市的离退休人员，包括农民也一样，每月基本养老金，居全省的前列。医院报销比例提高到90%以上，个人年度最高的支付限额达到72万元，医疗保险的待遇水平高居全国前列。所以，我们长期建立的社会保障体系现在比较完善了。

我从资料上看到，在深圳经济特区建设过程中，小平同志与习仲勋等同志有个对话。当时习仲勋同志是广东省委第一书记。小平同志非常支持广东省率先进行改革开放和办特区，但是他说："中央没有钱，可以给些政策，你们自己去搞，杀出一条血路来。"

吴松营

可是怎么杀出一条"血路"来呢？深圳市的前身是宝安县，这里是革命老区，改革开放面临着两个困难。一方面经济十分落后，连给干部发放工资以及医疗卫生、文化事业的开支都无力支付，需要广东省民政厅和中央民政部提供救济补贴。另一方面还有舆论压力。深圳实行对外开放，邀请了曾被批判过的"资本家"来投资，还要和对方搞好关系，为他们服务，这一点大家想不通。因此，当时外省的一些老同志来深圳考察以后，回到宾馆就批评深圳了，说深圳的老百姓看香港电视、穿牛仔裤、唱卡拉OK，在经济上完全不是计划分配，除了一面红旗没变，其他都变了，变成了资本主义社会。这使我们在舆论上承受了巨大压力，再加上经济困难，生活和工作条件又差，真正是困难重重。

打开困难局面的唯一办法就是要开拓创新、要改革、要敢闯。所以后来小平同志谈深圳的经验就是敢闯，就是要去闯。当时，香港有一批友好人士来深圳，向市委书记、市长梁湘同志建议，香港寸土寸金，深圳什么工业都没有，但有的是土地，为什么不可以通过出售、租赁这些土地来吸引香港和海外人士的投资呢？深圳市委主要领导认为这是个好办法，就大胆地搞土地出租、出售（当时对外说是出让土地使用权），拿到资金以后就搞建设，包括修马路、拉电网、拉自来水管道，搞"三通一平""五通一平"，完成一片、开发一片，像滚雪球一样不断开发。

当时省里一份大报上发表了一篇报告文学，说八卦岭工业区原是一片乱葬岗，晚上能听到那里有狐狸叫，还有鬼火，很荒凉。可现在那里已经变成市中心了，当初就是靠"滚雪球"模式开发和发展起来的。当初人家来开发的时候，土地租金还很便宜，工业用地5块钱1平方米，一租就是20年。现在是5万元租1平方米，15万元乃至50万元你都买不到这些土地。不过，在当时哪怕1平方米5块钱，100万平方米算起来就几百万元了。上百万元在当时可以修路了，然后搞"三通一平""五通一平"。梁湘同志说过一句话，说这就是"蚂蚁政策"，意思是蚂蚁吃到了甜头，它就会叫一大堆蚂蚁过来一起吃。所以这片地方开发成功以后，很多外商都来跟着投资，于是就创造了开发一片、成功一片的经验，滚雪球似的把深圳很多东西建设起来了。

深圳完全是靠一种开拓的精神、一种闯劲打开了经济特区建设的局面。而深圳的建设者除了要吃苦以外，还要冒很大的政治风险，会被人家骂。例如拍卖土地，上海、北京的报纸都在骂，说深圳在"卖国"，把土地卖给香港人、卖给外国人。深圳的开拓者还是顶住了这一股舆论压力。小平同志说"杀出一条血路来"，只要我们的路子是符合中央的改革开放政策，那我们就敢于去冒风险，哪怕流汗、流血，也要为改革开放的事业去闯。

小平同志来之前，中央主要领导就已经几次来深圳特区视察，跟深圳市委说要敢于创新、探索。"特事特办，新事新办，立场不变，方法全新"，这是1983年中央领导同志对深圳提出的口号。国务院总理来深圳也说你们要大胆地干，深圳体制要跳出国内现行的体制，大胆地去闯。1984年1月24日中午，小平同志到达深圳，深圳市委书记梁湘同志向他汇报之后，请小平同志做指示。老人家态度很严肃，说我没有指示，我是来看看的。老人家当时没有一下子表态，心里存在很大的疑问。

24日早上，梁湘做了汇报之后，小平同志就开始视察。下午到了国商大厦，那时候没有国贸大厦，国商是我们深圳最早的一个商业大厦，20层高，当时它是深圳最高最大的楼，现在来看显得很矮了。省市陪同的领导请小平同志到大厦上面去看看市容，他看的过程中就常常露出笑容。

图3-11　1984年1月24日，王震等陪同邓小平视察深圳

事实证明,深圳的建设和发展应该是有一种精神隐含在里面,就是认真贯彻落实中央的改革开放政策,而且深圳老百姓确实具有一种开拓创新的可贵精神。

小平同志26日离开了深圳到珠海。到珠海视察之后,小平同志给珠海题词,说珠海特区好。深圳市委就非常紧张,他来深圳一句话都不说,到珠海就说珠海特区好。香港舆论就会说,邓小平对深圳不满意,认为他们搞资本主义,经济也搞得很糟。所以深圳市委就商量着派人赶快去请小平同志给我们题词,哪怕不题深圳特区好,给我们写一个《深圳特区报》的报名也好啊。实际上,小平同志已经成竹在胸,他的题词可不是一般的题词,而是:"深圳的发展和经验证明,我们建立经济特区的政策是正确的。"这样就对深圳的工作一锤定音,而且对全国的改革开放政策也给予了肯定。深圳的发展经历了一个非常艰难的过程,包括获得中央和小平同志的认可。在此之后,中国才兴起了第一轮改革开放的热潮。

图3-12 1984年春,邓小平同志在视察深圳后明确指出:"我们建设经济特区,实行开放政策,有个指导思想要明确,就是不是收,而是放。"并高兴地挥毫题词:"深圳的发展和经验证明,我们建立经济特区的政策是正确的。"(梁伯权摄)

1984年中,中央在北京开了一个关于改革开放的重要会议,确定开放中国14个沿海港口城市,北从大连南到广西北海,兴起了改革开放的第一次热潮。深圳成为一个"样板",那时候一天到晚都有人来参观考察,外国的政要、中央相关部门、新闻单位、各省市、各地方的领导都来了,弄得我们机关干部根本没法工作,每天应接不暇。市领导一天要接待好几批客人,累得很。当时有一句话是说"过去是大庆大寨,现在是深圳珠海"。

当时,我看到这种不良现象和风气,就给新华社和人民日报写了一封信,说深圳的接待成灾了,来考察的人太多,而且有不少是形式主义,这不但会影响改革开放的大局,而且影响深圳各单位的正常工作。后来新华社和人民日报把我的这个信编成了内参刊发。听说国务院办公厅非常重视,为此专门发了一个通知,说到深圳参观考察一定要讲实效,防止形式主义。

总之,小平同志的视察,尤其是他的题词影响很大,对中国的改革开放事业具有非常重要的意义。

深圳的发展经验证明,我们建立经济特区的政策是正确的。成功的经验就是,深圳人民具有开拓、创新、团结、奉献的"深圳精神"。小平同志在1992年高度概括为"敢闯"的精神。这种精神哪里来的?就是为国家、为民族、为我们党的事业,有一颗忠诚的心和一股艰苦奋斗的干劲。我认为深圳的改革开放给中国、给海内外提供了难得的经验,是我国改革开放中一个最宝贵的财富。

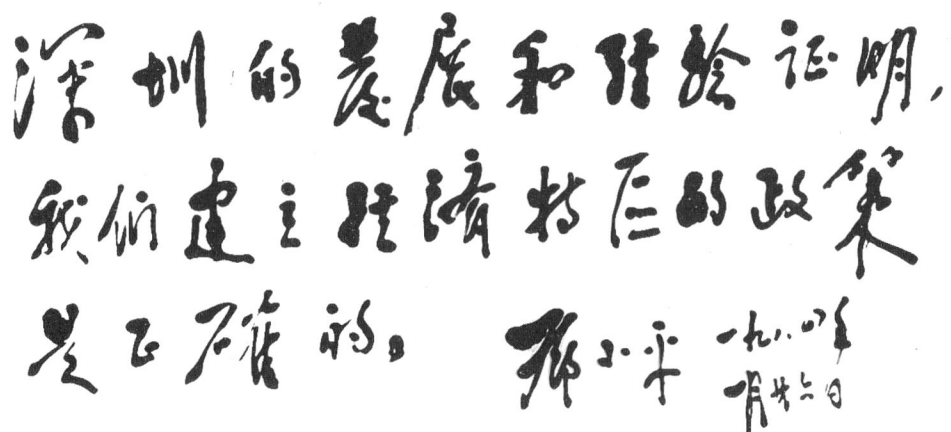

图3-13　1984年1月24日至2月26日,邓小平视察深圳、珠海、厦门三个经济特区,图为邓小平为深圳经济特区的题字

具体来说,我们是先在经济体制上改革,打破过去的"大锅饭",打破过去完

全单纯的计划经济模式。深圳从1982年、1983年、1984年逐步取消计划经济模式的物价管制，1984年取消使用粮票。1982年，在经过多番论证之后，深圳颁布了《深圳市经济社会发展大纲》，提出：经济建设以发展工业为主，资金来源以引进外资为主，整个经济运作以市场调节为主，产品以外销为主。当时，深圳最早提出以市场为主，一直到党的十三大，国家才提出计划和市场相结合。

4. "搞一个更大的特区"：海南建省办经济特区

1988年4月13日，七届全国人大一次会议通过了《全国人民代表大会关于设立海南省的决定》和《全国人民代表大会关于建立海南经济特区的决议》，以此为标志，中国最年轻的省份——海南省成立，成为中国继深圳、珠海、汕头、厦门之后的第5个经济特区，且是全国最大的经济特区。

口述者：雷　宇（时任海南行政区党委书记兼行政区公署主任）
　　　　刘剑锋（时任海南省委副书记、海南省省长）
　　　　迟福林（时任海南省委政研室、省体改办主要负责人）

雷宇

1980年7月，我第一次到海南岛调研。调研结束回到省里之后就起草了一份调查报告，是关于加快海南岛开发建设的问题，中心思想是如何通过开放促开发，把海南岛的发展搞上去。报告写完后递交给省委，省委觉得挺好，就把它改成省委、省政府的文件发下去了。当时强调干部年轻化，并且领导们认为，既然我已经有了想法，不如就由我具体组织实施，于是省委、省政府的领导找我谈话，让我去海南任行政区党委书记、行政区公署主任。我就是这样去的。

我到海南工作之后，海南岛有一些干部不理解，说怪话的也有，话说得很难听的也有。我记得有一位干部曾当面对我说："雷书记你家属为什么不来？"他这一问，我就有点气，因为我已经听到有人说，我是又一个"飞鸽"牌，是来这里镀金的，很快就会走了。我就跟他说："家属不来怎么了？每家都有每家的难唱曲，我家的孩子现在都在上中小学，到了广东学了广东话，现在来海南岛他们读书怎么办？再学一口海南话？况且，他们不来海南，我24小时都可以工作，就是躺在床上睡不着觉时还可以想公事，我24小时都是公家的，有什么不好啊？再说，看一个人工作好不好，是看他是哪个地方的？你祖祖辈辈生活在海南岛，就保证你工作做好了？"他张口结舌，无言以对了。以后通过我的实际工作，就再也没有人有这样的疑问了。

我对海南岛的发展满怀信心，对其发展已经有了腹案，并在上任后立马采取了行动。

其一，我认为，海南要从体制上，把原来海南行政区公署这个省政府的派出机构变成一级政府，成立海南行政区人民政府。海南要想加快发展，体制不调整不行。海南岛有18个市县，管理部门繁多，多线管理，很难形成集中统一的指挥系统。1983年，我向全国人代会提出议案。1984年5月的人代会上，当时的国务院总理提出了一个意见，建议成立海南省行政区人民政府，由民政部部长崔乃夫做议案说明。我想，海南行政区不成立一级政府，不变为实体，很难实行统一领导、统一管理、统一规划、统一对外，就会多头分散，形不成合力。这也为以后的海南建省打下基础。

其二，向中央争取更大的权限，更多的优惠政策。1982年12月，王震副总理到海南岛视察。他回到广州之后，找到行政区党委书记罗天和我，想听我们的意见。罗天对农业很熟悉，用了两三个小时讲海南的包产到户，轮到我的时候快要吃晚饭了，我就用了五六分钟，很概括地讲了海南岛怎么样通过对外开放来促进岛内的建设，讲了5条建议，包括交通能源要先行等。王震同志听得很入神，听完以后说："你们给国务院起草个纪要，就按照这5条说关于加快海南岛开放建设的建议。"于是我们就起草了一份文件，我和我的秘书谭可诚、科长谢汝熙一块到了北京，把我们起草的报告交给国务院特区组。特区组就把一起赴京的广东省委政策研究室的林述文和谢汝熙留下来跟他们一起改文件。以我们这5条作为基础，按照中央的语调进行文字的调整，还增加了一项政策：海南岛有权利用自己的外汇进口17种机电产品。当时这个政策4个经济特区都没有,唯独给了海南,实际上就是让海南岛利用政策来赚钱。

1983年4月1日,我们争取来的11号文件下发,这个文件给了海南岛很大的权限和政策,包括海南岛成立一级政府等。为了这个文件能取得中央各部委的支持,我在北京7天跑了26个部门。部长不在我就找司长,司长也不在我就找处长,主要是向他们汇报情况,希望他们能通过我的汇报增加对海南的了解,给予必要的支持。

这一跑,1984年给海南争取了24个重大项目,当然这不是我的功劳,我只是推动,主要还是中央对海南岛确实很重视。

1983年2月,胡耀邦总书记视察海南岛,我向他进行了汇报。他强调,要扩大海南岛的权力,要给予更优惠的政策。甚至说,中央和广东省不要对海南管太多,对海南岛一不要打"棍子",二不要给"绳子",不要束缚他们的手脚,三年内无为而治。

其三,努力落实邓小平关于对海南20年经济赶上台湾的要求。我在中央扩大沿海开放会议小组讨论时,硬是给海南代表争取到了在大会上做专题发言的机会,原本的会议有三个内容,但没有涉及海南。我说:"这三个内容都很重要,但是有一个重要内容没有涉及,邓小平同志提出让海南20年经济赶上台湾,我认为这是经过深思熟虑后提出的一个重大思想,一个重要的决策,为什么这次会议不讨论呢?我实在感到遗憾。"负责小组记录的中办秘书局的林雄同志征得我的同意后,将我的发言进行整理出了一期增刊。最后他们说:同意我在大会上发言,而且表示这事也应该说一说。谷牧同志在开会当天,一开始就走到我跟前,笑着对我说:"同意你在大会上发言,你好好准备吧。"我是最后一个发言的,没有拿稿子。我先简单讲了讲11号文件的贯彻情况,然后讲了对邓小平这段话的理解,讲了海南岛20年在经济上赶台湾的可能性,如果要赶的话,应该怎么赶。我一连讲了一个半钟头,讲得头头是道,有理有据。可以说,这次讲话进一步加深了中央各部委对海南的了解。

其四,加强海南岛规划。

其五,加强海南对外宣传。过去人们对海南是不了解的,海南的干部连去广东省汇报的都不多,不汇报、不宣传,人家怎么知道海南呢?我们说海南开放,可是人家并不知道这里有什么生意可以做，做什么能赚钱，人家怎么会来海南呢？我认为，必须加强海南岛的对外宣传，让海南走向世界，让世界了解海南。为此我接待了不少国内外的记者，并在香港的马可波罗俱乐部、外国记者俱乐部、中华总商会、外国总商会等做了6次演讲，专门到泰国推广宣传海南，效果很不错。这就是海南建省办经济特区前我所经历的海南建设的主要历程。

刘剑锋

海南岛解放后一直是由广东省来管理。党的十一届三中全会以后，特别是深圳、珠海、厦门和汕头4个特区办了以后，广东省给予了海南岛一些特殊的政策，一个就是把原来的地级地区升格为副省级的海南行政区，给了很多优惠政策，其中也包括一些进出口的特殊政策，但是由于大家经验不足，1984年、1985年、1986年海南利用这些特殊政策进口了许多免税的汽车，造成了轰动一时的"汽车事件"。为了吸取教训，处分了海南行政区的领导人。

海南建省办特区这件事从中央来讲，据我了解是从"汽车事件"末期就提出来的。就是说海南岛不能因为有了"汽车事件"就不发展了，重要的是吸取教训。当时的中央领导田纪云同志曾到海南来考察过一次。考察完了以后就找了王震同志，王震同志就找了梁湘。1987年梁湘受王震同志的委托到海南进行了考察。考察完了以后给中央写了一份报告，报告里头就提出：一个是海南要单独建省，脱离广东省；再一个就是办一个特区，而且比其他四个特区还要大。到了1987年9月，中央就让许士杰和梁湘组建建省筹备组，许士杰任组长、梁湘任副组长，开始了筹备工作。1988年4月开全国人大，从1987年9月一直到开人大的这个期间，许士杰、梁湘两人带领筹备组，紧锣密鼓地做了很多工作，其中就包括后来中央给海南的24号、26号两个文件的起草，找了一些专家论证，做了大量的筹备工作。

图4-1　1987年10月28日，海南建省筹备组组长许士杰（前右）在北京人民大会堂举行座谈会，介绍海南岛的资源和开发情况并回答记者的提问

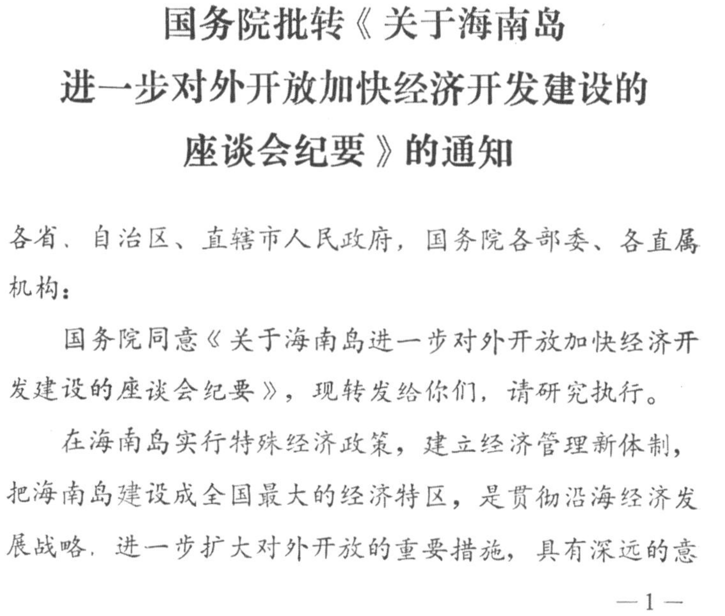

国务院批转《关于海南岛进一步对外开放加快经济开发建设的座谈会纪要》的通知

各省、自治区、直辖市人民政府，国务院各部委、各直属机构：

国务院同意《关于海南岛进一步对外开放加快经济开发建设的座谈会纪要》，现转发给你们，请研究执行。

在海南岛实行特殊经济政策，建立经济管理新体制，把海南岛建设成全国最大的经济特区，是贯彻沿海经济发展战略，进一步扩大对外开放的重要措施，具有深远的意

— 1 —

图4-2　1988年4月14日，下发《国务院批转〈关于海南岛进一步对外开放加快经济开发建设的座谈会纪要〉的通知》（国发〔1988〕24号）

我本人是在1988年1月20日去的海南。为什么要我去海南呢？这要从头说起。我在电子工业部当副部长的时候，大家已经知道海南要建省办经济特区。在深圳办特区的时候，电子部是比较早的一个到深圳特区去谋划产业发展的部委。那么海南要建省办特区，电子部李铁映部长就派我带了五六个司局长一起到海南去调研，看看电子信息产业在海南怎么发展。我们1月20日去了海南。去了以后就见了许士杰和梁湘，一起座谈并讲了我们的来意，还到各市县走了走。

我们在海南待了4天之后又去了深圳。后来才知道，许士杰和梁湘见了我们以后就去了北京，向中央提出了要我去海南。中组部找我说，中央决定派你到海南去工作，你任省委副书记。我这个人从来都是服从组织决定的，在1988年2月26日，海南就宣布中央决定成立中共海南省工作委员会（筹建工委），许士杰任书记，梁湘、我、姚文绪三人为副书记，还有5名成员：鲍克明、辛业江、缪恩禄、孟庆平、王越丰。我们筹建工委的全体同志一起与地、县、市的领导见了面，开了三级干部会。

1988年4月26日，中共海南省委、海南省人民政府正式挂牌，这样海南就正式建省办特区。为什么当时讲建省办特区？建省，是因为海南岛除了本岛，还有西沙、中沙、南沙群岛都是海南管辖，但特区，只是在海南岛本岛的范围内。建省是一个大概念，特区是一个稍小的概念。

图4-3 1988年4月，海南建省时喜庆的情景

建省之后，我记得最重要的事情，就是4月份中央24号文件、5月份中央26号文件连续出台（4月14日，国务院批转《关于海南岛进一步对外开放加快经济开发建设的座谈会纪要》；5月4日，国务院发布施行《国务院关于鼓励投资开发建设海南岛的规定》）。这两个文件是经过很多专家，包括许士杰、梁湘筹备工作班子多次

讨论，最后向中央建议的两份稿子，凝聚了很多人的心血。梁湘本身就是深圳特区过来的，许士杰同志虽然没在特区工作，但是他在担任广州市委书记时，已经有了很多改革开放的经验。所以在"汽车事件"之后，海南的干部群众思想有点束缚，不敢大胆地做事，许士杰同志就多次在会上给大家讲："'汽车事件'接受教训就可以了，不要因为'汽车事件'我们就不敢想、不敢干，办特区一定要改革开放、解放思想。"

海南建省办特区的优势是什么呢？应该说中央宣布了建省办特区，给了24号、26号文件这本身就是海南的财富，再加上海南的地理位置是很优越的。这个特区就是一个岛，它好管理。给了很多特殊政策以后肯定会有很多人来海南创业。海南还有很大的优势，就是经过几十年的发展，已经在很多方面有了很大的进步，包括渔业、橡胶业、农业、旅游等各个方面。但是总的来说基础设施还是不够的。所以建省初期，省委、省政府议论最多的就是怎么样利用好中央的两个文件，把海南的基础设施和投资环境搞起来。

海南建省后，人才来了不少，因为大家都知道有深圳的经验，就都跑来创业兴业了。但这些大学毕业生到了海南以后都没法得到安排，因为省里没有职务给他们，工作岗位也很少。怎么办？这些年轻人就自己创业，开饭馆的、包饺子的、卖面的都有，在当时也是一道独特风景线。

在海南工作期间，我印象比较深刻的是，除了日常工作以外，还做了几件事，其中一件就是成立中国（海南）改革发展研究院，这是我跟高尚全同志、迟福林同志一起研究决定成立的。

为什么成立这个研究机构呢？当时就想要搞一个咨询机构。我在当省长的时候，迟福林同志给省政府提了许多建议，有很多都被采用了。比如迟福林同志设计的放开鸡蛋、肉等副食品价格等政策建议，提议设立海南特别关税区等。当时想找一批同志来专门研究怎么样往前推进海南的改革开放，搞一个非官办的，能提出一些更开放、更先进的咨询建议的研究机构，所以中改院就这样成立起来了。

我虽然在海南工作只有一届5年的时间，但是海南情结已经在我的心中深深地有了烙印。从离开海南到现在20多年，我都关注着海南的发展，而且经常回海南了解情况。我参加了三届海南顾问委员会，提了一些建议。应该说在海南工作酸甜苦辣都有，但是总的来说还是很欣慰的。现在海南国际旅游岛建起来了，当然我觉得海南如果再往前发展的话，还要更加解放思想、更加开放，才能够完成邓小平同志再造一个香港的设想。

图4-4　1992年12月21日至22日，刘剑峰在中改院举行的"海南再造香港研讨会"上发言

迟福林

在邓小平的亲自倡导下，1988年，党中央、国务院决定在海南创办我国最大的经济特区。1988年4月13日，全国人大七届一次会议通过了《全国人民代表大会关于设立海南省的决定》和《全国人民代表大会关于建立海南经济特区的决议》。

1987年底，应建省筹备组组长许士杰的邀请，我从北京来到海南参与海南筹备建省工作，到今年，已经是第32个年头。到海南工作，是一个机遇。1987年底，时任海南建省筹备组组长的原广州市委第一书记许士杰同志，正在着手海南建省筹备工作，他到北京来想要寻找一批具有改革头脑和开放意识的中青年，参与到建省办特区中来。许书记就找到了我，并请我主持海南体制改革办公室和省委政策研究室工作。许书记跟我一谈，我就爽快地答应了他，一天就办完了调动手续，12月底，我就飞到了海口。

我到海南工作之前，没有去过海南，那个时候呈现在我脑海里的海南岛很漂亮，有异国他乡的感觉，但是我下了飞机后，好像反差特别大。当时的机场还是大英山机场，面积很小，出机场以后的路也很窄，我一去就给我拉到招待所，招待所条件也很差，好多人住在一起。第一个晚上我被安排在一个13人同住的大房间。下了飞机，没有地方洗澡，就拎一桶水，随便擦擦身子。再比方说，当时海口的交通，因为"十万人才下海南"的缘故，海口街头一夜之间变得拥挤不堪，大街小巷聚满了大量戴着眼镜、身穿中山装的知识分子模样的人。当时海口还没有红绿灯，道路交叉口的交通警察手里也没有指挥棒，而是石头或树枝，见有人违章就会扔过去。建省办特区初期，真是一个激情燃烧的岁月。我们体改办20多个同事都挤在一间办公室，大热天没有空调，大家晚上加班都穿着短裤，光着膀子，汗水浸湿了草稿纸。可是大家思想简单、工作劲头十足，同事们经常加班到深夜。当时，我经常去省委书记办公室讨论、汇报问题，发现许士杰书记竟然也光着膀子、穿条短裤、摇着扇子看文件。虽然许书记办公室有一台旧空调，但他也不常用，那个声音简直吵得让你没办法工作，所以他根本不用空调。这就是一个省级干部到海南的场景。

图4-5　1988年，海南省海口市东湖人才市场上挤满了前来海南找工作的外地年轻人

2018年，是海南建省办经济特区30周年。至今为止，人们之所以不能忘记海南建省最初几年改革"轰轰烈烈"的日子，就是因为那几年的改革具有它的历史价值。我作为这一段时期改革的主要参与者与见证人，不时地回想起那一段时间里值得珍惜的许多事情。这里，重点回顾海南建省初期给我印象最深刻的一些改革实践探索。

放开粮价，改革粮食购销体制

先讲一个故事。1989年4月，我去无锡出差，途经上海的火车站。由于有近四五个小时的停留，我准备找个地方吃午饭，但发现自己忘了带粮票。没办法，我硬着头皮和推车卖面包的老大妈商量："我忘带粮票了，多给点钱买个面包行吗？"没想到，老大妈严肃地把我批评了一顿："小伙子，这不是钱的问题，是国家政策问题。"这样，我只好给上海市委组织部一位我熟悉的领导打了个电话"求救"，他派车来接我到市委招待所吃了顿午饭。这件事，我至今仍然记忆很深。海南为什么能最早在全国放开粮价？这个大背景就在于，建省之前，海南的粮票都是原广东省发行的粮票。可以说，海南是粮票作废前我国唯一一个未发行粮票的省份，使用的都是全国通用粮票。

另一故事发生在1992年春全国"两会"期间。当14位海南代表风尘仆仆地去大会报到时，会议组的一项规定难住了他们，即必须交付会议期间用餐的粮票。在过去的一年，海南已在全国率先放开粮食价格，口粮定量计划供应制已名存实亡，使用了几十年的粮票已经退出大特区人的生活，谁会想到带着粮票出席全国"两会"？这一下，吃饭成了大问题。在有关部门的专门协调下，才解决了这一问题。

海南是全国第一个放开粮食价格、推进粮食购销价格改革的省份。在计划经济时期，海南的粮油购销体制很不顺，购销价格严重倒挂。由于销价太低，一是造成有些人对粮食不珍惜，浪费严重。二是导致农民不愿意种粮。在这个背景下，海南这样一个土地资源丰富的地方，粮食自给率却很低，2/3的商品贸易粮要靠省外调进。三是造成严重的财政负担。1989年，海南计划内供应的粮油，扣除中央补贴平价销售后，差额为3亿元之多，而地方全年的财政收入还不到3亿元。1988年4月，海南建省办特区一开始，国务院〔1988〕24号文件就明确指出："海南省要做好粮食统购安排，并逐步实行市场调节。"粮食购销价格被逼到了不得不改革的地步。

对于这项改革，海南省委、省政府十分重视。1989年1月，专门成立了由省委副书记姚文绪为组长、我为副组长的粮食购销价格改革领导小组，并由我所负责的省体改办牵头，省财税厅、粮食局、物价局等有关部门组成粮改研究小组。经过几个月紧张的调研，由我组织体改办的几位同事提出了改革的初步方案。经过反复征求意见、讨论，于6月初正式向省委、省政府提出了海南粮食购销体制改革三步走的方案：第一步压销20%的平价口粮供应指标；第二步改国家定价为国家指导价，实行购销同价；第三步在国家宏观计划指导下实行议购议销，完全放开。8月29日的海南省委常委会议和10月13日的省政府办公会议，通过了这个方案，决定于1990年1月1日开始实施第一步的改革，即压销20%的平价口粮供应指标。12月12日，海南粮油购销体制改革工作会议召开。在会上，省长刘剑锋动员大家要同心协力，密切配合，扎实推进这项改革。由于这项改革措施出台的时机成熟，取得了一定的实践效果。但是，这一步改革只是在一定程度上减轻了财政的负担，节约了用粮，还没有更好地起到保护和调动农民种粮积极性的作用，也没有从根本上甩掉财政包袱。为此，又由省体改办牵头，对下一步粮食购销体制改革问题进行深入研究。

1990年9月5日，省体改办向省委、省政府上报了《关于放开粮价，尽快解决海南粮食自给的报告》。10月24日，省委常委会讨论通过了这个报告，并决定由省体改办牵头，有关部门参加，以该报告为基础，研究制定海南粮食购销体制改革的实施方案。与此同时，省委、省政府派专人赴京向国务院领导同志，以及国家体改委、财政部、商业部、物价局等有关部门领导同志做了汇报。12月17日，粮食购销改革工作会议召开。省委副书记姚文绪代表省委、省政府，做了《关于海南放开粮食价格，改革粮食购销体制的报告》，提出从1991年1月1日开始，全面放开粮食价格，省内停止使用粮票，改革粮食购销体制。

就在这个工作会议召开后的几天，李鹏总理一行访问东南亚后到海南考察。省委、省政府领导向他汇报了《建省近三年来改革开放基本情况及下一步打算》。这个汇报提纲，是由我和几位同事草拟的。这次汇报，省政府主要领导着重汇报了粮改方案，并一再向总理讲，海南提出放开粮价条件成熟，不会有大的问题。李鹏总理听取汇报后，认为这件事涉及面广，很敏感，提出尽快派人调研，待国务院研究后海南再实行。这样，原本计划1月1日实施的全面放开粮食价格的计划没能如期执行。

1991年1月中旬，国务院很快派了以国家物价局马凯副局长为组长，物价、商业、财政、体改委等部门组成的调查组，到海南调查研究。我陪同马凯同志做了一周左右比较深入的调研。1月26日，调研组与海南省领导交换意见。我记得，当时，马凯副局长提出，总体上支持海南进行粮食购销体制改革，但是价格不能一下子全面放开，并且提出了一些具体问题。省委副书记姚文绪就调研组提出的影响物价指数、定价问题、农垦问题以及粮食库存处理等问题作出了补充说明。

过了近三个月，到4月4日，国家物价局根据国务院134次会议的精神，对海南粮食购销体制问题作出正式答复。主要内容是：①国务院强调粮食安全的重要性，指出粮食购销价格这个杠杆要始终掌握在国家手中，即使将来实现了购销同价，也要严格管理，不能彻底放开；②海南粮食定购价格和城镇居民定量口粮销售价格不能放开；③同意海南从1991年开始适当提高粮食定购价格，但是提价幅度不宜过大，大体上按相当于或略低于议市价格水平的原则来安排；④海南粮食购销价格改革后，对中央财政不挤不占；⑤海南要按照以上原则，修改制订粮食购销体制改革方案，重新报国务院审批。

接到这个答复后，省里立即组织相关部门对原方案进行讨论修改，很快，4月17日，以省政府的名义再次上报国务院。同时，4月18日，海南省物价局、粮食局、财税厅的负责同志再次赴京，向国家物价局和商业部等有关部门做汇报。国家物价局等在听取汇报后，马凯副局长当即提出两个重要问题需要进一步研究确定，一个是价格问题；一个是对居民的补偿问题。他提出，对这两个问题再做研究修改后，正式上报国务院。4月23日，国家物价局根据国务院的决定，对海南粮食价格改革问题做了正式批复，要求海南粮食价格改革的时间按照全国统一部署进行，从1991年5月1日正式出台。这项改革比原计划的时间整整推后了5个月。

尽管如此，中央还是允许广东、福建、海南这3个省的粮改步子比其他省可以迈得大一点。实际上，海南粮食价格改革的步子比广东、福建迈得还要大。比如：

一是这次改革包括广东、福建在内,购价都不动,只允许海南定购价提高1角钱,从每斤0.25元提高到0.35元,再加上"三挂钩"平议差价,这次的定购提价还是比较多的;二是在销价上,每斤的销价广东提了0.1元,福建提了0.2元,而海南平均提了0.34元,提价幅度比较大;三是在粮食调价幅度方面,国务院给了海南5%的浮动权。

从操作的实践看,尽管是以购销同价起步,但实际上逐步接近了放开粮价。事实上,这样做的效果很好。记得5月1日一大早,我陪同姚文绪副书记到市场去看,质量好一些的大米价格略有上升,一般的大米价格还略有下降。从具体情况看,集市贸易粮的平均价改革后,每50公斤大米销售价为56.08元,比改革前下降了14.19%。这项改革,有效地调动了广大农民种粮和卖粮的积极性。1991年,全省虽普遍干旱,但广大农民积极抗旱夺丰收,粮食仍比上年同期增产15160吨。当年减少了粮食购销价格倒挂,减轻了财政负担,全省粮食购销只倒挂7888万元左右,减少了1.84亿元,减少的比例高达70%;粮食价格调高后,一个普通家庭(4口之家)每年可节约1~1.5个月的口粮消费量。同时,还促使粮食企业改进经营管理。全省有21家粮食加工厂进行了技术改造,调整了加工产品结构,以适应市场需求。

从这次粮改的成功,可以看出很多的担心其实是多余的,这也给海南和国家相关部门都吃了一颗定心丸。正是基于这个经验,海南才下决心加大价格市场化改革进程。到1991年底,海南陆续出台了许多改革项目,除国家个别控制的生产资料外,所有能放开的生活资料和生产资料的价格都基本放开。这不仅为海南的市场化改革奠定了重要基础,也对促进全面的粮食价格、生产资料价格改革起了重要的作用。

推进股份制改革试点

20世纪80—90年代,股份制改革是中国一项重要的改革。在当时,也是争论最大的一项改革。回过头来看,全国股份制改革正是得益于地方的局部突破。

海南建省之初,中央就支持海南推进股份制改革,这为海南股份制改革创造了良好的条件。1988年,国务院24号文件明确提出,海南要"积极推行股份制,包括国家控股和部门、地区、企业间参股,也可以向本企业职工和社会上发行股票"。国务院〔1992〕12号文件提出:"广东、福建、海南三省可根据对改革开放综合试点区赋予的权力,进行向社会公开发行(不上市)的股票试验,其发行办法和规模经中央人民银行和国家体改委联合审批。"

海南为什么要推进股份制改革?一个方面是市场主体发育严重滞后。另一方面,就是海南的基础设施十分落后。企业发展的出路在哪里?海南如何吸引各地企业来琼?什么样的机制才能把海南基础设施搞上去?想来想去,就是股份制,就是要建立以股份制为主体的现代企业制度。海南坚决走股份制道路就在这样一个背景下确定了。虽然1988年国务院就提出海南可以开展公开发行股票试点,但由于海南的企业基础以及各个方面的条件还不具备,直到1990年下半年才真正把这件事提出来,到1991年上半年才逐步开展试点。

从1991年的上半年开始,海南省开始进行规范化的股份制试点,先后批准设立了新能源、化纤、港澳实业、珠江实业、民源现代化农业等5家股份制有限公司。5月27日,省政府颁发了《海南省全民所有制企业股份制试点暂行办法》《海南省股份制企业内部发行股票试行办法》。

1992年,股份制改革试点工作全面铺开。3月,省体改办提出了《关于加强海南股份制改革试点工作的几点意见》,提出尽快推开和完善企业内部职工持股的股份制试点,积极推进法人持股的股份制试点,积极稳妥地搞好向社会公开发行股票的试点等。4月9日,省体改办提出《关于海南向社会公开发行股票的意见》。向社会公开发行股票,吸引了许多企业纷纷申报股份制试点,还有内地股份制企业来海南设立分公司。截至12月31日,全省有86家企业申报股份制试点,而且全年已批改制的20家企业普遍具有良好的经营业绩。

在中央部委尤其是国家体改委的支持下,海南的股份制改革在全国创下了多个第一:国内第一家民营上市公司是海南新能源股份有限公司;中国第一家股份制航空公司是海南航空股份有限公司;在1992年至1993年上半年,深圳异地上市公司只有9家,海南就占了4家;一开始,在北京法人股交易系统中全国只有10家,海南就

图4-6 1992年5月7~21日,中国(海南)改革发展研究院与国家体改委生产司共同举办全国首次大规模的"全国体改系统股份制实践研讨班";1993年9月,中改院举办"全国股份制企业规范化管理培训班"。学员后来都成为各地股份制改革的骨干力量,中改院由此被誉为股份制改革的"黄埔军校"

有5家;股份制改革人才培训班是在海南中改院举办的,培养了中国最早一批股份制经济规范化运作人才,被大家喻为股份制改革的"黄埔一期""黄埔二期"。可以说,股份制改革在海南经济发展起步阶段发挥了重要作用,对推动全国股份制改革也起到了积极的促进作用。

在海南,股份制改革也并不是一帆风顺的,可谓大起大落。一开始,股份制改革就面临着思想及观念的问题:搞股份制究竟是搞私有化还是搞社会化?是化公为私还是集积社会资本搞建设?分歧很大。这里有三件事情让我记忆尤深。

第一件事是,对于我们提出的要设立20%的内部职工股的办法,有人担心这是不是在搞私有化,是不是侵占国家财产。我跟省委的主要领导讲,职工自己拿钱买企业的股票,支持企业建设怎么是私有化,与其说是化公为私,不如说是用化私为公概括更客观。这是因为,设立内部职工股能够提高职工对企业的信心,充分调动职工的工作积极性,有利于搞活企业。

第二件事是,海南痛失第二个证券交易所。为了保证内部发行股票交易活动的正常秩序,1992年5月25日,在海南省股份制试点领导小组联审办公室第7次办公室例会上,中国人民银行海南省分行提出成立海南证券交易中心,而后着手相关准备工作。8月23日,省体改办又提交了《关于建议批准成立海南证券交易中心的意见》。当时,证券交易中心的组织形式、基本规程以及地点都已经定下来了,但由于体制和关系不顺等原因,错失机遇,致使海南与我国第二个证券交易所失之交臂。

第三件事情是,1992年3月,"海南省股票内部交易管理小组"和"海南股票内部交易中心"在没有经过省政府研究和省股份制领导小组研究、批准的情况下,宣布挂牌成立。3月26日,海南股票内部交易中心已经开始试营业。更令我吃惊的是,中改院当时的研究部部长邓乐平被聘为该中心的主任,在刘剑锋省长责问我的时候,我这个当院长的才知道此事。这件事情的影响很大,境内外都有报道,说中国开了第三家证券交易所。时隔不久,朱镕基副总理专门来海南解决这个问题。我记得,当时在琼苑宾馆开专题会议。那次会议后,要求海南立即停止股票柜台交易,5家已经搞的企业,经过规范后可以在深圳上市。国务院办公厅随即下发了关于海南股票内部交易中心停业的通知。

在这样一个背景下,为进一步加强对股份制试点工作的领导,1992年6月9日,省政府办公厅发布《关于调整省股份制试点领导小组及明确其职责的通知》,重新调整了省股份制试点领导小组人员,由省长刘剑锋担任组长,常务副省长鲍克明、副省长孟庆平和我担任副组长,同时由我兼任领导小组办公室主任。6月13日,省长刘剑锋签发了《海南省人民政府关于海南股份制试点情况的报告》,要求进一步规范海南的股份制试点工作,做好股票异地上市的工作。6月16日,省体改办提交了《关于海南5家股份制企业申报异地上市的报告》,后来海南5家股份制企业陆续在深圳上市。省人代会又颁布了地方立法《海南经济特区股份有限公司条例》。10月,省股份制试点领导小组办公室制定了《海南省定向募集型股份有限公司股权证发行管理暂行办法》。由此,海南成为当时在全国范围内,对职工股权证实行统一托管的唯一省份。

截至1993年2月27日,经省股份制试点领导小组办公室审批设立的规范化股份有限公司共有68家,募集股本总额94.44亿元。其中股本在2亿元以上的有10家,1

亿~2亿元的有38家,平均每家股份公司的股本可达到1.38亿元。68家股份有限公司的股本高达65.3亿元,比海南省1991年全社会固定资产投资45.6亿元还多。截至1994年6月,经省政府授权部门审批成立的规范化股份有限公司有154家,批准募集股本总额达243.36亿元。

这其中就有海南省航空公司。1991年,省里咬着牙从当时省级只有两三亿元的盘子中拿出1000万元,组建海航。就是在当时,用海航董事长陈锋的话说,这1000万元连一个"机翅膀"都买不到。怎么办,出路在哪?1992年初,负责筹建海南航空的陈锋、王健找到我,要求报股份制改革试点,这个请求给我出了道难题。因为20世纪90年代中期以前,国家明令禁止航空公司搞股份制。到底该怎么办?如果召开会议讨论这件事,肯定通不过,还会遭到指责。没办法,我深夜打电话给在北京开会的刘剑锋省长。电话里,刘省长十分明确:"权力在你手里,你掂量着办。"我深知刘省长对此事的态度。于是,我对省长表态:"如果出了事,完全是我的责任。"就这样,当天夜里,我签署了批准海南航空进行股份制试点的文件,并且破格让海航以1∶20的比例发行股票。当时这2亿元,可以租赁3架737飞机。我十多年前去海航参观,看到我签发的这份文件放在海航的展览室。就是这2亿元,帮了海航的大忙,从租赁的这3架飞机开始起步。当时,陈锋经常当着大家的面说,老迟给海航插上了"翅膀"。

海南股份制改革试点的初步成功,对我们是个很大的鼓舞。从1993年开始,尤其是阮崇武来海南当省委书记兼省长以后,海南把股份制改革重点放到基础设施领域。于是,就有了后来的海南高速公路和海南发电厂等若干股份制企业。

我所主持的中改院也是股份制改革的产物。1993年初,经过国家体改委、海南省批准,把中改院从国家事业法人转变为股份制的研究机构,在工商注册了。我们将海南当地的一些企业、国家体改委和海南省政府前期的一些投入折合入股,后面又吸收了上海宝钢、上海石化、长春一汽等企业的投资入股,顺利完成了中改院的股份制改造。在国家事业机构当中,我们是第一个"吃螃蟹"的人。

事实证明,海南选择股份制改革这条路是正确的。党的十五大、十六大都对股份制给予了充分肯定。无论过去发生过什么,无论现状如何,股份制改革为海南的发展做出了历史性的重要贡献,这点不能否认。它不仅可以迅速壮大企业,构建现代企业结构,形成一批有实力的企业,还让资金量数十倍地放大,并打破了资金的地域性,很大程度上解决了海南建省初期开发建设中的资金短缺问题。这笔沉淀下来的资金也帮助海南渡过了房地产泡沫破灭后的经济低谷。当然,今天回过头来看,由于缺乏经验和急于求成,海南的股份制有许多相当不规范的问题。特别是1994年当海南发展进入低潮时,一些股份制企业相继办不下去,有的企业拖到今天也没有走出困境,某些企业已名存实亡。

股份制改革是我在海南做过的最具实际意义的一件事,也是在中央部委的支持下,海南进行的一项重要改革探索。这个改革实践的意义就在于,它探索了一条海南加快企业发展的新路子,这条路对今天的企业改革仍具有重要价值,应继续坚持把这条路走下去,而且在规范的前提下应当走得更好。

率先实行"小政府、大社会"

作为中国唯一省级建制的经济特区,海南既承担了进行社会主义市场经济体制的改革试验,又承担了一场向政府权力开刀的改革试验——建立"小政府、大社会"新体制。1988年5月,中央批准了海南"小政府、大社会"体制方案,正式拉开了海南行政体制改革帷幕。海南"小政府、大社会"体制的超前试验,为海南的经济社会发展注入了活力和动力,也为全国行政管理体制改革提供了经验和借鉴。直到今天,提到"小政府、大社会",不能不想到20世纪80年代末90年代初,海南这项在全国十分有影响的改革试验。

实际上,海南的"小政府、大社会"体制,是从1987年9月海南建省筹备工作全面展开后就开始酝酿的。1987年底,我从北京到海南没几天,就参加了受中央主要领导委托来海南进行"小政府、大社会"专题调研组的活动。这个调研组由当时的国家体改委副主任贺光辉牵头,共有四五人。经过一周多的调研,调研组认为,海南建立"小政府、大社会"的时机和条件成熟。一回北京,调研组就向主要领导写了专题报告,建议中央支持海南一建省就实行"小政府、大社会"的新体制。不久,国务院〔1988〕24号文件指出:海南要坚持政企分开,精简机构,多搞经济实体。政府机构的设置，要突破其他省、自治区现在的机构模式，注重精干、高效，实现"小政府、大社会"。

海南的"小政府、大社会"体制是在特定的历史背景下形成的。新中国成立以来，我国历次的机构改革，都力图建立精简、高效的"小政府"，但是，由于不具备市场经济发展这个基本前提，对政府的职能、结构、行为方式都缺乏清晰的认识。因此，政府机构改革不可避免地走上了"精简—膨胀—再精简—再膨胀"的路子。而对于海南来说，发展市场经济这个基本前提正在逐步形成。中央希望，通过这个最大经济特区的改革试验，为全国的政府机构改革提供重要示范。

海南省作为全国省一级机构全面改革的试点，在当时引起国内外各方面的普遍关注，前来考察者络绎不绝，他们希望从中得到启发和借鉴。大多数考察者的基本态度有两个：一是普遍给予肯定，认为海南政府机构小，人员少，改革步子迈得大，有成效；二是认为这个体制搞起来不容易，希望坚持到底，不要半途而废。从这个意义上说，"小政府、大社会"不仅是海南的问题，也是全国改革进程中的重大试验。当时，我主持省体改办工作的重点之一，是提出此事具体的操作方案。

1988年5月6日，海南省委书记许士杰在香港举办的海南发展计划研讨会上的讲话（由我起草）中，全面介绍了海南特区即将实施的"小政府、大社会"体制的"庐山真面目"，首次公开提出"小政府、大社会"的主要内容，包括政企分开、精简高效、法制健全、下放权力等。

6月10日，省体改办向海南省委、省政府提交了《关于建立"小政府、大社会"新体制的几个问题》，进一步详细阐述了海南为什么执行"小政府、大社会"，其主要内容有哪些，今后如何建立"小政府、大社会"。

"小政府"启动后，要求"大社会"改革相应地跟上。1988年6月16日，我在省工委会上，做了《关于建立"大社会"体制的几点意见》的汇报。汇报中提出，应尽快出台"大社会"新体制。建立"大社会"体制，重在推进群众团体改革、专业经济管理部门改革和行政性公司、事业单位改革三类改革。

当年10月，为进一步有效推进事业单位改革，省体改办提交了《关于省直事业单位改革的初步意见的请示》，提出行政性事业单位、教育事业类单位、城市医院和卫生部门事业单位、新闻广播电视和文化事业单位、科研单位等事业单位的改革方向。

经过两年的实践，到1990年，对于海南实行"小政府、大社会"的实践结果，人们有不同的议论和说法。大体是两种意见：一种意见认为，海南实行"小政府、大社会"的方向是正确的，并且取得了积极的成果；一种意见认为，海南实行"小政府、大社会"不符合实际，行不通。面对社会上的这些争论，我在1990年《新世纪》第2期发表了题为《海南实行"小政府、大社会"的方向没有错》的文章，总的看法是，"小政府、大社会"的方向是正确的，它符合我国经济体制改革和政治体制改革的要求。作为一种试验，在它实施的过程中，特别是初期，遇到的矛盾和问题肯定会不少，但对当前存在的问题要做具体分析，很多问题的出现是同管理跟不上有直接联系，不能不加分析地把问题统归于体制。我们要以积极的态度去克服这些困难和解决这些矛盾，而不能打退堂鼓，走回头路。

客观来说，试验的前两年，"小政府、大社会"对经济、社会发展起到了积极的作用。但是，"小政府、大社会"在我国还是一个试验，不可避免地遇到了一些困难和问题。比如：一是海南同中央各部门由于"不对口"产生的矛盾很突出；二是"小政府、大社会"同市场机制发育不足的矛盾；三是实行"小政府、大社会"的体制同政府工作人员管理水平和管理能力不相适应的矛盾。

针对这些问题与矛盾，我牵头组织体改办的同事做专题调查研究。在调研的基础上，省体改办于1990年2月和4月，两次向省委、省政府提出了关于调整完善"小政府、大社会"的具体意见，3月和8月两次提出建立行业组织，加强行业管理的建议。12月初，又在进一步研究的基础上，提交了《关于进一步完善"小政府、大社会"体制的报告》。

海南推行"小政府、大社会"改革，使行政体制走在了全国前列。尽管"小政府、大社会"的体制运行并不是一帆风顺，但当时海南迎难而上的勇气，使"小政府、大社会"的改革试验取得了显著的成效，赢得了国内外的广泛赞誉，也受到了中央的充分肯定，历任中央领导都对海南的"小政府、大社会"体制给予了高度评价，并要求海南一定要坚持下去，不断完善，搞得更好。

今天来看，海南的"小政府、大社会"体制改革探索，对推进以转变政府职能为核心的政府转型，仍然具有参考价值。例如，广东根据新时期的改革发展特点，提出了"小政府、大社会、好市场"的改革目标。海南"小政府、大社会"体制也体现出了"大部制"的一些特点。一是把职能相近的机构有机地组合，如将人事劳动保障、文化、广电、出版、体育整合一起，与近来国务院调整变动机构的方案一致。二是海南一开始就强调政府的主要职能是创造良好的发展环境，弱化对投资项目的管理，这一指导思想与"大部制"的初衷一致。三是海南原来把政府的一些职能转移到社会，取消了一些主管厅局，这与国务院关于行政管理体制改革的要求也相吻合。当然，由于多种因素，这些年来海南的"小政府、大社会"逐步回潮，机构不再"小"，社会也还是那么"大"。但总结这一段的改革探索，对今天的政府转型与改革仍有不少启示。

创立中改院

1988年海南建省之初，我担任省委政策研究室、省体制改革办公室的主要负责人。我给省委书记提了一个建议，能不能允许我来创办一个改革发展研究所。那个时候许书记还开玩笑："好，你的目的是什么？"我说："目的就是有一个相对独立的研究机构，而且能把北京的一些人请来帮助我们出出主意。"省里对这一想法十分支持。

到了1989年以后，国家体改委所属的研究和培训机构先后被撤并。在当时的背景下，激起了我的另外一个想法，我能不能重新去做点研究？1990年，我向来海南考察的时任国家体改委主任陈锦华同志、副主任高尚全同志请求支持，他们当即表态，十分支持我的想法。锦华同志说："这个想法很好，把你的海南改革发展研究所再延展一些，咱们扩大一点叫中国（海南）改革发展研究院，由国家体改委和海南省共同来办。"所以1990年，国家体改委和海南省就确定了要合办一个改革研究机构。

1991年11月1日，中改院正式建院了，老院址就在海口的海甸岛。建院以后，一开始成立还是按照行政级别的，就是所谓的正厅级国家事业机构。后来锦华同志

图4-7 1991年11月1日,"中国(海南)改革发展研究院成立大会暨海南对外开放战略研讨会"在中改院召开

对我说:"迟福林能不能想一个办法,咱们是搞改革的,能不能寻求一个改革的办法来办院?"这个思路在那时候是很新的,我们就开始自己改自己。第一,我们不要行政级别;第二,我们不要政府的钱,就来探求一个能不能够用社会的办法来办院。这个建议提出来后,海南省委、省政府大力支持,国家体改委也大力支持。所以建院半年后,1992年中,我们就完全不要财政一分钱,进行企业化管理。在国家事业机构当中,我们是第一个"吃螃蟹"的人,完全是靠各方面的支持和自身努

图4-8 1991年11月1日,迟福林在中改院成立当天的留影

力走上了一条可持续发展的路子。后来中共中央关于人才工作的规划里面提出，科研机构、医院、学校一律取消行政级别，然后建立理事会、董事会，实行全员聘用制，实行法人治理结构。到今天我们看到这一条的时候，感到特别亲切。

现在回头看，如果没有这种体制改革，就没有一个智库建设的相对独立性。没有这种独立性，就很难作出客观的研究。此外，这种体制造就了我们不能养更多的人，而是要寻求更多社会力量的支持，我们简称"小机构、大网络"。另外，中改院建院之初就开始和联合国开发计划署、德国国际合作机构等国际机构开展合作，形成了"网络型、国际化、独立性"的机构特色。就像中改院院徽所寓意的：圆圈象征着海南岛，三横反映"立足海南、面向全国、走向世界"的办院宗旨。这个院徽是我亲手设计的，就是要阐明中改院以"直谏中国改革"为己任，在为海南服务的同时，重点为党和国家的改革发展政策而建言，在中国改革开放进程中发挥重要而积极的作用。

建院27年来，中改院为建言中国改革付出了不懈的坚持和努力，紧扣我国改革进程中的热点、难点、焦点问题，为改革时代不断奉献智慧成果。1993年，提出"从国有企业向国有资本过渡"的改革建议；1995年，提出"赋予农民长期而有保障的土地使用权"；2003年7月，在应对SARS危机中，首倡"由经济建设型政府向公共服务型政府转变"；2004年，建言加快推进基本公共服务均等化，建立惠及13亿人的基本公共服务体系；2009年，承担国家发改委委托的"十二五"改革研究，提出"以发展方式转变为主线推进'十二五'改革"（这份报告成为国家"十二五规划"起草的参考）；2013年6月，提交的"改革跑赢危机的行动路线（30条建议）"，成为党的十八届三中全会通过的《中共中央关于全面深化改革若干重大问题的决定》起草时的参阅件；2015年7月，受国务院办公厅委托，承担"推进简政放权、放管结合、优化服务"相关政策措施落实情况的第三方评估，这是社会智库首次参与国事评估；2015年改革研究报告《转型抉择：中国经济转型的趋势与挑战》总论被用作中央十三五规划建议起草的参阅件；2017年，中改院提交《2020：赢在转折点的改革行动》成为党的十九大报告起草组重要参阅件，形成《以更大的开放办好最大的经济特区——关于海南扩大开放、深化改革的建议（44条）》《建立海南自由港——方案选择与行动建议（20条）》建议报告，为海南省委、省政府决策发挥了重要的作用。

图4-9　1993年7月1~3日，中改院召开"中国市场经济理论与现实国际研讨会"

2018年4月13日，是海南建省办特区30周年。回首海南30年的改革实践，有很多感触。从海南的历史看，什么时候改革的步子迈得大一点，发展就好一些、快一些；从全面进入改革新阶段看，改革的顶层设计的确十分重要。但是，什么时候能把顶层设计与支持地方的改革探索相结合，什么时候才能形成改革的大环境，才能形成上下共抓改革的局面。当前，在改革总体进入深水区、攻坚区的时候，鼓励支持地方继续进行改革的试验、探索，仍然十分重要。

5. 开发开放浦东
——向世界展示中国实行改革开放的决心

1990年4月18日,党中央、国务院正式宣布开发开放浦东,奏响中国新一轮改革开放的号角,浦东迅速成为享誉世界的中国"改革开放样本"。浦东的开发开放,向世界展示了中国进一步改革开放的决心,由此也拉开了中国20世纪90年代更高层次、更大范围改革开放的序幕。

口述者:赵启正(时任上海市委常委、副市长,兼任浦东新区党工委书记和管委会主任)

李佳能(时任浦东开发办公室副主任、浦东新区管理委员会副主任)

赵启正

2003年7月,我随中央一个代表团访问拉美国家,代表团中有5位正部长。那天在阿根廷政府举行的欢迎宴会上,介绍我的时候又另外介绍了我曾负责上海浦东新区的开发,在场会见的多位议员竟然纷纷起立,几位议院的领袖还过来和我握手。这场面让我非常感动。这并不是我赵启正有多大的能耐,而是因为浦东开发开放在世界的影响力,中国改革开放在世界的影响力。而我很荣幸能够亲身参与浦东的开发开放,可以说对浦东有一种感恩的情愫。我在浦东工作近6年,那是我一生中最为难忘的岁月。

振兴改造上海的一个计划

我是1992年下半年开始参与浦东新区的筹备工作的。浦东开发开放是1990年4月18日李鹏总理宣布的。不过那时的浦东分别归属上海市的三个区两个县管辖，还没有一个新区的编制，最初的开发建设政令不一，资源也分散，进展不是很快。1992年邓小平同志"南方谈话"发表后，激励了上海加速浦东开发开放。市委决定在1993年1月1日成立浦东新区，任命我为浦东新区党工委书记和管委会主任。

其实，开发浦东在20世纪80年代后期是上海市一直在研究论证的一个地方振兴计划。那时包括浦东在内的整个上海的发展已经落后了。上海人感受到了南方尤其是深圳特区快速发展带来的压力。深圳比浦东早开发10年。大量来自广东的产品不断涌入上海，打破了早先人们买上海服装、上海皮鞋、上海奶糖的局面，打破了上海是优质产品第一产地的印象。这些变化让上海的干部群众在精神面貌上有些泄气，认为我们不如人了。以前有人批评上海人比较骄傲，对外地人不够谦虚，现在上海不如人了，我们开始有点不敢骄傲了。不敢骄傲也跟上海的城市建设落后有关系。改革开放后，上海城市变得更加拥挤了。"文革"10年，上海基本没有建新房子，城市拥挤让交通改造变得刻不容缓。但旧城改造是很困难的，因为旧房子有人住，旧商场在营业，旧工厂在生产，如果大规模改造了，一时让这些人去哪里居住？工作和生产怎么办？让汽车去哪里跑呢？

南方四个特区的建立给了上海很大的启发。那么上海向何处发展？有同志说向北开发，有同志认为向南开发，也有同志想到了浦东开发。经过大量的研究和论证，一致认为应该向浦东开发。

那时候，浦东和浦西的差距很大。浦东的城市化仍然局限于沿江一带，更多的是乡村。这和世界上许多建立在河流两岸的国际大都市不同，如纽约、伦敦、巴黎、彼得堡、布达佩斯，皆有一河穿越，但都是两岸兴旺。而上海黄浦江两岸经济文化发展的差别巨大，当时浦西已经发展成繁荣的著名大都市，有"十里洋场""东方巴黎"之称，而与之一江之隔的浦东却依旧是一片广袤的农田。上海人说过有这样一句话："宁要浦西一张床，不要浦东一间房。"因为人们往返浦东、浦西很麻烦，必须坐轮渡摆渡过黄浦江，碰到雾天还不能开航。

图5-1　当年浦东陆家嘴地区有一条烂泥渡路，一旦下雨，水漫泥路。可见那时浦东基本的城市建设的状况

面对这种强烈的反差，近百年来都曾有人筹划开发浦东。20世纪20年代，我国民主革命的先行者孙中山先生曾在著名的《建国方略》中描述了在浦东建设一个"东方大港"的设想。但是由于"革命尚未成功"，这一开发计划如同辛亥革命后他的铁路开发计划一样，皆成泡影。

到了20世纪80年代后期，上海也确实面临一个选择，是开发浦东呢？还是改造浦西旧城区呢？日本前首相田中角荣1972年在他的《日本列岛改造论》里有这么一句话，我记得很清楚，他说东京的城市布局是比较落后的，但是改造一个旧东京比建造一个新东京要多花9倍的钱，可惜，在东京没有像浦东那样的一块地方。上海的浦西，历史上就没有全面实施过城市规划，道路设计不合理的例子到处可见，因此选择在上海市区的旁边建一座新城区，同时带动改造旧市区是极其正确的。因此到了20世纪90年代，可谓天时地利人和，浦东这片土地的开发正当其时，而上海的开发能力和条件也是其他城市所不具备的。由此看来，我们倒是应该感谢前人，在上海的宝贵地域中给我们留下了一张白纸，让我们画好最新最美的图画。

在国际上树立更加改革开放的旗帜

浦东开发最初是一个地方的振兴计划,但是在改革开放总设计师邓小平同志手里上升为国家战略。

1990年春节,邓小平同志到上海,对朱镕基等上海领导人说:"请上海的同志思考一下,能采取什么大的动作,在国际上树立我们更加改革开放的旗帜。"①

那年春节过后邓小平同志离开上海前往火车站的路上,谈到浦东开发,他对上海领导人说:"你们搞晚了。但现在搞也快,上海条件比广东好,你们的起点可以高一点。从80年代到90年代,我就在鼓动改革开放这件事。胆子要大一点,怕什么。"②就是在那一年,浦东开发成了国家战略。

那时我国的改革开放遇到了严重困难。这些困难主要有如下几个方面:其一,1988年的经济过热和"价格闯关"导致罕见的抢购风潮,为防止许多国家曾发生过的经济失控局面的再次出现,中央不得不作出对国民经济实行"治理整顿"的决策,制止了经济过热,但同时也出现了改革开放以来第一次经济增长速度放缓。其二,1989年春夏之交的政治风波,以美国为首的西方国家借机挑起了一场"制裁"风潮。其三,国际局势出现了大动荡,苏联社会主义阵营开始分裂。东欧剧变又对中国共产党人提出了信仰挑战。这样,在20世纪80年代末,我国在改革开放、经济建设、国内稳定以及国际关系方面同时遭遇严重困难。这种"三碰头"的局面,是中华人民共和国成立以来所仅见的。

关键时刻,邓小平同志一再强调中国将坚持改革开放,他说:"现在国际上担心我们会收,我们就要做几件事情,表明我们改革开放的政策不变,而且要进一步地改革开放。"③正是在这样的历史背景下,党中央作出了慎重稳妥而又高瞻远瞩的浦东开发决策。

到了1990年3月,邓小平同志在和中央领导谈话时强调"要实现适当的发展速度",他还打了一个比方:"比如抓上海,就算一个大措施。上海是我们的王牌,

---

① 《邓小平年谱(1975—1997)》(下),中央文献出版社,2004。
② 《邓小平年谱(1975—1997)》(下),中央文献出版社,2004。
③ 《邓小平文选》第三卷,人民出版社,1993。

把上海搞起来是一条捷径。"①

回头看中国40年的改革开放历史进程，20世纪80年代作为改革开放重点的地区一般都在边境及经济不甚发达的地区，其原因就是尽量降低改革的风险。而浦东的开发则具有更深刻的含义，它意味着中国共产党和中国政府拿出中国最发达、最富庶的区域来继续改革开放的试点。这一重大举措足以证明中国把改革开放推进到新阶段的义无反顾的决心和信心。

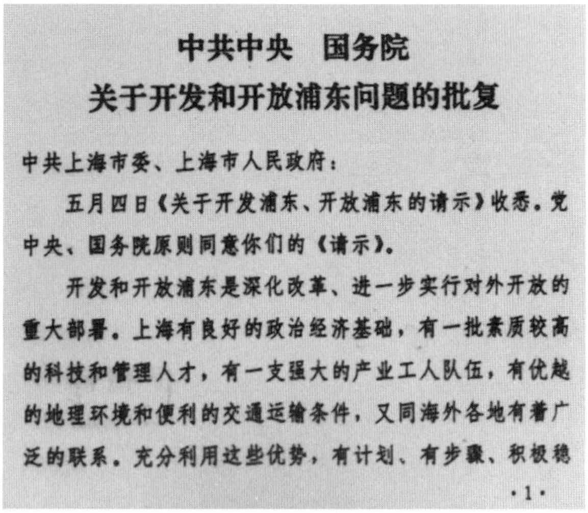

图5-2　1990年6月，下发《中共中央　国务院关于开发和开放浦东问题的批复》

就国内而言，1990年正是改革开放进入第10年的时候，改革可以说是到了一个十字路口。当时有两种改革的思路可以选择：第一种思想是放慢速度求稳定，推迟与减轻改革开放的进程与力度；第二种思路主张抓住机遇，加快发展，深化改革。启动浦东开发开放，也是对国内疑虑的回答。

事实上，邓小平同志还多次说过浦东开发晚了。他不止一次地为20世纪80年代没有在上海设立经济特区表示遗憾。

1991年，邓小平同志到上海过春节，在谈到浦东开发问题时他惋惜地说："浦东开发至少晚了5年。浦东如果像深圳经济特区那样，早几年开发就好了。"②他还说："开发浦东，这个影响就大了，不只是浦东的问题，是关系到上海发展的问题，是利用上海这个基地发展长江三角洲和长江流域的问题。"③

---

① 《邓小平文选》第三卷，人民出版社，1993。
② 《邓小平年谱（1975—1997）》（下），中央文献出版社，2004。
③ 《邓小平文选》第三卷，人民出版社，1993。

图5-3　1991年2月14日，邓小平和国家主席杨尚昆向上海党政军负责人祝贺新年，上海市委书记、市长朱镕基陪同

1991年2月18日，邓小平同志在上海告诫我们说："上海开发晚了，要努力干啊！"那天在上海最高的旋转餐厅里，他看着地图和模型，有点遗憾地说："那一年确定四个经济特区，主要是从地理条件考虑的。深圳毗邻香港，珠海靠近澳门，汕头是因为东南亚国家潮州人多，厦门是因为闽南人在国外经商的很多，但是没有考虑到上海在人才方面的优势。上海人聪明，素质好，如果当时就确定在上海也设经济特区，现在就不是这个样子。14个沿海开放城市有上海，但那是一般化的。浦东如果像深圳经济特区那样，早几年开发就好了。"他还叮嘱："抓紧浦东开发，不要动摇，一直到建成。"①

到了1992年南方视察时，邓小平同志再次来到上海，他说："回过头看，我的一个大失误就是搞四个经济特区时没有加上上海。要不然，现在长江三角洲，整个长江流域，乃至全国改革开放的局面，都会不一样。"②

可见类似浦东开发晚了的话，邓小平同志说过多次，其内心的遗憾可见一斑。浦东的一位学者曾统计过，在《邓小平年谱（1975—1997）》中，在20世纪90年

---

① 《邓小平文选》第三卷，人民出版社，1993。
② 《邓小平文选》第三卷，人民出版社，1993。

代，提及浦东有26处。

为什么邓小平同志会反复这样说？1995年我访问日本，日本一家大报记者采访我。他只问了两个问题：为什么邓小平每年过春节都在上海？为什么邓小平说浦东开发晚了是他的失误？

当时我回答说：第一，邓小平他老人家过冬的时候在上海，是因为上海的气候比较适合他，他也比较习惯。他到上海过春节，不单是休养，还要研究中国的经济。上海是研究中国经济的好地方。第二，上海和深圳毕竟不同。在开发之前，深圳不过是一个小镇，以它为试点，即使遇到重大困难，甚至失败了，对于整个国民经济来讲，影响甚小。在改革开放之前，上海就是中国最大的工商业城市，这个城市所提供的税收，曾占到全国的1/6或1/7。以此为试点，一旦失败，整个国民经济都会受到严重影响。再则，是在深圳开发积累了10年经验的基础上才开始浦东开发的，披荆斩棘的是深圳，而不是浦东。深圳开发时我们有多少观念是落后的，如土地不能批租，如不能实行股份制，如与外商合作是不是让他们占了便宜，如能不能让一部分人先富起来等，都是一个问号。这些问题都由深圳开发解决了。所以，在改革开放历时10年之后，在深圳开发已经获得基本成功之后，中央才下决心开始浦东开发。这实际上是邓小平对中国的责任心所致，浦东开发可以说是恰逢其时。

我认为邓小平同志说开发晚了是在提醒我们要加把劲，既然起步晚了，就要后来者居上，大家要起劲。听了我的回答，日本记者表示能够理解和接受。第二天我的话全部发表。

当然，我要强调的是我们的确比深圳晚10年开发，要感谢深圳，没有深圳的开发，中央下不了决心让浦东开发。因为那几个特区发展太慢了，所以邓小平同志说了你们要后来者居上。深圳代表团在上海访问的时候，我们对深圳的同志说："你们是开了先锋，披荆斩棘的是你们，我们是跟随。"这句话上了深圳报纸头版，还被当作了标题。我说的是心里话，我今天还这么说，为什么？深圳当时批租第一块土地时受了多少质疑呀，还有股份制，这不是资本主义吗？到浦东要做的时候，深圳已经经受考验，已经挨了骂了，那我们就好多了，怎么能不感恩深圳呢？

中央宣布开发开放浦东后，西方媒体和一些政治势力都说这是中国的一个政治表态，是一个口号，不是一个实际行动。美国经济学家、诺贝尔经济学奖获得者米尔顿·弗里德曼在1993年10月来到上海，听到浦东新区的规划，隔着江看了看浦东，他觉得这是不可能的。他说这不过是一个"波将金村"。在俄罗斯，"波将金村"是大骗局的同义词，波将金是俄国女皇叶卡捷琳娜二世的大臣，他在圣彼得堡旁边修了一个假村庄来骗女皇，所以就有一个"波将金村"的说法。

还有一个很典型的案例，就是美国的波士顿环球报在1996年1月7日以大版面的篇幅发表了一篇文章，标题叫作*Should we fear China*，翻译成中文就是"我们该怕中国吗"。这篇文章有点儿研究的意义，因为这是早期的"中国威胁论"。这篇报道序言是这样说的：我访问上海市，上海市副市长、浦东新区负责人坐在旧式的沙发上，操作着新式多媒体，向我们讲述了野心勃勃的浦东开发计划，如果在他有生之年能够实现这个计划的话，到那时，中国不仅是政治大国、军事大国，也是经济大国了，那么我们该怕中国吗？其实，那时中国的GDP只有8000亿美元，只是美国的1/10，他们就开始警觉中国的崛起了！

报道还配了一幅漫画，一双巨长的筷子夹着油炒的美国小国旗，小国旗一片一片的像菜叶。一个在美国的中国留学生把这张报纸寄给我，我一看，觉得有必要对这篇报道进行批驳和说明，澄清我们浦东开发不是政治口号，而是一个实际行动，是表明中国改革开放政策会继续实施下去的。

为此，我给波士顿环球报总编写了一封信：总编先生，1月7日贵报上所提的观点"我们该怕中国吗"以及漫画的寓意我都不赞成。中国从来没有拿外国当小菜吃过，恰恰1840年以后中国被西方列强当作小菜被吃过多次。1995年是世界反法西斯战争胜利50周年，中美曾是盟国，在这个时候我们理应提升中美关系，但你们却发表了这样的文章和漫画，所以我要告诉您我的态度和意见，还希望您能够在报纸上把我这封信发表。结果，报纸真的发表了我的信，编辑还做了一个标题叫作"中国人不喜欢弱肉强食"。

回顾这段历史，我们今天可以说，从20世纪90年代起，浦东开发确实在国际上树立起我们更加改革开放的旗帜，确实向世界打出了一张改革开放的王牌，成为进一步加快发展的捷径。浦东开发开放一路走来，使浦东成为第一个国家级新区、第一个综合配套改革试验区。第一个自贸试验区落户浦东,也正是坚持树立更加改革开放的旗帜的象征。未来也将如此。

总结浦东开发开放,软成果更宝贵

浦东的开发开放取得了很多容易用数字表述的"硬成果",如GDP、税收、吸收的外资等。比如,我曾请国务院发展研究中心帮助计算,按照1990年不变价格,2007年浦东的经济规模已相当于1990年整个上海经济规模的1.7倍,并且产业结构也大为提升,大大超过了1990年的上海。到2009年8月,南汇区并入浦东新区,这样到2009年底,浦东新区的经济规模已经是1990年的2倍。此后,浦东新区经济的基数包括了移入的南汇区的数字,不再以1990年的数字为基数来计算浦东经济的增长率了。可见,2009年是浦东开发的一个阶段性的里程碑式的年份。

此外,浦东新区还率先建起了许多功能性的场所,取得了"亦软亦硬"的成果,如证券交易所、期货交易所、外汇交易中心、产权交易所、第一个区域性的土地市场、第一个保税区、第一个知识产权法庭等。

一般而言,人们在研究中国开发区的时候往往关注些"硬成果",不太注意总结开发过程中的"软成果"。而"软成果"是在研究中国特色社会主义中最不可忽略的要素。我认为,浦东开发最大的意义就是在很多看得见、摸得着、能用数据表达的"硬成果"外,还取得了丰富的"软成果"。这些"软成果"就是浦东开发者们在经济发展、社会进步、城市基础设施建设、跨国合作、转变政府职能、人才培养等方面的那些思路和经验。这些"软成果"是经过思考和实践证明了的,是宝贵的。即使在近30年后的今天看来,依然很有意义。我很愿意讲一讲这些"软成果"和背后的故事。

浦东开发不只是经济开发,更是社会开发,是争取社会的全面进步

我记得,日本前首相宫泽喜一将浦东开发称为20世纪末世界最大的开发。这样大规模的开发不只是项目开发、土地开发,而是涉及全社会进步的开发。这里说的社会全面进步,包括了浦东城乡社会的进步,乃至全上海直至对长江三角洲的带动

作用。我们曾对联合国开发署的一个考察组讲述了这个观点,他们非常欣赏,说我们联合国项目合作的对象就选择你们,因为你们对开发是为了社会全面发展的理解是非常正确的。这种开发,不是单独地发展经济,不只是把农田变为钢筋水泥的城市,而是在进行总体规划、招商引资、各功能区开发、基础设施建设的同时,促使各项社会事业和精神文明建设全面发展。

1996年浦东的东方医院改扩建工程开工,我在典礼上说:浦东开发,我们一直说不只是项目的开发、土地的开发,而是争取社会的全面进步,是社会的开发。所以,浦东从开发以来一直注重有利于广大人民群众的公益事业,要造好的学校、好的医院。当然,在大规模的经济开发中坚持这样一个理念,并不容易。比如今天的陆家嘴中心绿地就是一个案例。

那里原先是黄浦江边的棚户区,挤着3500多户居民和60多家企业。当时若用于土地批租,政府可拿到20亿元。而我们不但没有去拿这20亿元,还要再付出7亿元动迁和建设费用,建成了10万平方米的绿地,那时被媒体称为世界上最昂贵的绿地。

东南亚一位很有名的企业家劝我:陆家嘴中心地区寸土寸金,搞绿地太可惜了,不能这样做。当时我回答:从城市的功能考虑,必须这样做。因为城市需要呼吸,需要"肺",需要绿色。再说,这里全盖大楼,一下班,到处是人,到处是车,交通非堵塞不可。有一篇文章说:"上海人气魄大,7亿元修个大花园。"潜台词就是说我们太奢侈了,其实7亿元是动迁了10公顷土地上的3500户居民的成本。从城市功能来考虑,这个大花园的价值就远远不止7亿元,当有了这个绿地的规划时,周围的地价就已大幅度上涨了。实践证明,这样考虑问题,既符合市场经济的法则,又符合环境保护的要求。

在那个绿地中,我们还保留了一幢具有典型清末民初江南民居特色的古建筑,是百年前由一位叫陈桂春的商人建造的。当时有关部门要拆掉它,因为那地方修路,路有点弯,另外土地贵,拆了如果批租,可以赚很多钱。但我坚持不能拆。1998年,我离开上海赴北京就职,临走时再次关照:"千万别拆,如果我在,这是一个决定,如果我英年早逝,这就是我的'遗嘱'。"

这样，这幢陈氏古宅也就和10万平方米的绿地融为一体，周边则是林立的高楼。2010年5月，日本的NHK摄制组来了，一定要从这个古宅的院子里往上拍，百年前的屋檐和两座摩天大楼——金茂大厦和环球金融中心被摄入镜头。编导说："拍的时候你说一句话。"我说："上下五百米，前后一百年。"他说，这句话好响亮！

澳大利亚外交部副部长曾到浦东，在参观陈氏古宅后，留下一张字条给我，上面写道："保留一个旧建筑往往比建设一个新建筑还难，向你祝贺。"

浦东的社会开发是一个快速的城市化过程。但是本地农民并不都适应这样快的城市化过程。有这样一个故事。当时我们征了农民的土地后，给他们房子，给他们生活补贴，还提供就业的机会。当时有个规定，给每个人介绍工作，被两次录取了而不去的话，就没有第三次被推荐的机会了。有些浦东的农民对工作有所挑剔，比如有的去做出租车司机，只开几天觉得太累就不想干了，说不认路，说不会看地图。还有浦东索尼电视机厂招收流水线装配工，有的人考试的时候会故意考不好。为什么有人不愿意被录取，而愿意领补贴，原来是想做些不用定时上班的较轻松的工作。土地是农民的，征用了他们的土地意味着从根上改变了他们的命运，农民为浦东开发做出了他们所能做的最大贡献。浦东开发的过程中当然应该充分顾及他们的利益。

1995年11月，费孝通副委员长来浦东考察，我向他汇报我的想法：上海市的城市化过程至少用了100年，需要几代社会学家以接力棒的方式才能完成对此过程的研究；而浦东的城市化过程可能仅需半代人的时间就能完成，也即一代社会学家就能有幸观察到全过程。我进一步请求他以社会学视角的学术力量支持我们。我说"浦东呼唤社会学"。费老后来在他的一篇文章中说，我的这句话感动了他。费老的感动是以行动来表达的，他及时派了他的学生李友梅博士等人，来浦东研究开发中的农民问题，并取得了优秀成果。①

那时，我们明显看出了浦东城乡发展速度的差别，有些地方只能听见打桩声，却看不见本地的兴旺。像离外高桥保税区不远的几个乡镇也是如此。所以当时我们

---

① 李友梅课题："浦东新区开发中的农民问题研究"。

提出了以各功能开发区主动带动周围乡镇的"列车工程"。各开发区占了谁的地，就要对谁有一定的扶持。一个乡可能被占了一部分，剩余的区域不能不管，要带动，要联动。怎么带动、联动？一是人员工作的安排，只要是他们适应的、能做的，就优先培训和使用他们乡镇的人；二是对当地的乡镇企业给予扶持，给乡镇企业注入力量，为其带来投资或在技术上进行辅导，或者是将部分引进来的外资介绍给他们。由各大开发公司发挥"火车头"作用，以带动周边乡镇一起发展。列车是每一列一起前进的，不能扔下几节不管不顾。

那时我们钱很少，但是我们要建医院，建学校，建图书馆。这些都不是赚钱的，但我们不做社会不能进步。这不仅仅是为了满足本地人民群众的需求，也是为了满足外来投资者的需求。我们在与外商打交道中也发现，跨国公司前来投资，对生活环境的关心程度不亚于投资环境，有些老总直接把文化生活设施作为投资环境的一部分来考察。比如，我国港澳台人士关心有没有好的学校让子女读书，德国人很关心有没有好的医院，美国人则关心有没有他们喜欢的娱乐设施，韩国人和欧洲人更关心有没有好的教堂让他们开展宗教活动。浦东是较早意识到要适当满足境外人士开展宗教活动的地区，这也是我们宗教政策的重要方面。为此，开放了基督教和天主教英语专场，每周接待信众上千人。2005年11月，我陪美国基督教界领袖路易·帕罗博士到浦东参观宗教场所。我们来到浦东一座新建的教堂。看到教堂宽敞明亮，设施完善，环境优美，他很受感动，不断地用"美丽""漂亮""整洁"这些词语描述这座教堂。之后，我们又来到浦东一家著名的道观——钦仰殿道观，还兴趣盎然地和道长进行了较长时间的对话。

站在地球仪旁思考浦东开发

"站在地球仪旁思考浦东开发"这句话的意思，就是要在浦东开发中谋求经济全球化格局中上海的重要位置，浦东则是承担上海任务的最重要的角色。当时我们宣传部部长将这句话写成美术字贴在机关食堂进门的地方，以致浦东管委会人人都知道这句话。

国家对话可以分为政治对话和经济对话。政治对话是通过首都间进行的，而经济对话主要是通过几个最大的经济城市间进行的，而不是整个领土在对话。在中国，能够进行国际经济对话的城市有两个：一个是"一国两制"的香港，它已经是能成熟地进行国际经济对话的城市；另一个是上海，但它还只是国际经济对话的首选后备城市，因为它的资格还不够，所以要通过浦东开发来振兴上海，使上海成为亚洲的区域经济中心之一，再成为世界的经济中心之一，与伦敦、巴黎、东京、纽约、法兰克福、洛杉矶齐名。我认为亚洲有一条经济走廊，走廊上有若干路灯，相映生辉，东京、首尔、新加坡、吉隆坡以及中国的香港、台北、上海，它们各相距数百公里到1000公里，它们的GDP约占世界的1/4。

有人认为，特别是有些英国人认为，开发浦东振兴上海的目的就是与香港竞争，这一定会压制香港。我在英国议会上回答，其实不然，香港、上海同是亚洲经济走廊上的明灯，上海开发了、发展了对香港一定有利，可以增加香港的集装箱运输量、飞机起降量、通信量、金融流量、物流量。香港回归前，英国BBC专门派一个小组来上海，就"路灯说"采访我。我说过两盏灯总比一盏灯亮，这是英语中的一句谚语。他们请我把"香港、上海同是亚洲经济走廊上的明灯，它们相映生辉"的话再说一遍，还要解释一下亚洲经济走廊。整个采访一共只有十几分钟，然后就回英国了。

曾经领导伦敦码头开发区①的英国副首相迈克尔·赫塞尔廷访问上海时，说他知道浦东开发，也知道我访问过伦敦码头开发区，我们很自然地交流起两个开发区的异同。他问我香港是金融中心，上海也将是金融中心，它们是什么关系？我说香港是"批发型金融中心"，上海是"零售型金融中心"。他让我再解释一下。我说上海和中国各城市有千丝万缕的微血管相连，而香港做不到，它只有中血管、大血管与中国的几个大城市联系，这犹如伦敦和爱丁堡的关系。他表示认可这一说法。

"站在地球仪旁思考浦东开发"这句话也要求我们要经常思考在预定的开发目标中，浦东在上海应处于什么位置，上海在世界经济格局中应处于怎样的位置。我们的规划，包括功能规划和形态规划都要达到足够高的国际水平。我们不能只吸收

---

① 伦敦码头开发区（London Docklands）是位于英国伦敦东部，泰晤士河沿岸的水滨再开发地区的名称，其横跨了南华克区、陶尔哈姆莱茨区、纽汉区，目前主要开发为商业区和住宅区。

世界的资金和技术，还要吸收世界的智慧。我对基辛格博士说，上海不仅要面向长江流域、面向全国，更要转过身去面向太平洋，我们要吃太平洋的大鱼，才有足够的营养。

图5-4　1993年赵启正陪同基辛格参观浦东发展模型

因此，在浦东可以看到很多的建筑群都是世界大师们竞相献艺的杰作。如：率先建成的世界第三高的东方明珠电视塔，是上海设计师的作品；宝塔外形的金茂大厦，是美国SOM公司的设计大师参考了中国26座宝塔创作的；气势恢宏、状似鲲鹏展翅的浦东国际机场和花瓣舒展、白玉兰形的东方艺术中心则是由法国著名设计师安德鲁设计的；曾获2008年世界最佳高层建筑荣誉的环球金融中心是日本人投资、美国人设计的；而气势宏伟、别致新颖呈螺旋波浪形状的上海科技馆则是由华裔美国人设计的……联合国前任秘书长加利到浦东时由衷感叹："你们正在进行一场世界奥林匹克建筑大赛！"

"站在地球仪旁思考浦东开发"，还要让全世界都知道浦东、了解浦东、宣传浦东。一定要让浦东的名字为全世界所熟悉，所以国内外记者，特别是国外记者来采访，我几乎来者不拒，我不怕人家说赵启正爱在镜头前说话，因为这不是我在说，而是浦东在说。

1994年3月，我访问迪士尼，当时迪士尼的总裁叫弗兰克·威尔斯。我把浦东的照片一张一张放给他看，介绍浦东的地理位置，浦东的规划。我特别强调长三角地区有中国最富裕的城市群，是有钱买迪士尼门票的。如果迪士尼来投资建主题乐园，到时候不只是上海人去，长三角城市群，甚至全国的人都会去。

弗兰克·威尔斯当时就说，你不用说了，我派考察小组去上海看看。所以我还没回到浦东，迪士尼的考察小组就去了。我的目的不完全是真想立刻引进迪士尼，那个时候引进来，一些人会说你把资本主义的生活方式引进来了。我的目的就是要宣传浦东，因为迪士尼全球闻名，而浦东那时还不出名。如果说迪士尼要到浦东，消息传出后，那么浦东将为世界所知。

所以站在地球仪旁思考浦东开发，得找大人物对话，得找大公司对话。如果浦东、上海一直和伦敦、纽约、巴黎、东京对话，那就是具有国际身份的对话者，这对城市定位和发展很重要。

法规和规划先行，金融贸易、基础设施和高新技术产业先行

1990年浦东开发开放后，上海市人大和市政府为浦东新区开发开放先后颁布了约20部有关吸引投资的法律法规。在最为国际所关注的维护知识产权方面，浦东新区也是走在前列的。1994年6月，浦东率先成立了全国基层法院首家知识产权审判庭。1996年，浦东新区率先发布了保护知识产权白皮书，并经上海市高院授权，浦东新区法院正式建立了"知产案件立体审判模式"，即由知识产权庭按照我国民事、行政、刑事诉讼法规定的程序，统一审理辖区范围内的各类知识产权案件。这些被知识产权专家称为"浦东创新""浦东模式"。一经推出，传遍了国内外，效果也很好，外国人一下子就明白了："上海讲理，中国讲法！"这也告诉我们，我们的开发思路一定要有国际性和前瞻性。

浦东的开发，坚持了规划先行，也就是说我们在建设之前就要知道建设之后的样子。我们做规划会请各国著名的规划师来参与，最典型的就是陆家嘴1.7平方公里的规划，我们邀请了法国、英国、意大利、日本、中国5国最好的规划设计师参与，告诉他们这是我们的中心业务区，将来有银行，有跨国公司总部，要有必

要的交通生活设施等。5个国家的设计师都拿出了自己的规划方案,坦率地说,人家的规划比我们有条有理。经过两年的讨论修改,最后完成了陆家嘴中心区域的规划。这在中国历史上是第一次为一个地区规划进行国际咨询,产生第一个汇集国际智慧的规划方案。所以,陆家嘴建设全部完成后的确是形成了一个国际金融中心的样子。

法律和规划先行有一个好处就是避免更换一届领导人后随意更改规划,不是一个人说了算,而是规划说了算,所以我们坚持去上海市人大汇报浦东陆家嘴的规划。本来陆家嘴的规划不是必须汇报的,但我们坚持非要汇报不可,经过上海人大的认可,就要严肃对待也不能轻易改动了。

浦东开发的"三个先行"策略,即基础设施先行、金融贸易先行、高新技术产业化先行,是1990年浦东开发起步之时就提出的,问题在于我们能不能切实做到。日本森大厦株式会社社长兼董事长森稔先生在浦东陆家嘴开建的第一座大厦叫森茂大厦①,他说:"看到了你们规划里将在陆家嘴中心建设绿地,我就在这里投资,因为有绿地为邻的房子价值就高,最后你们建起了陆家嘴中心绿地,你们是说到做到了。"

浦东开发开放后,国外的总统、总理到中国访问70%必到上海,到上海必看浦东,其中来得比较多的是美国前国务卿基辛格博士。他对我说过:"你们最珍贵的不是摩天大楼,也不是高科技工厂,而是你们的信用,世界信任你们,这是最宝贵的,如果你们说了而没有做到,最初的投资者就会破产。你们好好提炼一下,浦东是怎么能够吸引投资者的?投资者为什么要来?"

我回答:"我们是很坦诚地告诉投资者我们的不足之处在哪里。如美国一代表团来,我会说我们有几个缺点:我们对经济了解不够,和你们谈的时候有些概念我们是边听边学的,因此你们要有耐心;我们法律不够完善,我们用合同来补;我们效率可能不高,但是我们准备在一个楼里实行一条龙服务企业;在知识产权的问题上,我们会想办法建一个好的知识产权的保护机制。"他们说:"听到你说这些我们就放心了。"所以,坦率和承担是浦东开发中取得投资者信任的最基本要素。诚

---

① 现名为恒生大厦。

实、负责、做到底，这些就是浦东的性格，就是浦东开发成功的关键。

新区的形态开发服从于经济社会的功能开发，惜土如金

　　浦东开发是以市场经济为基础的开发，而不是以计划经济为基础的开发。按照市场经济的规律去开发，就形成了一些显著特点。如浦东开发以功能为出发点，而不是以形态为出发点。什么叫形态？就是有多少路，有多少楼，有多少居民区，就是看得见、摸得着的东西，就像计算机的硬件。而功能就是这些形态是拿来做什么用的。没有软件或没有先进软件的计算机，只是一件摆设。所以，1991年，我们就提出了要搞功能开发，反复强调形态规划必须服从功能规划。那时各地流行很多口号，如"筑巢引凤"。有些地方筑了巢，凤也没来；有些地方说了"文艺搭台，经济唱戏"，也是有些似是而非的含糊口号。我当时举了个通俗的例子：如果问浦东需不需要建一个足球场？大家说需要。那么，这个足球场是我们公众练球用还是上海比赛用，是全国运动会用还是世界杯用？最终的功能用途就决定了这个足球场的设计形态，这就是功能和形态的关系。如果这个功能超前太多，是浪费；如果不适当超前，则保守。也可举个形态开发和功能开发的关系没有处理好的反面例子：某地花1.2亿元建了个水泥的航空母舰形状的娱乐用建筑，但是经营困难，至今闲置无用，几次拍卖几涉破产。在浦东开发至今还没有出现过"筑了巢，凤不来"或建成后不能发挥功能的案例。

　　对土地的利用，浦东还注重向社会开发倾斜，用有限的土地争取社会的全面进步。这第一条就是注意生态用地，严格限制污染企业落地。当时一个大显像管厂要落户浦东，但显像管厂做后继的显示屏的时候有大量的毒素。还有印度尼西亚的一家造纸公司，想在浦东投资建厂，说他们造纸厂是全世界最大的厂。对这两个可能对环境造成污染的厂，我们都婉拒了。

　　还有一点就是要用有限的土地向社会提供公共产品。当时我曾问一些投资者，你到浦东来投资会担心什么？有个德国人说，我担心没有好医院，或者距离好医院太远，如果20分钟内能够有好医院我就放心了。所以，我们更全面地考虑了浦东的公共基础设施建设，比如我们投资建医院、零费用划地建学校、盖音乐厅等。当时

浦东钱少，不像现在一年有1000多亿元，那时候只有4亿元。在这种情况下，我们还要向教育倾斜。浦东的孩子，不管是城市户口，还是农村户口，学校招生时都一视同仁。所以，当时我在浦东的建平中学写下了"宁可少修几条道路，也要修好人才之路"的话。

那时尽管投入公共基础建设的钱也很少，但我说这些是公共产品，我们的后代会一直使用它们，我们要努力去花钱建设这些公共产品。所以浦东的开发，不是单纯地建设一个经济区，而是同时要建设一个社会发展的综合地区。

而在落实新区规划中，严格管理土地、"惜土如金"是我们一直坚持的原则。1993年元旦，浦东新区作为上海的一个行政区域正式成立。在此前不久，我领命于浦东新区的开发建设。尽管一时间国内外投资者蜂拥而至，然而，本地资源却极为有限，尤以土地弥足珍贵。要把浦东建设成为能与世界经济对话的具有国际水准的城区，必须精心策划，不允许在土地使用上有任何的偏差。当时我和胡炜同志就是这样思考和讨论的。为此，我请求胡炜同志的父亲、著名书法家胡问遂先生写了"惜土如金"四个大字，我把这幅字挂在办公室最显眼的地方，表明它是浦东规划的金科玉律。每一位来我办公室的人的目光都会在这幅字上停留，引发思考，受到启迪。有的投资者来了，看到这幅字，说："您这地价很贵吧？"我说不仅地价贵，而且建设投资也得是"贵"的，这叫惜土如金。当时，我们价格不按亩核算，但是很多地方都是按亩来批，亩太大了。我们的土地是一平方米一平方米地算着卖，还要说明盖几层楼，盖十层和盖一百层，价格不一样，你十要乘十，一百要乘一百。有人听了我的解释，说："行，我考虑。"然后他就不来了。所以惜土如金得有措施。

精兵简政，必须要先简政，而后精兵

在中国改革开放过程中，政府曾经多次精简机构和人员，而我们浦东则提出"先减政再精兵"。如果不先简政而后精兵，是很难长期坚持下去的，死灰必然复燃。所以我们当时对简政放权做了很多工作，厘清哪些是政府必须要管的，比如规划、财政、社会保障体系、教育等。还要厘清哪些是不要管的，比如有许多只属于备案性质的手续，就不用再经审查过程了。还有的事务可以让民间组织去管，如投资咨询、人才介绍、行业守则等。在1993年的上海市人民代表大会上，我就浦东政府职能改革说了三句话："该管的大事一定要管好，可管可不管的由中介机构去管，不该管的坚决不管。"

1992年10月，我们开始筹备浦东新区管委会，当时整个川沙县全部划入浦东新区，县委、县政府有1300多名公务员，而浦东新区只建立10个局和办公室，党政干部共计800个编制，叫"八百壮士"，这在当时是领先的。[①]那时上海一般区县的干部编制是1200~1400人。因此，我们先减政再精兵。如一个社会发展局，其管理职能包括了文化、教育、卫生、医疗、体育、民政和社区管理等一般区的多个局的职能。这种做法被称为"小政府、大社会"，这种行政管理模式在中国传统的行政管理体制内，不可避免地会发生"上下"和"左右"的冲突。这种冲突首先表现在上下行政部门的不匹配。浦东新区的一个局，往往集合了多个职能部门，因此要对应到上海市、中央的多个部门。这样的"集成"机构在后来的运作中遇到了不少麻烦，一个部门很可能经常同上级几个不同部门对接，不同的上级部门要求的报告内容、方式以及言语风格都要相应调整。又比如，行政管理层次上实行"两级结构"，即浦东新区政府直接领导各个街道、乡镇，没有中间层次。副省级领导直接对着乡镇的，全国只有浦东一个。

好在浦东的做法得到了上级领导的支持，1994年1月，李岚清副总理来浦东视察时说，这样的精简不容易，就是戴着钢盔也要坚持住。老市长汪道涵说："浦东新区情况特殊，应与其他市区有所区别，给予副市一级的职权是有必要的，除了重大事情需要请示市里外，其余都应当让新区自己处理。我们应该在新区的管理体制上实行大胆的改革，才能为全上海的体制改革提供经验，起积极推动作用，这就叫体制改革上的'组织疗法'。"[②]

---

① 浦东新区的人大和政协在1997年末成立。
② 上海交通大学：《怀念汪道涵》，上海交通大学出版社，2007。

以一流党建带动一流开发,勤政廉政也是重要的投资环境

一流的开发与一流的党建是密不可分的。浦东开发,一直伴随着重大工程的建设,我们着力构建重大工程建设的组织和人才保障体系。1997年底,浦东新区成立了重大工程项目办公室,随之组建浦东新区重大工程项目办公室党支部,赋予其建设总指挥部临时党委的职能,并强化了重大工程项目党建工作,提出"支部建在工地",逐步扩大党建工作覆盖面,形成"重大工程建设到哪里、党组织就延伸到哪里"的格局。

在人才保障方面,依托重大工程锻炼和培养年轻干部。选派他们到最困难、最艰苦、矛盾最突出的重大工程一线挂职锻炼,努力为每个人创造"想干事、能干事、干成事"的平台。新区"小政府、大社会"的体制格局和大跨度、大基层的管理特点,使乡镇一级党委和政府具有较大的决策自主权,要求乡镇领导班子具有相当强的独立作战能力,需要直接面对群众做思想政治工作,及时化解矛盾、理顺情绪等。这些都对乡镇干部加强思想作风建设提出了很高的要求。

廉政是党建工作的重要内容,1993年8月,在新区党风廉政建设大会上,我做了有关廉政的报告,强调廉政是重要的投资环境,也是浦东开发的重要环境,这个思想来自我们对邓小平同志建设有中国特色社会主义要两个文明一起抓的论述,也来自世界各国和全国各地经济发展中的经验教训。

尉健行同志对这句话很赞同。他说如何为经济发展服务是纪委要回答的重要问题。有人说:"既然是改革,当然会冲破旧规矩,那么纪委就查我们,这不是阻碍经济发展吗?"这是一种误解。勤政廉政是重要的投资环境,是社会主义建设的环境,纪委的工作和经济建设工作应该联系起来!尉健行同志还说:"浦东提出的勤政廉政是重要的投资环境,就把这个问题解决了,所以我很支持这个提法,我会把你这个提法带到中纪委去。"他还叫我以此题目写一篇文章,要在中纪委的内部刊物上发表。①

我记得当时写的就是"勤政廉政也是重要的投资环境"。我举例子说,一个外

---

① 1994年4月16日,时任中共中央政治局委员、中纪委书记尉健行来浦东考察。

国公司到上海来投资有成本核算，他并没有核算行贿成本，如果他发现行贿成本很高，就没必要到中国来投资了。不仅如此，如果当地有中国公司给外国公司行贿，说"这个零件你买我的吧，我给你好处"，那么外国公司采购员买的零件不合格，他这一批产品将来要召回，这个外国公司受到的损失就很大了，所以无论是行贿还是受贿都是不合理的。

1993年的一天，香港无线电视的几个记者在希尔顿宾馆大厅遇到我，将我拦下，说就问一个题，问我："当浦东开发成功的那一天，你们的贪腐会不会也走向顶峰？"我很干脆地回答："当你看到浦东开发的辉煌之日，同时也会看到一个廉洁的浦东。"

我之所以能够很干脆地回答是因为浦东新区党工委和管委会从设立开始就在考虑怎样创建勤政廉政的投资环境。我们强调开发建设与勤政廉政同步进行，旨在养成勤政廉政的好习惯，明确廉政也是重要的投资环境。我们还对广大干部提出要坚决执行"三个不准"，也就是俗称的"三条高压线"：不准擅自对地价、房价、项目定位、政策优惠等向有关部门开口子、写条子、打招呼；不准在征地、动拆迁中以权谋私，不准利用职权为亲属好友谋取不正当利益；不准在工程发包中，利用职权捞取好处，工程发包应通过招标竞争，由集体决定，做到公开、公平、公正。

随后上海市纪委就此发了更加详尽的"七条高压线"。浦东还率先在全国建立土地资产交易中心、土地资源储备中心，对经营性土地实行公开招标、拍卖，从制度上杜绝权力寻租和暗箱操作。甚至还做了一些细致的事情，如曾在对外招商的宣传手册上，印上"在浦东办事，无需请客送礼"等。

浦东开发还在不断发展，新的思路和实践还在继续探索。在总结肯定浦东发展成果的同时，也要本着坚持实事求是的态度，检讨、审视、发现过去的不完善之处，予以纠正。浦东可以总结的"软成果"和"硬成果"也必然与日俱增。

浦东开发开放是中国改革开放的象征。过去，浦东是集齐天时、地利、人和，并取得了一定的成果。未来，改革的挑战也会越来越艰巨，我们需要更高标准的发展，与世界先进国家和地区相比，我们的金融、高科技还有很大的差距，我们该怎么突破？还有国际环境，外交和政治斗争更复杂了，这都是我们需要努力克服的困难。我们应该有信心。这里我再举一个例子,我国台湾在1993年提出一个"亚太运营中心计划",几乎和浦东开发同时进行,那个计划是美国著名的麦肯锡公司替台湾做的,论证相当完备。当初台湾公布这个计划,也曾轰动一时。但几年过去了,"亚太运营中心计划"依然停留纸面,浦东已经远远走在前面了。这说明什么?现在国外有人说"一带一路"是实现不了的,那么看看浦东的成就,看看浦东在20多年中经历了欧洲发达地区用两个世纪才完成的同样程度的工业化和城市化的过程,中国人只要自己有信心,只要努力去做就行了。

我对上海的期待没有变,它未来应该成为像纽约、伦敦、巴黎、东京那样的世界上最卓越的城市群的核心城市,为中国在这个时代的世界经济对话中赢得强大的话语权。

李佳能

1978年党的十一届三中全会召开以后,上海开始新一轮的总体规划制定。上海的历史情况决定了当时要想把上海建设成为社会主义改革开放的新上海面临很多困境。1979年,我们开始策划总体规划,1980—1986年,在长达7年的时间里,我们一直在酝酿,上海究竟怎么发展?当时制定这个总体规划是比较困难的。上海长期为国家做贡献,它是"在螺蛳壳里做道场",在仅仅141平方公里的城区发展,从1949年后30多年的时间里,上海的城区面积仅仅增加了8平方公里。面积非常小,有人说上海是"弄堂工厂",为了发展还把很多别墅改成了工厂和企业。这样上海原先作为亚洲最大经济中心的功能就消失了,从一个消费城市变成了生产城市。因此,我们这一轮的总体规划,就面临着要如何把城市的性质、城市的发展方向和规模紧紧地和经济发展相结合的问题。因此,我们从上海如何成为中国改革开放的前沿、如何恢复上海的城市功能的角度提出经济发展的纲要。

整体规划要匹配经济发展,总体布局是个难题。当时有几种意见:一是认为上海应该向西发展,即现在的虹桥机场;二是认为应该向北发展,即长江的南岸,宝山、吴淞一带；三是认为应该到杭州湾的北岸，即现在的金山发展；四是认为应该跨过黄浦江到浦东发展。那么到浦东发展的可能性有多大？其实也没有那么简单。历史上，孙中山先生曾在《建国方略》里明确提出在上海，以浦东为基地建设世界东方大港的构想，但是后来很难实施。中华人民共和国成立前，1947—1949年的3年上海的总体规划（都市计划）也考虑过浦东，但是黄浦江是个天堑，难以逾越。长期以来，黄浦江挡住了上海向东发展的道路，交通只能靠轮渡，建隧道和大桥，资金、技术无法支撑。直到1970年上海造了第一条越江隧道（打浦路隧道[①]），也不在浦东的中心位置，而是在它南边。而且当时浦东的中心城区面积就60多平方公里，这些都阻碍了浦东的开发。

中华人民共和国成立后，浦东为上海解决了居民的动迁、工人的新村建设，以及一些造船业、造纸业、钢铁工业和码头建设等问题，并始终随着上海一起成长发展，但还没形成浦东和浦西并驾齐驱、共同发展的局面。当时针对总体布局问题的争论很激烈，"北上、南下、西移、东进"究竟做何选择？讨论了很长时间，非常可贵的是，当时有一批学者和老百姓坚持认为应该跨过黄浦江到浦东发展，最后我们吸收了这个意见，这个过程是很不容易的。

1987年6月，上海市政府专门下文成立了上海市浦东开发研究咨询小组，由上海市老市长汪道涵担任总顾问，倪天增副市长为组长，规划局局长张绍樑为副组长，组员有市委研究室的余健、市政府发展研究中心的于品浩、金融研究所所长陈泽浩、土地局的俞汉卿，来自规划部门的我和外贸学院的周汉民，一共6人，因此也被称为"六人小组"。1987年7月1日小组正式成立。在国务院批准的总体规划里，有一句话对我们很有启发，叫"有计划有步骤地开发建设浦东地区"，这就给我们发展浦东、开放浦东、改革浦东提供了重要的国家策略依据。

1987年，研究小组的主要任务就是研究浦东究竟要成为一个怎样性质的上海的新区。党的十一届三中全会决定实行改革开放以后，建立了深圳等4个经济特区，

[①] 打浦路隧道是一条越江隧道，位于上海市区西南角，以货运为主。它是国内第一条水底公路隧道，也是第一条采用盾构法施工的隧道。隧道位于区境西南打浦路处，为上海市第一条穿越黄浦江水底的公路隧道。隧道由浦西引导段、江中段及浦东引导段三部分构成，全长2761米，其中隧道主体长1332米，江中段江底直线长600余米。浦西引导段进出口在中山南一路打浦路口；浦东引导段进出口在耀华路。

设立了14个沿海开放城市,1987年还提出了要在海南办经济特区。那么作为上海这样一个特大城市来讲,在老城区旁边发展一个新的城区,究竟应该给它一个怎样的定位?这是我们研究的主要方向。浦东究竟是以经济为支柱、以居住为支柱,还是以生态为支柱?当时有很多方案。浦东整个面积比较大,划分为三部分:金汇港①以东的1000多平方公里,叫大浦东;中浦东以当时的川沙县为主,将近500平方公里;小浦东是沿江部分,也就是100平方公里左右。

图5-5 建设中的浦东

研究小组有了主攻方向以后,仅靠我们6个人是不行的,我们当时有300多个专家支持,有国外的,有国内的,例如上海的、北京的、江苏的、深圳的等。特别是海外的,当时很著名的美籍华人桥梁专家林同炎,他非常支持浦东的开发,而且支持我们到美国考察。我们1988年、1989年到美国、日本、泰国、加拿大宣传浦东,休斯敦大学、达拉斯大学、泰国正大集团董事长谢国民等都很支持我们。

而在国内,有4个经济特区做我们的榜样,特别是深圳。1987年我们去看了新中国第一块土地拍卖,给了我们很大启发。我们感觉到土地可以做文章,土地是我们极大的财富,浦东有丰富的土地资源,应该好好利用开发。

---

① 金汇港是条人工河,位于上海市奉贤区,北接黄浦江,从黄浦江的拐弯处闸港口地区和东西向的大治河成直角状,笔直南下直通杭州湾。

因此，1988年5月2日，上海召开了浦东新区开发国际研讨会，当时江泽民同志是上海市委书记，朱镕基同志刚当选上海市市长。来自海内外的100多位专家聚到一起研究浦东究竟怎么发展，是个怎样的形态、经济规模，应从何处利用资金。研究小组当时列了15个题目，很重要的一个题目就是金融。因为上海历史上就是金融中心，就在黄浦江西岸外滩，但当时外滩的基础设施、容量、硬件、软件都不够，应该在哪发展呢？显然应该在黄浦江东岸的陆家嘴。

第二个课题，浦东以什么动力来推进浦东开发？我们研究了国际博览会。这个议题是受到了日本经济学家小林实的启发。当时除了研究小组以外，中日上海研究会有两个会长，一个是日方的小林实，一个是上海方汪道涵同志。我当时作为秘书之一也参与了研究会的工作。他们说日本要开发一个新区，往往是搞一个国际博览会，而知名度提高了、基础设施改进了，才能够走向远处，包括日本的筑波都是这样的情况。对浦东，小林实提议是不是也搞个博览会。后来我们第一次举办博览会的地址就选择在现在浦东政府的范围内。

第三个课题，就是研究浦东究竟是搞工业还是搞有特色的功能。我们研究下来，工业当然需要搞，但是不能搞有污染的，应该是科技型的。至于其他特殊功能，台湾有个加工出口，深圳罗湖地区有一个办公中心，还有蛇口的出口加工区等。我们受到启发，当时研究浦东还有4个功能比较合适：第一个功能是外高桥自由贸易区功能，可以说在20世纪80年代后期就已经提出了自由贸易区的概念。第二个功能是出口加工。出口加工和当年的经济特区的"三来一补"不一样，它是有一定技术含量的工业加工，出口服务选择了金桥。第三个功能是黄浦江畔的陆家嘴金融贸易区，正好弥补了上海多年来在服务贸易、金融等方面的不足，把金融和贸易联合起来，把办公集中起来。第四个功能就是高科技，有张江的高科金融区。浦东原来有四大传统工业：石油、造船、纺织和炼钢。现在要进入新时代，要搞高科技产业。这4个功能奠定了浦东开发后25年发展的基本格局。我认为，这4根柱子支撑了浦东新区的经济腾飞。

记得当年浦东刚开始开发的时候，有马来西亚的纸浆厂想来，有纺织印染厂要来，我们一概没兴趣。新加坡要来搞一个工业园区，当时要5平方公里，我们不同意，坚持按项目给土地。浦东是在大城市上海附近，一定要珍惜土地，提高产能功能。

我们还研究浦东当时的社会形态、体制形态。我们设想，浦东的社会形态应该是五湖四海，不仅仅是浦东，也不仅仅是上海，人员应该来自五湖四海，还要有外国人，要恢复外国人在上海谋发展的局面。

另外我们还研究农业，怎么加速城乡一体建设，不能仅仅是城市发展了，农村不发展。所以我们和川沙县共同研究，依托同济大学搞了一个浦东发展形态研究，确定浦东为"一个中心、四个片"。后来浦东慢慢形成了5个功能区，加上农村地区就是6个功能区了，整个浦东的体制、形态就和老城区不一样了。

当时也研究了开发浦东的政府机构，是建立一个臃肿的政府呢，还是一个精简的指挥机构？江泽民同志在讨论浦东的时候讲过，浦东应该是非常精干的指挥机构。所以刚开始，我们成立了市政府浦东开发办公室，代表上海市政府来组织指挥协调浦东开发促进的工作，各个区及相关部门都相应地成立了浦东开发办公区。

然后我们还研究了浦东和长三角及其他经济开发区的关系。上海已经有3个经济开发区了，不能声东击西。对浦东开发来讲，怎么与上海的经济中心城市发展结合起来是个需要考虑的问题。所以我们研究提出"开发浦东、振兴上海、服务全国、面向世界"的口号，做好这个大文章。浦东不仅仅是浦东的浦东，也不仅仅是上海的浦东，而是中国的浦东、世界的浦东。当时浦东开始开发的时候，打了一个中华牌、国际牌。

规划先行是浦东开发的经验之一。除了规划先行以外，还有基础先行、金融先行、科技先行。为什么规划先行呢？因为我们对一个地区的发展规划、一个城市的扩张规划、一个地区的经济提升规划，如果没有变成政府的意志、人民的想法、共同的意愿的话，确实是很难实施的。大家关注陆家嘴，是因为它太靠近老区了，而且是一江之隔，陆家嘴从历史上来讲确实很不简单，它很像美国的曼哈顿、中国香港的九龙半岛，有河汊交叉的特点。上海有很多地名叫"嘴"，"嘴"就是转弯的地方。早期的城市规划专家和高等院校的一些教授们认为，陆家嘴可以作为上海经济金融发展的一个重要基地。

前面有提到,制定总体规划时有过波折,其中一个就是交通问题。我记得当年为了地铁2号线的走向选择,我们跟德国专家有过争论。当时2号线最早的规划是不走浦东的,它是过苏州河,然后就到杨浦区了。当时我们感觉到浦东开发一定要有个大容量的交通,因此据理力争,当时2号线快动工了,我们硬是改

图5-6 1990年7月,浦东开发办领导在商讨浦东开发规划(左起:李佳能、沙麟、杨昌基、黄奇帆)

了原定路线,把2号线东移,穿过黄浦江,再进入浦东。另外还有世纪大道,当时是没有世纪大道的。浦东当时的路都是平行黄浦江的,黄浦江是东北—西南方向走的,纵深发展缺少道路。我们下了很大决心,配合地铁2号线,开辟了100米宽的世纪大道,花了10亿元。有了这个条件,就有了陆家嘴发展的可能性了。于是,我们提议应该学习国外的做法,向国际征询金融贸易区的方案。

1991年,朱镕基同志带队到法国访问,决定和法国的住房交通部共同协商,共同负责策划陆家嘴金融贸易区。当时搞了5个方案,有法国的方案、英国的方案、日本的方案、意大利的方案,还有中国自己的方案,各个方案都不一样。英国的方案是把陆家嘴金融区建成个城堡,或者说像个斗牛场一样,一圈一圈,是圆的;法国的方案侧重于沿江;日本的方案是直角形的;意大利的方案是椭圆形的;我们中国的方案,因为本土化,所以比较切合实际,利用了地铁2号线、世纪大道开发。5个方案谁都不能说是当时最先进的,后来还是综合5个方案的优点形成了一个方案,形成现在这样一个格局。因为土地珍贵,我们留了一个陆家嘴的中央绿地,面积10公顷,创造了一个非常好的环境,把地铁融进去,把滨江大道留出来,还引入了顶级的金融机构。

当时央行想在上海建上海总部。我们说服他到陆家嘴。央行的同志有些顾虑,说:"你们那条件还很差,别的银行还没有,我们的领导机构过来行吗?"当时赵

启正同志跟央行谈过几次，从宏观的角度、从浦东发展的前景、从上海金融发展的前途告诉他们，跨过黄浦江应该是最好的。当然我们在地价上也给了优惠，在建筑形体上也考虑周到，专家们选择了太师椅式的建筑方案，选了个很好的位置，背面是招商银行，旁边是建设银行、农业银行等，体现央行坐得稳、站得住的领导中心位置。因为央行是银行业的"带头羊"，在他开业时，我们还送了一头羊以表祝贺。此后，这一片形成了由一个中国金融机构的带头，然后才会有国外的银行进来的局面，这是很不容易的。

1987—1989年，我们研究小组在汪道涵同志的领导下，连续3年为上海市政府向中央申请开发浦东撰写申请报告。写申请报告不是件容易的事，不同于一般性的文章。我们在衡山宾馆14楼反复研究讨论，要从政治高度、经济高度、城市发展的高度和人民的需求出发撰写报告。这时的上海，确实到了要发展的地步了。

1990年2月13日，邓小平同志乘专列离开上海返回北京，在前往火车站的途中同朱镕基同志谈话。他在谈到建议开发浦东时说："你们搞晚了。但现在搞也快，上海条件比广东好，你们的起点可以高一点。从80年代到90年代，我就在鼓动改革开放这件事。胆子要大一点，怕什么。"① 我们那时刚从美国考察回来，就听说了姚依林副总理要到上海调研②，可把我们忙坏了。那时候哪有计算机画图、撰写啊，我们纯靠手工，没日没夜地准备汇报材料。没想到4月份，李鹏同志到上海视察时宣布要开发开放浦东了！大家都非常高兴。

这事是我们所有研究浦东的人员将近10年梦寐以求的，终于，浦东开发提上了议事日程，大家非常高兴。当初的6人小组，有3位已经离开我们了，剩下的3人里有一位年事较高，因此最后是我和周汉民同志到浦东来筹划浦东开发办公室。我们从上海市规划研究院带了20个人过来，又从各个委办局抽了些人，就组成了浦东开发办公室。

---

① 《邓小平年谱：1975-1997》，中央文献出版社，2004。
② 1990年3月28日至4月7日，姚依林受江泽民、李鹏的委托，带领国务院有关部门的负责人在上海对开发开放浦东问题进行专题研究。4月18日，李鹏在上海视察时正式宣布中共中央、国务院同意上海开发开放浦东，在浦东实行经济技术开发区和某些经济特区的政策。6月2日，中共中央、国务院批复同意中共上海市委、上海市政府《关于开发和开放浦东问题的请示》，指出：开发和开放浦东是深化改革、进一步实行对外开放的重大部署，必将对上海和全国的政治稳定与经济发展产生极其重要的影响。

1990年5月初，浦东开发办公室就要挂牌，时间非常紧迫，但办公场所都还没确定。当时副市长夏克强同志带队到了3个地方（南边、东边和陆家嘴附近）去选房，最后选在了陆家嘴附近，位于黄浦区的141号的浦东文化馆。这个"141"寓意很好，一是一嘛，就是我们浦东开发叫一就是一，做事叫一就是一，有这样坚韧不拔的精神。

黄浦区政府很支持，他说，我们别的没有，文化馆的两层楼房子可以拿出来用。5月1日，我们进去一看，里面有仓库、厕所和浴室，杂乱无章。5月3日我们就要挂牌了，这可咋办啊？趁这两天好不容易把仓库的东西搬出来，洗澡间封起来，厕所还留着，就这么准备挂牌了。

图5-7 1989年5月3日，上海市人民政府浦东开发办公室和上海市浦东开发规划研究设计院正式成立

5月3日的挂牌仪式搞得不是很隆重，没有大张旗鼓、敲锣打鼓，也没组织百姓来做围观群众，就是很朴素地宣布浦东开发。夏克强同志主持，黄菊同志宣布，朱镕基同志讲话，浦东开发就这样朴素地启动了。我记得很清楚，现场有一个川沙县的农民很高兴，他说："我别的没有什么，我家里还有几亩地，还有房，我要贡献出来。"当然最后还是没有让他捐献出来，但这表明了老百姓的心声。

还有位同志是在闸北区经贸委工作的，他跑过来看我们开业挂牌。当场就提出要到浦东来，什么都不要。另外，还有一批共产党员捐了党费，川沙严桥乡高潮大队送来了家具,自来水公司无偿借水、电力公司借电、煤气公司借煤气给我们使用,上海市政府送了办公用品,都让我们很感动。

挂牌之后,朱镕基同志专门检查了办公房,当时条件有限,几个主任都挤在一间房里办公,在破旧的临时会议室里开会,他很感动。浦东开发办公室同时又挂了个牌,叫浦东开发规划研究设计院,这个是很有意义的,说明这不仅仅是一个政府的开发办公室,还要对浦东发展进行研究规划,特别是把研究放在前面。

从那以后,这里就来了很多外国人,为了给他们讲解,我们忙得应接不暇,我口腔都发炎了,从早晨上班到晚上下班,一直在讲话,没时间喝水。当时吃饭的地方都没有。当时最难的事情是什么呢?是外国人不相信我们会继续改革开放。浦东开发开放承担着向全世界说明,中国会坚定不移地继续改革开放的政治任务。我记得当时接待加拿大的建设部部长,他不相信,整个上午跟他谈得很吃力,最后我们讲:"虽然你看不到现在我们有多少队伍进去,有多少项目进来,但是,你想想看,我们的改革开放在中国大地上来讲是从无到有的,我们肯定要经历从无到有的过程。我们既然来浦东了,就不想回浦西了,肯定在这干了。"他听了我们诚恳的话,很受感动。

再说说邓小平同志视察的情况。当时我们接到市委的通知,说邓小平同志可能在春节期间要听一次浦东的汇报,我们真激动啊。但是也很紧张。为什么呢?因为浦东1990年4月刚宣布开发开放,1991年的春节邓小平同志就要看,给他看什么呢?怎么看呢?我们想到了两个方式:一个是把浦东的规划图放大后请小平同志看浦东的规划,当时放大图片可不像现在这么简单,我们找了黄浦区领导,他立马答应了,这才能让照相馆帮我们放大;一个是制作浦东发展的模型,是我们很多同志自己动手用塑料泡沫做的,将过去汇报时用的模型再修补。这样我们就既有图,又有模型了。

1991年2月18日,大年初四,天气很好。我们早早就进去旋转餐厅等候邓小平同志的到来。他和杨尚昆同志从最顶上的一个楼梯下来。小平同志身体很好,很客气地让我们一起坐下,当时的情景是坐在圆桌上唠家常,他在唠家常当中听汇报,听朱镕基同志做主要汇报。他很想到浦东看看。我们告诉他,浦东现在只有一座南浦大桥，建设才刚刚开始，等下次来的时候再看就有很多东西可看了。

在那天汇报当中，我们感到他对中国改革开放格局有深深的思考。他一开口就说："浦东开发晚了，我有责任，如果早一点就好了。"他从浦东开发所处的位置和中国改革开放的格局讲了一下。他说深圳对的是香港，珠海对的是澳门，厦门对的是台湾，汕头对的是东南亚，海南是全方位的宝岛。而浦东对的是利用上海这个基地发展长江三角洲和长江流域。

他希望我们胆子再大一点，步子再快一点。他论述了当时上海有利的条件就是金融，一定要抓金融。因为历史上上海的发展就是靠金融，现在浦东开发还是要抓金融。当时我脑子就在想，幸亏留下了陆家嘴金融贸易区这样一个宝地作为上海金融、中国金融发展的重要阵地和基础。另外他还讲了怎么和其他开发区进行平衡协调，说我们要抓紧不动摇一直到建成。这是我亲耳聆听的，感觉到浦东开发离不开邓小平同志多次的倡导，所以浦东的发展要感恩、感谢小平同志。

所以，回看激荡潮涌的浦东开发，确实是中央的伟大决策，体现了中国人的一种志气、一种精神。我始终感觉开发浦东是振兴上海，服务全国，面向世界。浦东是我们国家和世界对接的窗口。按照邓小平同志讲的，抓紧浦东开发不动摇，直到建成。我相信浦东未来一定会更好。

6. 博鳌亚洲论坛成立

2001年2月26~27日，博鳌亚洲论坛成立大会在中国海南博鳌举行。大会宣布博鳌亚洲论坛正式成立，通过了《博鳌亚洲论坛宣言》《博鳌亚洲论坛章程指导原则》等纲领性文件，受到了国际社会的广泛关注。作为一个非官方、非营利性、定期、定址的国际组织，博鳌亚洲论坛是第一个把总部设在中国的国际会议组织。从1998年提出亚洲论坛设想，到2001年正式举办成立大会，中国政府及海南省仅用3年时间便为亚洲及世界提供了一个共同协商亚洲地区经济发展、促进本地区经济合作的高层次对话平台。

口述者：陈锦华（时任全国政协副主席、博鳌亚洲论坛成立大会主席、中方首席代表）

迟福林［中国（海南）改革发展研究院院长］

陈锦华

我跟博鳌亚洲论坛的缘起主要有这么几个故事。

1997年，蒋晓松找到我，说他们想在海南搞一个亚洲论坛，希望我能参与一下。我与他不熟，但与他的父母在上海就认识。这是我第一次接触这事，但当时没有任何思想准备，我就对他说，这事不是我能做主和决定的，要中央来定才行。如果中央决定我来负责办论坛，我当然可以承担起来。这是蒋晓松第一次找我，也是第一次跟我提出要办论坛，但由于我对他的提议没有任何了解，也不好表态，就这样过去了。

第二次接触筹办论坛这事,是在两年后了。1999年10月,当时日本前首相细川护熙答应参与筹办这个论坛,但后来退出了。蒋晓松后来又拉上了菲律宾前总统拉莫斯和澳大利亚前总理霍克到海南,推动他们两人出面搞论坛,当时还叫亚洲论坛,不叫博鳌论坛。拉莫斯和霍克都赞成办这么一个论坛,而且海南省也有意愿承办,于是他们商量好到北京要见中国政府领导人。

后来海南省的同志向我讲述了会见情况。当时接见他们的是胡锦涛同志,因为拉莫斯和霍克都是政府前首脑,胡锦涛同志就表态说中国政府支持筹办亚洲论坛,并且讲中国的外交政策支持区域间合作,有这样的一个论坛来推动区域合作也符合中国外交方向。

当时拉莫斯和霍克说:"既然中国政府支持这个事,就请你们派一名副总理一级的干部参加。"胡锦涛回应说:"既然论坛是亚洲层面的,中国政府需要征求亚洲各国的意见。"后来外交部向亚洲26个国家征求意见,很快得到反馈均表示赞成。于是中央就定了要一个副总理级别的干部来参与论坛的筹备。当时有三位人选,我是其中之一。

2001年1月,我到三亚参加人民日报社主办的一个会议。当时时任海南省省长汪啸风在海口邀请我去博鳌看一看。我想他邀请我也不好拒绝,就去看看,但我没想到当时他们已经在打我的主意了。

从三亚回海口的路上,我在博鳌住了一晚。没想到当天晚上外交部、海南省和博鳌论坛筹备单位就开了个汇报会,还让候任的论坛秘书长马来西亚人辛格一起参加。我是"丈二和尚摸不着头脑",心里想:我刚到这只是来看看,怎么就跟我汇报上了?

汇报会后又塞给我一大摞材料,说让我看看材料。一晚上我没休息就把所有材料看了,才发现原来这是为博鳌亚洲论坛正式成立准备的一套文件!我心里想:难怪又搞汇报会,又让辛格给我介绍哪里值得看,他们究竟"葫芦里卖什么药"啊?

所以第二天早上我叫来了海南省计划厅厅长刘琦、我的秘书陈建安、外交部亚洲司司长傅莹、海南省外办主任陈辞。我说:"昨天晚上你们又搞汇报会,又让我看材料,你们究竟是什么意思啊?我也搞不清你们的意图。我看你们要筹备这论坛，需要中方有一个代表参加。你们是让我作为中方代表参加论坛呢？还是论坛上有什么事需要我来负责办？"我跟他们说："我要弄清楚我究竟扮演什么角色啊，你们回去请示，然后给我答复，不然我心里没数啊。"他们几个人都说回去请示一下，结果后来石沉大海，没有下文了。

转眼到了2001年2月，春节前我看到了一份海南省向国务院就成立博鳌亚洲论坛的请示报告，上面写着建议中方负责人是陈锦华。这份报告中央领导都批示了，圈了一圈把文件给我了。我心里想：你们都弄好了也没征求我的意见。我就是这样子被他们一步一步牵着鼻子走进来的。

图6-1　2001年2月26~27日，博鳌亚洲论坛成立大会在海南省琼海市博鳌水城举行。这是在主会场外，与会的20多个国家的国旗迎风飘扬

春节前我才看请示文件，春节后筹办的事就定下来了。大概过了个把月，博鳌亚洲论坛的成立大会就在海南召开了。说实话，文件我看到了，但究竟怎么办论坛，我心里没数，也没人跟我说。当时的外交部副部长王毅跟我说："明天成立大会，今天中国代表团要先开一个成立会，今后中方参加论坛的首席代表就是你。"

我是成立大会头一天赶到的。到的当天晚上，通知我说江泽民同志要找我谈话。我原来以为成立大会头一天开会江泽民同志要找我谈话，他是不是要面授机宜啊？结果没有，一个字都没讲。所以后来外交部政策规划司采访我，我说："说真的,我在博鳌亚洲论坛扮演的角色、承担的任务、要做的事情,完全凭我对中国外交政策的理解,对外活动的这个宗旨的理解,中间没有任何人向我作出任何指示。"这就是我与博鳌亚洲论坛的缘分了。

接下来讲讲博鳌亚洲论坛发展过程中碰到的几个难处理的事情。

第一件事情是第一年的年会会务接待工作。2002年4月,博鳌亚洲论坛首届年会举行。在年会召开前,我正在广东开会,准备会后即去博鳌。我在主席台上和广东省委书记李长春坐在一起。电话不断从海南打来,催我马上去博鳌,说有急事等我去决定。李长春问我是什么急事,我笑说是海南发来的"十二道金牌"。由此可以想象第一届年会召开前的手忙脚乱的状况。由于到会的人员数量大大超过预期,当时的接待能力不足1000人,邀请到会的则有1800~2000人,加上工作人员共计3000多人,硬件设施根本不能满足需要,加上会务组织工作混乱,引起了到会人员的不满,其中以香港代表反应最为强烈,对会务接待工作提了不少意见。①

会议主题、主旨演讲,特别是朱镕基总理的演讲,以及各个专题报告、发言都很好,得到会内会外的广泛称赞,认为有针对性,有较高的水平。朱镕基总理曾为接待工作的安排不当向与会人员表示歉意,并说明年的会议一定会比今年好。②因为超过了接待能力,本来答应大家住五星级酒店,现在住三星,三星不行住一星。秘书处当时对接待能力考虑不足,大家反映非常不好。后来怎么办?就是赶紧把东屿岛建起来,那时候东屿岛没有酒店,没有会场,要抓紧把接待这事搞上去。

第二件事情,是第二次年会前要修改论坛章程的事。第二次年会前,论坛秘书长张祥把年会的章程做了修改,并发到会员单位征求意见,会员单位普遍表示认可。拉莫斯和霍克两人也认可修改后的章程。张祥就把修改后的章程准备提交为正式成立大会的文件,也按照议程发给代表。但没想到第二天要开会了,拉莫斯和霍克在会前不同意这个章程了,说要修改,还要用一个月时间来修改再提交给会员大会讨论。

我就去找拉莫斯谈。我说:"关于章程事先都征求过你们的意见了,大家都

---

① 《国事续述》,中国人民大学出版社,2012,第299页。
② 《国事续述》,中国人民大学出版社,2012,第299页。

同意了,所以才准备提交这个会员大会讨论通过。你现在要另外成立一个委员会来修改章程,章程修改不完,成立大会就不能开,就不能选举产生理事会。但这个日程我们已经发给全体到会成员和媒体了,而且今天下午我们总理就要会见理事会的成员,你们现在打乱了计划让我怎么办?现在突然不能开会员大会,不能产生理事会,让媒体传出去算怎么回事啊。"我跟拉莫斯强调:"论坛章程的修改是你论坛内部的事,我们不管,但是我作为东道主,这个会一定要按时开,不然我们没有办法交代。"之后拉莫斯就说:"按照你的意思办。"我说:"那好,请你负责给霍克先生讲,我们得按时开成立大会,按时选理事。"

第三件事情就是博鳌亚洲论坛的硬件大家感觉要赶紧搞上去。前三次论坛我们就在帐篷里开会,但第四次开会不能还在那里开了。所以要抓紧东屿岛的开发。

东屿岛原来是个荒岛,有几十户人家,起初是原来的渔民,后来有的搬了,还有几户没有搬。当时为开发东屿岛专门搞了个委员会研究规划,研究规划完了以后关键是要赶紧启动。当时海南省委书记杜青林参加规划会,我跟他讲,当务之急必须把规划定下来。规划不定下来,开发商不能进来,政府又没有钱搞这些东西,硬件建设都停在那里。我说:"杜书记请你过问一下这个事情,让啸风赶紧把这个事情定下来。"会后,就定下来东屿岛要滚动开发。

到了2004年,胡锦涛同志参加了当年的博鳌亚洲论坛,会议中他找我和龙永图谈话。胡锦涛很关心博鳌亚洲论坛,他问我,博鳌亚洲论坛还有什么事情需要他出面做工作。我说:"没有什么事情麻烦您了,您这么重视本身就是很好的事。"

见面后我跟龙永图说:"我是不是不要管这件事了(博鳌亚洲论坛)?"他说:"我看你管得挺好的,你管下去算了。"我说:"我主要是年纪大了,特别是我耳朵不好,这种场合耳朵不好会耽误事。要是耳朵好,我肯定不是偷懒的人。"龙永图问我:"那谁来搞这个事情比较好?"我说:"当年不是说过要派一个副总理级别的干部吗?博鳌亚洲论坛主要是经济社会活动,国务院退下来管经济的副总理是曾培炎。"于是龙永图就回北京拜会了曾培炎,向他转达我的意见,请他来主持博鳌论坛的工作。后来曾培炎到我家里来,我们两个商量怎么交接这个事情。

这就是博鳌亚洲论坛成立过程中我亲历的几件事情。到了博鳌亚洲论坛10周年的时候胡锦涛同志当着大家面讲:"博鳌亚洲论坛成立10年,锦华同志你管了8年,功不可没。"我说:"主要靠大家、靠中央领导,我只是对筹办博鳌亚洲论坛尽心尽力,尽量不误事。"

中改院主动承担首届年会主题议题的设计

迟福林

博鳌亚洲论坛永久会址位于海南琼海的一个滨海小镇。自博鳌亚洲论坛诞生以来,由最初的亚洲成员国参加,到吸引欧美等多国政、商、学界人士参与,这一多边外交平台已经成为世界关注中国的窗口,成为亚洲乃至世界合作发展的重要舞台。回想在博鳌亚洲论坛草创初期,我与我所在的中国(海南)改革发展研究院(以下简称中改院)为此付出了巨大的努力。

每年的博鳌亚洲论坛年会的主题议题,无疑是年会的"灵魂"。与会嘉宾围绕主题议题,各抒己见,共促发展与合作。2001年2月,博鳌亚洲论坛正式成立,并决定首届年会在2002年4月举行。但到了2001年9月,由于论坛尚未建立起自己的研究机构,首届年会学术筹备工作仍未启动。所以时任全国政协副主席、论坛中方首席代表、中改院董事局主席陈锦华同志交办中改院以承担为论坛提供智力支持的相关重任。

2001年9月14日,锦华主席专门召开会议,正式交办中改院承担为论坛提供智力支持的任务。第二天,我从北京赶回后立即组织召开会议,组成论坛年会主题议题准备小组。随后的4天时间里,我们组织了5次内部讨论会,通宵达旦地讨论、修改、再讨论、再修改,提出了第一个主题议题和背景报告题目的征求意见稿,当时主题方案就准备了3个。

到了9月20日,在北京领受任务还不到一个星期,博鳌亚洲论坛秘书处原秘书长辛格率团访问中改院,经过友好商谈,论坛秘书处以备忘录形式,正式委托中

图6-2 2001年2月27日,首个永久定址中国的国际会议组织——博鳌亚洲论坛成立大会在海南举行。图为中国国家主席江泽民、尼泊尔国王比兰德拉(前左)和马来西亚总理马哈蒂尔(前右)等在大会主席台上

改院为亚洲论坛的智力支持机构,具体承担4项工作:一是根据双方会谈,细化主题,修改和补充议题;二是撰写论坛年会背景报告;三是推荐年会各个讨论单元演讲和主持的专家人选;四是组织一次论坛主题议题中外专家讨论会。

当天下午,院里就抽调一批研究骨干,组成工作小组,开始日夜兼程的讨论。我们用了3天时间,形成了用于征求各方意见的"首届年会主题议题建议稿""首届年会背景研究报告提纲"和"首届论坛年会中外嘉宾邀请名单建议稿"。

第二天,也就是9月21日,我们还派人赴厦门大学,就"内部讨论提出的主题议题征求意见稿"征求厦门大学南洋研究院的专家以及正在厦大参加"东南亚论坛"的中外专家的建议。还有一组人立刻赴京,拜访咨询国务院发展研究中心、北京大学、清华大学、社科院、国际问题研究所、亚洲研究所等机构的全国知名亚洲专家,整理提出了主题议题设计和相关背景报告的讨论稿。

9月29日,锦华主席亲自主持中改院亚洲问题专家委员会成立大会。中改院亚洲问题专家委员会由国内以及亚行的知名亚洲问题专家组成。会议讨论了2002年年会主题议题及相关背景报告题目的建议,审议了中改院博鳌亚洲论坛主题议题准备工作小组提交的《博鳌亚洲论坛2002年年会主题议题讨论稿》和《博鳌亚洲论坛

2002年年会背景报告题目建议》，一致同意向博鳌亚洲论坛秘书处提出由中改院专家作出的这份建议。

国庆节期间，中改院根据亚洲问题专家委员会的讨论意见，整理起草了"论坛2002年年会主题议题建议及说明""论坛2002年年会组织方案建议"和"建议邀请出席论坛2002年年会的部分专家名单"。在节日期间，中改院亚洲问题专家委员分工完成了3份相关背景报告。

首届年会主题议题诞生的背景

为什么首届博鳌亚洲论坛要设置"新世纪、新挑战、新亚洲——亚洲经济合作与发展"这个主题和讨论那些议题呢？这主要是从当时国际，尤其是亚洲经济和国内的大背景考虑的。博鳌亚洲论坛的基本目标是从亚洲的角度，通过分析亚洲经济社会发展面临的、亚洲各国共同关注的重大问题，通过探讨促进亚洲区域合作的途径和方式解决这些问题，从而促进亚洲经济的增长、繁荣和稳定。尽管亚洲各国存在着许多可望通过区域合作解决的发展问题，但不能期望一次会议解决所有问题，也不能每年都讨论相同的问题。所以，一年一度的博鳌亚洲论坛年会主题议题的设计，应该以推动亚洲经济区域化进程为根本目标，以促进亚洲区域经济合作为基本内容，重点考虑亚洲当前面临的经济形势、亚洲经济发展与合作面临的最紧迫问题和世界上其他地区的经济走势对亚洲经济的影响，寻求解决这些问题的切实可行的亚洲区域合作机制。只有这样，主题议题才能真正做到以结果为导向，一年一度的论坛才能深入，才能产生促进亚洲区域经济合作的共同纲领。

在当时看来，亚洲经济受到三个重大国际事件的影响：一是恐怖主义袭击美国的"9·11"事件，二是世界经济增速放缓，三是1998年的金融危机。

在这样的大背景下，采取哪些促进亚洲区域合作的措施，才能抵御这3个重大事件对亚洲经济的消极影响？采取哪些区域合作的措施，才能在全球化浪潮的冲击下，抓住全球化带来的机遇，消除全球化的消极影响？我们考虑这些应该是2002年博鳌亚洲论坛主题议题设计的重点之一。

另一方面，金融危机后亚洲经济遭受了巨大损失，到论坛举办之初还没有完全复苏。学术界认为，亚洲金融危机的根源是资本市场的开放失控，特别是短期资本市场的开放。另外一个看法是亚洲的经济结构不合理。所以，许多亚洲国家争先恐后地调整产业结构，发展电子信息等高科技产业。中国台湾、马来西亚、新加坡都生产出口到美国的电子信息产品。它们现在的电子信息产业都随着美国经济的衰退而出现滑坡。全球经济的波动给亚洲带来的损失和冲击，究竟向亚洲提出了哪些问题，迫切需要讨论。亚洲国家都把目标市场定位在美国和欧洲，并没有产生好的经济结构。亚洲国家大部分很落后，但内需都是有潜力的。亚洲国家之间应该有很大的互补性。

所以，我们考虑，亚洲经济复苏应该成为2002年论坛的重点议题。讨论这个议题必须从亚洲区内经济结构入手，从区内经济合作上找出路。讨论亚洲经济复苏的重点是亚洲区内经济结构优化、亚洲区内经济互补、扩大亚洲区内内需、开发亚洲区内市场和资源潜力、调整亚洲国家经济发展战略等问题。

另外，当时中国加入了WTO，这也是亚洲各国最关心的问题之一。所以，我们建议在中国加入WTO方面设计一个讨论专题，重点讨论中国入世和经济持续高速增长给其他亚洲国家带来的发展机遇及其为亚洲经济所做的贡献，亚洲其他国家的企业怎样抓住中国加入WTO给亚洲经济复苏带来的机遇等。

博鳌亚洲论坛的特色在于它的非政府性质，设计论坛议题不应仅从政府的角度观察亚洲经济发展和经济合作问题，而是应该设计出足够的企业界愿意参与讨论的议题，这样对企业才有吸引力，这样的非政府论坛才有生命力。所以，贸易投资便利化的制度性安排、企业在贸易投资自由化中的地位和作用、中国加入WTO与亚洲其他国家企业的发展机遇，能源、电信、民航等亚洲经济合作的重点领域都应列入相应的讨论专题。此外我们还认为，要开门办论坛，吸引亚洲国家参与，论坛主题议题设计应该而且必须充分考虑其他亚洲国家的意见。

为首届年会筹备建言

主题议题设计有了初步思路后，随后的工作就得到了较大的推进。10月8日，中改院向秘书处正式提交上述4套文件的电子版。10月13日，中改院向秘书处提交了上述4套文件的中英文书面文本。10月30日当天,陈锦华同志还召开中方协调会,决定由中改院根据秘书处的委托,承办11月15日的主题议题亚洲专家讨论会。

到了11月15日,在中改院由高尚全同志主持召开了亚洲专家讨论会,13个国家和地区的专家和官员出席。会议围绕中改院提交的4份建议,进行了充分的讨论。当时中外专家认为,我们提交的文件基本反映了亚洲国家共同关注的经济社会发展问题,也对会议组织程序给予肯定,即邀请函附有提交讨论的所有文件,体现了论坛年会主题议题形成的透明度和公开性。会议提出了一些有价值的修改意见,会议结束时通过了专家讨论会报告。

图6-3 2001年11月15日,高尚全主持"博鳌亚洲论坛专家学者讨论会"

根据中外专家的意见和当年APEC上海会议成果,以及陈锦华同志11月24日的批示精神,中改院在专家讨论会以后开展了几项工作,包括会后立即根据专家意见修改了4个文件,向50多位亚洲专家发出了根据亚洲专家会议意见修改的4个文件,继续征求意见,收到17名亚洲专家对会后修改稿反馈的意见后,对所有文件再次进行了修改,包括增加了"10+1""10+3""三国四方""中国自由贸易区"等区域自由贸易构想,"亚洲区内经济合作与区内最不发达国家""亚洲经济结构性改革与人力资源开发合作"等讨论内容;根据APEC上海会议精神和我国加入WTO出现的各种新观点,修改了背景报告;提出了可供秘书处根据年会实际需要邀请的127名中外专家名单;向秘书处提交了由10个文件组成的2002年年会筹备文件汇编。

最重要的是,提出了关于论坛年会后期筹备工作中的几个问题的建议,现在我仍记忆犹新,当时我们的建议上是这么说的。

现在离年会仅有100天时间,非常紧迫。为了保证完成作为智力支持机构的任务,我们就筹备工作的几个问题提出以下建议,供参考。

一是建议尽快确定应邀中外专家学者名单。我们向秘书处提交127名中外专家名单后,目前还尚未得到秘书处的明确意见。对此,中改院很着急,有的专家也在询问。建议尽快确定名单并发出邀请函,并尽快同确定的专家联系,以便明确每个专家的讲演单元、讲演题目和提交论文的最后期限。

二是11月15日中外专家讨论会通过的报告,明确由秘书处负责企业调查,把握亚洲各国企业家共同感兴趣的问题。目前,我们尚未接到秘书处关于中外企业对会议主题的反馈意见。建议秘书处尽快告知中改院亚洲各国企业界的意见,以便进一步修改完善年会讨论内容和会议组织方案。

三是建议尽快提出应邀出席年会的企业家名单。会议组织方案安排20名中外企业家主持或发表讲演。所以,最紧迫的是尽快确定发表讲演的企业家。建议秘书处尽快向拟邀发表讲演的中外企业家发出邀请函,函中明确讲演的单元、讲演的题目和提交论文的最后期限。

四是为了保证会议由企业家唱主角,建议尽快落实一些大的企业以及在亚洲投资的跨国公司代表参加会议,并请他们主持某些分会。尤其是在我国投资很大的公司,如摩托罗拉、爱立信、德国大众等。

五是建议根据年会主题,尽快确定应邀发表讲演的国内高层政府官员。根据我们的了解,企业界对我国入世以后的各种区域经济贸易合作构想,特别是中国自由贸易区构想、宏观经济政策、资本市场发展、金融安全、西部开发等问题都十分关注。考虑到高层政府官员的日程安排,应当抓紧确定名单并发出邀请函。也建议邀请部分东部沿海和西部省区的领导出席年会,发表演讲,与企业家交流。另外,除了政要外,其他国家的高级政府官员要安排多少人发表演讲,也需要尽快确定。

六是为了扩大论坛的国际影响,建议适当邀请几位获得诺贝尔奖和其他有国际影响的著名学者。请尽快确定是否邀请,邀请哪几位,由谁负责联系。

七是要尽快明确大会、各个分会以及各个单元的主持人和讲演人。这件事由谁负责,应当明确责任。

八是建议论坛年会大会、分会、讨论单元的主持、讲演安排,考虑几种不同会员的适当比例，以有利于会员的招募。

九是中外媒体会前的宣传和会议期间的报道对论坛的成功举办至关重要。建议制定详细的新闻计划，并落实责任者。新年前后应根据会议的主题进行宣传，以吸引更多的中外媒体关注此次会议。

我们当时提出，由于时间极其紧迫，需要做的工作还相当繁重，高效率的落实机制和协调机制是十分重要的，建议此次中方联席会议对此给予进一步的明确。同时，我们还再次明确表示，愿意并保证承担和落实中方联席小组，陈锦华同志交办的各项事宜，并在秘书处的统一协调下，尽可能高效率、高质量地完成此次年会智力支持的各项任务，决不误事。

因此，论坛议题公布后，立即得到了时任中国国务院总理朱镕基、日本首相小泉纯一郎及各国政要的呼应和首肯。

以上就是首届博鳌亚洲论坛议题设置的情况。在首届年会上，参会代表充分表达了加强亚洲区域经济合作的愿望和共识。有了第一次成功，第二次年会的议题设计又顺理成章地落到了中改院身上。

中改院为博鳌亚洲论坛提供智力支持

自2001年博鳌亚洲论坛创立起到2006年年会，中改院一直是其唯一智力支持机构，为年会提供主题、议题方案设计，并积极参与相关活动。在博鳌论坛的议题设计中，中改院的专家网络做了大量工作。作为博鳌亚洲论坛年会初创阶段的智力支持机构，我们建立了由480多名全球知名的亚洲问题专家数据库。每届年会结束的3个月之后，中改院都会启动下一届年会主题议题的策划，都会向这些专家发函咨询对下一届年会主题议题的建议。

2003年年会，议题在2002年的基础上，进一步围绕着"亚洲寻求共赢，合作促进发展"这一主题拟定了一系列会议议题。博鳌亚洲论坛秘书处推出了2003年年会主旨是"亚洲寻求共赢，合作促进发展"。大会设置了4个主议题、14个分议题。4个主议题分别是"亚洲经济发展前景""亚洲区域经济和贸易合作与展望""亚洲区内金融安全与金融合作"和"亚洲发展之路：经济发展和社会发展的平衡"。这

4个主议题体现了中改院的智慧成果。2003年2月25日时任国家主席江泽民会见亚洲论坛理事会成员时，对此也充分肯定。

图6-4　2003年2月19日，中国（海南）改革发展研究院根据博鳌亚洲论坛秘书处的委托在北京举行中改院亚洲专家委员会

到了2004年2月，博鳌亚洲论坛秘书处与中改院正式签署了"中改院作为博鳌亚洲论坛智力支持机构的协议"，明确了中改院参与制定年会议题、为年会提供工作人员、参与为博鳌亚洲论坛秘书处组织的其他会议的议题设计、协助博鳌亚洲论坛秘书处建立专家委员会、承担博鳌亚洲论坛秘书处委托的其他服务等多方面的智力支持内容，我们还同意承担博鳌亚洲论坛秘书处在海南的联络工作，为秘书处在海南的工作提供后勤保障。博鳌论坛秘书处则指定中改院为其智力支持机构，并在博鳌亚洲论坛年会及其他有中改院参与的会议及此类活动正式出版物和网站上展示中改院的标识。所以，在博鳌亚洲论坛初创阶段，中改院与博鳌亚洲论坛的接触非常亲密，在论坛初创的前5年，中改院一直是论坛的唯一智力支持机构，承担着研究提交《论坛年会主题议题建议性方案与说明》等工作。

也正是在博鳌亚洲论坛2004年年会上，我代表学术界向时任国家主席胡锦涛提问："您如何看待本地区大国在区域合作中的地位和作用？中国与这些国家在区域合作中是否存在竞争关系？"胡锦涛主席回答："亚太地区既有大国，也有许多中小国家。我们一向认为，无论是大国还是中小国家都是亚洲区域合作平等的参与者、支持者和受益者。大国对地区和平与发展负有更大责任，我们欢迎本地区大国在区域合作中发挥更为积极的建设性作用。中国有句名言，叫'合则两利'，我们希望本地区大国加强沟通和协调，通过区域合作，扩大共同利益的汇合点，共同促进亚洲的稳定和繁荣。"这次提问机会让我非常激动，我用了一个上午的时间来准备这个问题，作为博鳌亚洲论坛的智力支持机构之一，中改院一直积极参与，得到了各方面的广泛认同。

回想起17年前中改院受命参与首届年会议题设计，仍令我心潮澎湃。当时一个不起眼的博鳌镇，现在已成为亚洲乃至全球政界、商界、学界的一个大舞台。在这其中，中改院发挥了应有的作用，尽了应尽的职责，真正体现了中改院作为一家以建言中国改革为己任的智库的宗旨：立足海南、面向全国、走向世界。

7. 中国"复关"和加入世贸组织谈判回顾

2001年11月10日,在卡塔尔多哈举行的世界贸易组织(WTO)第四届部长级会议通过了中国加入世界贸易组织法律文件,标志着中国终于成为世界贸易组织新成员。2001年11月20日,世贸组织总干事迈克尔·穆尔致函世贸组织成员,宣布我国政府已于2001年11月11日接受《中国加入世贸组织议定书》,这个议定书将于12月11日生效,我国也将于同日正式成为世贸组织成员。2001年12月11日,我国正式加入世界贸易组织(WTO),成为其第143个成员。

口述者:石广生(时任对外贸易经济合作部部长、党组书记)
　　　　龙永图(时任对外贸易经济合作部副部长)
　　　　黄　海(时任国内贸易部政策法规司司长、国家经贸委贸易市场局局长)

石广生

2001年11月10日,在卡塔尔首都多哈举行的世界贸易组织第四届部长级会议,通过了《关于中国加入世界贸易组织的决定》。11日晚,我作为中国对外贸易经济合作部部长,代表我国政府签署了中国加入世界贸易组织议定书,随后,我向WTO总干事递交了江泽民主席签署的中国加入世贸组织批准书。12月11日,中国正式成为世贸组织成员。加入世贸组织,是中国对外开放和现代化建设进程中具有历史意义的重大事件。这一事件充分反映了中国政府进一步深化改革、扩大开放的坚定决心，也充分体现了中国对多边贸易体制的支持和主动参与经济全球化的积极姿态。从1986年正式递交"复关"申请算起，谈判经历了15年的漫长历程，其中值得回顾的事情很多，我简要谈谈。

图7-1 2001年11月11日，时任中国外经贸部部长的石广生在卡塔尔首都多哈举行的中国加入世界贸易组织签字仪式上签字

改革开放的历史必然

20世纪70年代末，随着我国对外贸易的发展和许多发展中国家参加关贸总协定，中国政府开始重新认识关贸总协定的性质。特别是1979年实行改革开放以后，随着我国对外经济贸易活动日益增多，外经贸工作在国民经济中的作用不断增强，迫切需要一个稳定的国际环境，中国政府开始重视关贸总协定的重要作用。同时，国内经济体制改革也不断向市场化发展，使我们初步具备了加入多边贸易体制的条件。1983年1月，国务院作出决定，申请恢复我国关贸总协定缔约国地位。经过一段时间的准备，我国于1986年7月10日正式提出"复关"申请。此后，中国开始了长达8年的复关谈判历程，由于少数国家的阻挠，中国复关未果。美国总统克林顿上台后，调整了美国在中国加入世贸组织问题上的立场，谈判进程有所加快。

1999年，党中央、国务院审时度势，作出了加快我国加入世贸组织谈判的战略决策。归根结底，这充分体现了我们党深化改革、扩大开放的坚定决心。1998年遇到全国洪水灾害、亚洲金融危机等重大不利事件，中国经济发展受到很大影响，当年GDP增长7.8%，出口增长仅0.5%。我作为外经贸部部长，寝食难安。在这种情况下，怎么来保民生、保可持续发展啊？加入世贸组织在当时也是一个重要突破口！当然，那时经济全球化进程大大加快，也是我们加速谈判的一个重要动因。

正式谈判的两个阶段

中国"复关"和加入世贸组织的谈判，可以划分为两个大的阶段。在此之前，我们还做了一段时间的准备工作。

第一阶段，从1987年10月22日关贸总协定中国工作组第1次会议在日内瓦举行，确定工作日程，到1992年10月。这个阶段主要是审查我国对外贸易制度，由缔约方判断我国的对外贸易制度是否符合关贸总协定的基本要求。

在当时的情况下，虽然我国经济体制改革始终是朝着市场化方向发展的，但直到1991年，市场经济的概念在国内还是一个禁区。对于中国的经济体制，我们说不清楚，别国也听不明白。直到1992年初小平同志提出，在社会主义制度下也可以搞市场经济，市场经济不等于资本主义；10月党的十四大通过了建立社会主义市场经济体制的决议。谈判第一阶段的核心问题才迎刃而解。1992年10月召开的关贸总协定中国工作组第11次会议，正式结束了对我国对外贸易制度长达6年的审议。

第二阶段，从1992年10月到2001年9月，是谈判实质阶段。具体谈判分为两部分，一部分是双边谈判，一部分是多边谈判，两者同时交叉进行。中国与世贸组织成员之间进行的市场准入谈判属于双边谈判，重点解决市场准入问题，涉及关税逐步降低、进口限制逐步取消、服务贸易逐步开放等内容。多边谈判，即中国议定书和工作组报告书的谈判和起草过程，重点解决遵守世贸组织规则，中国在世贸组织中的权利和义务问题。只有多边、双边谈判全部结束后，才能完成法律文件的起草工作。当时关贸总协定和世贸组织的成员一共是130多个，陆续提出来要和我们进行双边谈判的一共有37个，按照世贸组织的规定，必须和这37个成员都达成协议。37个成员的差别很大。谈判内容有的很简单，比如冰岛大使说，只要解决几种鱼的关税，就可以结束谈判。

在双边谈判中，墨西哥是最后一个同中国结束谈判的成员，时间是2001年9月。其实在此半年多以前，我们双方就已经达成了协议，只是没有公布，没有正式签字。这中间有一个比较曲折的过程。墨西哥商品和中国商品出口有冲突，因此它一度坚持永久对中国实行不合理的反倾销措施，在有关反倾销条款上提出特殊要求。我们当然不同意，双方僵住了。后来，墨西哥新总统上台，态度发生转变。他派贸易和工业部长到北京，秘密找我谈。这位部长提出，原则上同意中国的建议，但出于政治上考虑，中墨之间达成的协议暂时不能公开，也不签字，墨西哥必须成为最后一个同中国结束谈判的成员才行。我答应了。

起初的关贸总协定中国工作组共召开了19次会议，后来世贸组织中国工作组又召开了18次会议。每次会议期间进行的各种小型磋商不计其数。工作组会议即多边谈判也很辛苦，中国谈判代表团要来回穿梭北京和日内瓦。会上，中方要面对多方，同一内容，多家各有要求，充满讨价还价和基本利益的较量和斗争。关贸总协定的工作组一开始是审议中国的外贸制度，1992年10月审议结束后，开始谈判议定书和工作组报告书。这两份文件从无到有，最后形成正式的文件花费了近10年的时间，从十几页谈成上百页，不仅反映了谈判的过程，也反映了中国经济体制改革的过程。有些问题开始谈判时是重要问题，但随着中国改革开放的深化，迎刃而解了，比如汇率并轨问题等，这种情况很多。

到了2001年1月，美国政府换届之前召开了一次工作组会议，没有任何进展，卡在国内农业的支持问题上了。2001年6月，我们与美国就农业国内支持问题最终达成共识，多边谈判的最后障碍终于扫清，在2001年9月最后一次工作组会议上，通过了中国的议定书和工作组报告书，为中国加入世贸组织铺平了道路。

中美谈判和中欧谈判

在双边谈判中，美国、欧盟是最难缠的对手。美国是摆出一副代表世贸组织所有成员"领头羊"的姿态来谈判的，它要价最高，同它谈判最艰苦且充满了美国的政治干扰，具有戏剧性。事实上，它的领头羊地位是得到许多成员认可的。许多国家都在等待享受美国与中国的谈判成果。因为每个双边谈判成果都是适用世贸组织所有成员的,所以说,美国在和我们进行谈判的时候,从某种意义上讲,确实代表了世贸组织大多数成员在和我们谈判。欧盟要价基本上和美国一样,但它又提出坚决不和美国一样,谈判也很艰苦且颇有戏剧性。

在中美谈判中,美国贸易代表说,美国的经济结构和出口结构非常全面,对于中国进出口的6000多个税号的产品都有兴趣,所以"我们都必须一个一个税号谈"。这完全没有道理。就算美国经济实力再强,也不可能6000多种商品都是强项。比如说,难道冰岛产的鱼、厄瓜多尔的香蕉、马来西亚的棕榈油等,也是美国的强项吗?与美国实质性谈判的第一个阶段,就是打破它所谓"全面谈判"的要求。一个一个地排除,最后剩下了4000多种产品。这4000多种产品,再加上它最感兴趣的农业、银行、保险、电信、分销、汽车、电影进口等,构成了漫长谈判的内容。

1999年11月,中美谈判进入最后阶段,美国谈判代表团到北京来和我们谈。经过这么多年谈判,好解决的都已经解决了,剩下来的是双方都互不让步的几个最难的问题,所以谈起来格外艰难。一是农业补贴和农产品准入问题,二是资本市场的开放问题,三是保险业的开放问题,四是电信业的开放和安全问题,五是银行业的开放和金融安全问题,六是汽车业的开放问题,七是反倾销条款和特殊保障条款的中方权益问题,八是外贸经营权的放开问题。当然还有进口电影等问题。我们和美国人谈判,不分白天、黑夜,没个准点,美国人随时来,我们随时谈,一共谈了六天六夜。我记得,有一次深夜12点多,我正在用电话向朱镕基总理汇报,江泽民总书记来电话询问情况。我说,江总书记,你还没有睡觉呀?江总书记说:没有,你们不也没有睡嘛!我把情况简要地汇报了。一会儿,朱总理又打来电话,说江总书记让咱们连夜开会,研究谈判中遇到的问题。这样,凌晨一点半,国务院召开会议,朱总理主持,主管的国务院领导和一二十位相关的部长都来了,一个问题一个问题地研究,一直开到凌晨三四点钟。会后,我赶回外经贸部,五六点钟接着谈判。当时谈判实际上就是连轴转。那时候我60岁,龙永图同志比我小几岁,还都能撑得住,一直没有回家,就住在办公室,真是茶饭不思,实在太困了就眯一下。

所有这些问题的最后谈判方案，不是哪一个部门哪一个人说了算，都是由国务院，甚至是党中央决定的。我们所起的作用就是执行中央确定的方案，运用技巧把它谈成。这也很不容易。难在哪儿呢？你得坚持原则，守住底线，该说硬话的时候要敢说硬话，但又不能把人谈跑了，跑了就不好收场了。中央的方针还是要争取谈成的。这种分寸如何拿捏，要靠临场的判断，这是我们最伤脑筋的。当然，在谈判过程中，能多争取一点就多争取一点，这也是我们的职责。

11月15日，我和美国贸易代表巴尔舍夫斯基在北京签署中美关于中国加入世界贸易组织的双边协议，终于结束了中美双边谈判。

在经历了惊心动魄、峰回路转的中美谈判之后，当时舆论普遍认为，中国可能在1999年内加入世贸组织。但是，实际上并非如此，中欧谈判的艰难出人意料。问题在哪？关键是欧盟。时任欧盟贸易委员的拉米，后来是世贸组织总干事，他跟我们讲，打个比方，在一个晚餐会上，你不可能把请美国人吃的菜单，同样请我们吃一遍。不能说欧盟的要求毫无道理。但是，对于我们来讲，在和美国谈判之后，实在没有什么可让步的了。就这样，我们与欧盟的谈判僵持了好几个月，最后欧盟谈判代表团到北京，又和我们谈了五天。不过，同欧盟代表团的谈判，只在白天进行，晚上不谈，这是欧洲人和美国人的区别。

怎么办？我们反复琢磨，大的问题肯定不可能让步了，就多批几家他们特别关注的保险公司、银行吧，这对我们影响不大，但面子也还是给了欧洲，最终把问题化解了。

真正让人担心的农业问题

结束与美国、欧盟的谈判后，一开始外界都认为，中国加入世贸组织应该很顺利了。但实际上并非如此，谈判又持续了一年多，卡在多边谈判中的农业问题上了。

农业问题争论的焦点是国内对农业支持的额度。按照世贸组织规定，发展中国家对本国农业的最高支持额度不能超过本国农业生产总值的10%，发达国家不能超过本国农业生产总值的5%。一些发达国家要求中国一定要遵守对发达国家的要求，也就是不能超过5%。我们明确要求享受发展中国家待遇。这个意义是非常重要的。一些发达国家拿这个理由卡我们,说:"实际上你们当时的支持率还不到4%。"但是我们必须要这个权利,因为随着我们国家财政能力的增强,对农业的支持力度一定会越来越大,需要为今后发展留出一定的空间。中国如果让步,让出的就是未来中国农民的利益。

因为这个问题,谈判一度停顿长达半年之久,这种情况一直持续到2001年上半年。当时国际社会一片悲观,认为中国已经加入不了世贸组织了。那一段时间,为了消除这种悲观的情绪,我不断对内对外发表谈话,反复强调中国加入世贸组织只是时间问题。我没有撒谎,时间到底多早多晚并没有说个准数,但给人的印象是中国政府很镇定,对加入世贸组织充满信心。不这样不行,你要是先慌了,国内就没有信心了,国人也会失望,国际社会就更没有信心了。

这个问题最后怎么解决的呢?老天爷帮忙,2001年在上海召开APEC首脑会议,在此之前先开贸易部长会议。时任美国贸易代表、后来任世界银行行长的佐立克参加了这次会议,他被誉为谈判桌上的"计算机",颇有战略眼光。6月8日,我向他建议,咱们晚上秘密谈农业问题,不让任何记者知道。这样的话,谈成了皆大欢喜,谈不成,下一次还可以再来。否则,一旦没谈成,被记者大肆炒作,搞得中美关系破裂似的,问题就大了。

当天晚上,佐立克如约悄悄地来到我们住的饭店。一开始,佐立克说:"我让一个点,中国对农业的最高支持额度不能超过农业生产总值的5%。"我一听,马上摆摆手,说:"这不行咱们别来这个,我的要求是10%,不能从5%开始。从5%开始,看起来好像都是你在让步。如果这样谈,咱们就到此为止吧!"佐立克也想谈成功,不断加码,我则是始终不同意,免谈。当他抬高到7%的时候,我说:"看你也想谈成,我更想谈成,但是我的权限就是10%,这样吧,降一个点,9%怎么样?我这可是冒政治风险的,和你达成协议以后,全国人大很可能把我撤职了,下次就不是咱俩谈了。"他说向国内请示一下。电话打完以后,他说:"就7.5%吧。"我说:"肯定不可能,咱们先休会,你们再商量商量,我们中方就到此为止了,9%已经是冒着政治风险了。"休会的时候,我们参加谈判的同志都会意地笑了:"谈成终于有望了。"我说:"现在要争取最好的结果。"休会结束了,佐立克继续坚持7.5%,我说:"仍然不可能,9%我已经冒着这么大的风险了,我也不想请示了。"他接着向国内请示,回来说:"8%怎么样。"我看差不多了,就说:"看你这么有诚意,我再冒一次政治风险,降0.5%,就8.5%吧!"最后双方握手达成共识,中国对农业的最高支持额度不超过农业生产总值的8.5%。其实这已经接近发展中国家的水平了。

第二天早晨,我坐飞机到烟台,在飞机上琢磨,必须抢在佐立克之前,跟欧盟的拉米通通气。下飞机以后,我赶紧给拉米打电话。他秘书说,拉米现在正在从美国飞回欧洲的路上,下了飞机以后马上回电话。到了下午五六点钟,拉米果然来了电话。我把中美达成共识的情况向他做了介绍。他表示高兴。这一下,我心里踏实了。

为了让这个共识尽快被世界各国知道,以消除国际上对中国加入世贸组织的悲观情绪,一到烟台我就写了半页纸的消息,立即交给新华社。新华社马上发了出去,五分钟之内全世界各大媒体都进行了报道,标题是"石广生宣布中美已就中国加入世贸组织多边谈判的遗留问题达成全面共识"。后来,听说新华社报道这条消息的记者得了新闻一等奖,我碰到他,和他开玩笑,说:"这个奖应该是我的,消息是我写的,是我给你的新闻。"大家哈哈一笑。

改革促入世,入世促发展

加入世贸组织对中国经济发展具体起什么作用,利弊得失究竟如何,这是人们当时普遍关注和争论的问题。中央当时分析,无论是"复关"还是加入世贸组织,都有利有弊,但总体上利大于弊。今天来看,中央的这一判断无疑是正确的。有人说我们自己搞开放不就行了吗?何必非要加入世贸组织呢?这一想法实际上已为客观条件所不允许。经济全球化的浪潮谁也无法回避,要不你顺应潮流,把握自己,主动参与,趋利避害,利用多边体制发展自己;要不你逆流而动,那就可能会被时代潮流抛在一边,在多边体制外独自运行,恐怕寸步难行。

加入世贸组织给我们带来的挑战,主要有两个:一是给国内企业带来的挑战。市场开放了,国外企业和商品更多地进入中国,肯定会有冲击。但是这个挑战是迟早要面对的,在经济全球化大趋势下,中国企业不可能关起门来发展,必须要走向世界,学会利用两个市场和两种资源,在竞争中做大做强。人们曾经担心,加入世贸组织后,中国的汽车工业和服务贸易是否顶得住冲击。但实际上后来都没有造成重大冲击，反而促进了它们的健康发展。二是对政府的挑战，这才是最大的挑战，政府经济管理的体制、思维、工作方式都要相应变化，必须适应市场经济，尽快提高驾驭市场管理的能力和水平。

加入世贸组织17年的实践证明，我国对加入世贸组织带来的机遇把握得很好，既促进了改革，又加快了发展。概括来讲，我看至少有以下几个方面：一是明显地促进了改革开放，加快了社会主义市场经济体制的建立和完善。为适应世贸组织规则，我们相应地修改了3000多个法律法规，同时大大提高法律的透明化程度，这些变化本身就是建立市场化的过程。二是我们对外开放了市场，也获得了外国市场对我们的开放，我们全面享受到成员之间的最惠国待遇，大大拓宽了我们的国际发展空间。三是中国的经济实现了快速发展，近二十年中国经历了史上发展最快的时期，应该说加入世贸组织对此起到了重要作用。四是我们不仅遵守世贸规则，而且有权参与制定规则，并且发言权越来越大，这对维护我国经济权益至关重要。五是一些市场经济的新理念由此深入人心。

时间过得真快，中国改革开放已经40年，中国加入世贸组织也已经有17年。作为一个当事人和经历者，有幸在我担任部长期间参与完成了中国加入世贸组织这样一件大事，这是我最大的幸福。当年在多哈，中国加入世贸组织的决定获得顺利通过时，那么多国家的部长向我表示对中国的祝贺，心情非常激动，真是为国家的富强由衷地感到幸福和自豪，兴奋之情溢于言表。为了纪念这一历史性的时刻，我至今仍留着当时签字用的笔和入场证。

在党的十九大以后，我们高兴地看到，在以习近平同志为核心的党中央领导下，中国特色社会主义建设进入了新时代，不断把改革开放引向更加深入。现在中国的改革和开放不论是深度和广度，都远远超过当时我国加入世贸组织所作出的承诺以及当时改革开放的力度。因此，我们完全有理由相信，中国的前景会更加美好，中华民族伟大复兴的中国梦必将会实现！

从"复关"到入世谈判的三个重要阶段

龙永图

1971年10月25日,联合国第二十六届大会通过了恢复中华人民共和国在联合国一切合法权利的决议。于是,关税及贸易总协定就开始邀请中国"入关"。那时的情况是人家请我们进去,但是我们考虑后决定不参加。第一,我们研究了关贸总协定成员结构,当时联合国成员有100多个,关贸总协定这时候才四五十个成员,多半是些发达国家,就觉得它还是一个"富国俱乐部",没有必要去凑这个热闹。第二,关贸总协定的规则基础是市场经济,对中国来讲,市场经济就是资本主义的代名词,我们"复关"以后,遵守它的规则也会有困难,所以我们就自主决定不参加。

到20世纪80年代初,由于纺织品出口占到我国总出口额的30%左右,可是,因为没有参与关贸总协定的所谓纺织品协议(即多种纤维协议),就不能合法地从全球纺织品市场当中得到我们应有的份额。当时的想法是,如果不参加关贸总协定,拿不到配额,我们在纺织品贸易方面会吃亏。所以,当时对关贸总协定的认识是,如果参加,会对我们的出口有好处。因此,我们从一个非常实际的目的出发,决定先参加多种纤维协议,然后开始决定申请"复关"。应该说,在十一届三中全会作出改革开放的重大决策下,我们扭转了对关贸总协定的偏见,从原来决定不加入关贸,到最后决定争取恢复我们在关贸的合法地位。

复关谈判第一个大的阶段是1986—1992年,这是中国贸易体制发生变化的时期。一般来说,无论是"复关"还是新加入关贸总协定,一个新提出来的申请方,需要提交一份经济贸易体制说明,之后要接受对其经济贸易体制进行审查,一般来说审查时间是1~2个月,而中国接受了6年的审查。当时我们谈判代表团要向各成员详细地讲述中国的经贸体制,介绍什么是计划调节和市场调节相结合的商品经济体制,最后还要补充,是以市场调节为主、计划调节为辅的,等等。但是,无论怎么讲,也讲不清楚。关键是我们不承认搞市场经济。后来小平同志1992年南方谈话,提出来在社会主义的条件下,也可以搞市场经济,市场经济不是资本主义。在1992

年10月党的十四大提出了建立社会主义市场经济体制是我们经济体制改革的目标。在十四大确立了中国市场经济的目标问题后，解决了我国入世谈判的第一阶段的核心问题。1992年10月，我们在日内瓦的关贸总协定大会上宣布我们中国是搞市场经济的，搞的是社会主义市场经济。我记得，那时获得了全场的掌声，他们好像比我们还兴奋。由于这个决策，结束了中国入世谈判的第一个阶段——审查中国的经济贸易体制。

第二阶段的谈判是从1993年初到1999年底，所涉及的是开放市场的问题。1995年，关贸总协定成为世贸组织，我们进行过一次最后冲刺，希望中国成为世贸创始成员。我们当时认为，中国既然是关贸总协定的创始成员，也应该成为世贸组织的创始成员。当时我们做了很大努力，20多天内，各方也做了很大努力，但在关键问题上还是没能达成协议，最后谈判破裂了。一直到1999年11月，我们结束了与美国的谈判，才结束了关于开放市场的谈判。

第三阶段的谈判是从1999年底到2001年9月，这是最后解决起草多边法律文件的阶段。2001年9月实际上是一个非常重要的节点，那就是全面结束谈判。在日内瓦会议上，在座的有100多个成员，入世协议要逐条地通过，每通过一条，主席落槌一次，当时我的心脏简直受不了了，非常紧张，怕有哪条通不过。

中美谈判的故事

结束和美国的谈判，应该说是中国入世谈判的一个重要转折点，也是最艰难的谈判。美国经济贸易实力很强，在谈判中态度一直非常强硬。当时美国最喜欢讲的是，这个问题没有谈判的余地、那个问题没有谈判的余地。美方如果采取这样一种谈判方式的话，我们没法接受。由于美国这种强势的谈判态度，使得谈判很长时间内处于"打态度"阶段，谈判没有实质性进展，浪费了很多时间。比如在谈到肉的检验时，我们要对美国出口到中国市场的肉类进行严格的检查。美国代表说，他们的肉安全得很，我们不必进行检查。我就说："你说你们国家检查合格了，我们就不检查了，世界上没有这样的事。"

1999年4月，朱镕基总理访美。开始的时候，朱总理希望访美能够达成入世协议。他曾问过我们有没有把握？我们说，从目前的技术层面来讲是有些把握的，但是从美国的政治气候来讲，是不是适合达成协议，我们不确定。最后决定还是要去，可以说，朱总理那次访美有一种"明知山有虎，偏向虎山行"的气势。当时总理讲，我们这次能不能签，取决于美方的政治判断，无非是三种可能：第一是不签；第二是如果政治气氛合适的话，就决定签；第三是如果不签的话，双方能不能先签署在农业问题上已经达成的部分协议。

我是负责从技术层面谈判的。在朱总理访美之前我先去了美国，说老实话，如果仅从技术层面来讲，与美国已经基本上达成协议了，只是还有几个需要高层决定的问题悬而未决。朱总理到美国的时候，我到机场去接他，我悄悄地跟朱总理讲"差不多了"，朱总理说，"你不要这么乐观嘛"。这说明朱总理还是心中有数的。朱总理到华盛顿后，克林顿对朱总理非常热情，请他去白宫一间房子一间房子地参观，而且做了很好的准备。但是，克林顿最后见朱总理时讲：对不起，这次不能签了。

当时美国国会给克林顿施加了很大的压力，在政治压力之下，克林顿决定不签了。美国的谈判代表知道消息之后，非常失望，有的甚至哭了。他们认为，克林顿在政治压力之下做出了一个错误的政治判断。后来，朱镕基总理即将离开美国时，克林顿又给他打电话，希望谈判代表团留下来接着谈，希望达成协议。朱镕基总理态度很强硬，说："既然你们几天前说不签，几天后又改变主意，你们美国人想签就签，不想签就不签，天底下没有这样的道理。"所以就拒绝了克林顿的要求，说这次不签了，美国人如果想签的话就到中国去签。

后来，由于北约轰炸我国驻南斯拉夫联盟大使馆，谈判一直中断了近五个月。直到1999年11月，当时中央从打破中美僵局的高度出发，特别是美国一而再、再而三地提出恢复谈判的要求，于是接受了美方的要求。我觉得双方的最高层领导都有这个意愿来达成协议，应该说政治上没有了障碍。最后关头，还有几个悬而未决的问题，再靠谈判代表团来解决是比较困难的，需要靠高层来推动。在中央的授权下，朱镕基亲自来到了谈判现场，解决剩下的难题，也使美国最后下了决心签字。朱镕基亲自谈判，这体现了中国政府对达成协议的诚意。

图7-2 1999年11月19日,外经贸部部长龙永图在中改院举行的"中国与WTO专场报告会"上做报告

中国入世后,我在天津跟美国前贸易代表巴尔舍夫斯基做过一个谈话节目。她说,如果我们丢掉了1999年11月达成协议的机会,也许中国入世会推迟5~10年。这是我们两人的判断。当时党中央确实是抓住了这个机会,确实是下了很大的决心。

关键性"协议条款"的突破

首先要纠正的是,在入世协议里面没有一条所谓市场经济地位的条款。大家通常讲的是第十五条议定书,标题是"关于判定补贴或倾销的价格比较条款",这实际是一个技术性条款,不是政治条款。条款说的是,决定一个中国企业是不是倾销,是不是接受了补贴,必须要有一个标准。一般来说,应该按照世贸组织的标准,但是当时,美国和欧盟要强加给我们这个歧视性条款,针对的是我们很多企业在做生意时,或者在生产时,没有按照市场经济的规律做事。他们觉得中国还处于从计划经济向市场经济过渡的阶段,很多中国企业按照市场经济条件生产经营,但是还有相当一部分企业没有按照市场经济条件办事,必须解决这个问题,所以协议中有这样一个条款。

这个条款的基本内容是:如果中国企业能够证明在制造生产销售过程中,是按照市场经济条件进行的,在决定他们是不是倾销或补贴的时候,就按照WTO规则进行。但是如果这些企业不能证明他们是在市场经济条件下进行生产销售，就必须接受一个特殊的价格比较标准。

应该说这是一个歧视性条款，因为所有中国企业都应该按照WTO的规则来接受反倾销和反补贴的调查，为什么要把中国企业分成两类？所以我们当时就不同意，后来我们认识到，确有一部分中国企业不按市场规则办事，就决定按世贸组织的规则来解决问题，所以从原则上就决定接受这样的条款，来换取美方的其他让步。

后来谈判的关键是这个条款要存在多少年。它毕竟是一个过渡性条款，不可能是永久性的。当时我们的底线是5年，但美国要求至少是10年。所以这个条款后来就成为一个非常纠结的谈判焦点。实际上我们觉得这个条款并不是很重要，但是美方把它看作最重要的条款。因为美国人特别讲究"买保险"，这个条款再加上特保条款，就为美国企业买了一份保险，就是一旦中国不按照市场经济规律办事情，美国可以用这个条款进行处罚。

当时我们在谈判中越来越觉得，美方把这个条款看得非常重，而你知道在谈判当中如果发现对方把某一条款看得很重，我们就可以在这个问题上做出比较大的让步，来换取对方在我们认为非常重要的条款上的让步。

所以在1999年11月15日朱总理和美国最后的谈判当中，就用这个条款换取了几个我们认为非常关键的美方的让步。最后这个条款给了15年的期限。当时我们就觉得，这个可能成为对中国企业进行倒逼机制的条款，这个完全是一个技术性的条款。

正式加入WTO

和美国谈完后，和欧盟的谈判仍比较困难。欧盟的代表团讲："你们不能说和美国达成了协议，我们就得签，我们也有自己的要求。"他们还打了个比喻，说："不能用你们请美国人吃饭的那个菜单，原封不动就拿来请我们欧盟，我们有我们的口味，不是美国人想吃牛排我们就要跟着吃牛排的，我们也需要解决一些特殊的问题。"和欧盟的谈判持续了几个月，到2000年四五月才谈成。

2001年11月10日，在卡塔尔多哈举行的世界贸易组织（WTO）第四届部长级会议通过了中国加入世贸组织的法律文件，它标志着经过15年的艰苦努力，中国终于成为世贸组织新成员。

2008年7月，我们逐步成为WTO核心成员之一，标志着中国正式进入了制定多边贸易规则的决策圈。多边贸易体制不管谈什么，都不可能绕过中国了。

入世带给中国最大的改变就是中国迅速崛起。我们在入世谈判结束的时候根本没有想到，入世10年以后，外贸进出口可以超过1万亿美元，那个时候我们才5000亿美元。我们也没有想到，在入世9年以后就成为全球最大出口国，也没有想到入世以后才几年，就成为外汇储备最多的国家。

有一次我在温州机场，突然走过来一个小伙子。他问："你是龙部长吗？我来感谢你！因为入世，我现在变成了一个亿万富翁！"他跟我讲，他是做灯具生意的，在入世之前搞出口灯具要经过国营的贸易公司才能到欧洲，通过欧洲的中介机构再到美国，这样搞来搞去他能赚的钱是非常少的。但是入世以后，他取得了外贸经营权，直接把灯具出口到欧洲、美国，不需要经过层层剥皮，每年可以多赚几百万，一下成了亿万富翁。

中国入世，对美国和其他西方发达国家的中低收入群体带来了价廉物美的中国产品，用我的话来讲，"是一个巨大的扶贫工程"。中国加入世界贸易组织，给全球的贸易体系带来的最大变化就是中国通过开放市场,使得中国的产品走向了世界。所以在某种意义上来讲，中国市场的开放使得全球开始享受中国改革开放的成果，这对于美国和中国来说，对世界来说都是最好的。

（本文根据二十一世纪出版社出版的《WTO改变中国 "入世"十年解密》及受访者发表的相关文章改编而成）

2001年11月10日，世界贸易组织第四届部长级会议在卡塔尔首都多哈以全体协商一致的方式，审议并通过了中国加入世界贸易组织的决定。这一天，距1986年7月中国正式申请恢复关贸总协定缔约方地位，已经过去了15年。这15年间，中国复关和入世谈判跌宕起伏，艰苦卓绝。如此艰难漫长的谈判，在关贸总协定和世界贸

黄海

易组织的历史上，绝无仅有。15年的谈判历程，是中国改革开放不断深化的历程，是中国经济实力不断增强和对外贸易不断扩大的历程，是中国社会主义市场经济体制逐步建立和完善的历程，也是中国融入经济全球化进程的真实写照。

中国加入世贸组织的谈判前身叫作"复关"，就是恢复中国在关税及贸易总协定中的缔约国地位。这个谈判在20世纪80年代就开始了，由于关贸总协定基本是货物贸易的概念，谈判主要是由外经贸部和海关去谈。

到了1992年，乌拉圭谈判达成了协议，决定要成立世界贸易组织，简称WTO，代替关贸总协定。关贸总协定是个货物贸易概念，只是个协定，只需签字、承诺、遵守，它不是一个组织。WTO把服务贸易加进去了，范围更宽了，包含货物贸易和服务贸易，它就变成了一个组织。尽管这个组织比较

图7-3　2001年11月11日，时任中国外经贸部部长的石广生在卡塔尔首都多哈举行的中国加入世界贸易组织签字仪式上举杯庆贺

分散，但是毕竟和关贸总协定不一样。因此，1993年之后，服务贸易谈判开始了。当时我在国内贸易部，我们和其他一些负责国内服务业管理的部门，开始参与复关和后来的入世谈判了。

我们原来设想在1994年能够加入关贸总协定，那就自动成为WTO成员。但是很遗憾，由于当时中国达不到关贸总协定的要求，没有谈成，要重新谈判。

WTO实行一致原则，必须全部成员同意才可以。所以我们谈得很辛苦，不管是大国还是小国，哪个国家都得去谈一谈，有些国家跟我国没有外交关系，甚至贸易都没有，但也得去谈一谈。当时我担任国内贸易部政策法规司司长，主要负责国际

贸易这一块儿，所以分销谈判的内容由我来负责。1992年，我国在开始谈判之前已经率先进行了商业零售对外开放、引进外资的试点，应当说谈判还是比较主动的，很多国家听了以后都觉得中国商业已经走上了对外开放的道路。

最先谈的一个问题，就是中国到底以什么身份、什么地位参加WTO。中国当然是作为发展中国家参加谈判，但是其他国家，特别是一些大的经济体就不同意，他们要求中国按照发达国家的标准去谈，那样要严格多了。一开始我们也很不理解，说我们明明是发展中国家，但是在谈判中，我们也慢慢领悟到，世界贸易组织和世界银行的标准不一样，不是按照人均来衡量，它是按照一个经济体的贸易总量来衡量的，尽管中国的人均很低，但是贸易总量非常大，有些国家虽然人均很高，但是国家总量很小。

服务贸易涉及各个领域。我记得当时除了我们国内贸易部之外，信息产业部、教育部、卫生部、文化部、人民银行、旅游局，甚至连司法部都去了，因为涉及律师行业，司法也属于服务业开放的领域。我们主要的对手还是几个发达国家。经过一两年的谈判，问题就集中了。对方要求中国的开放主要集中在三个领域：一是金融，包括保险、银行、证券，外国希望能够进入；二是电信，包括基础电信和增值电信，基础电信就如架线路网、电话线网，增值电信就是我们现在讲的互联网服务；三是分销，包括零售、批发、特许经营、直销等。这三个问题始终谈不下来。其他的问题谈起来相对比较简单，国外也没有很高的要价。比如，电影市场的开放，我记得当时无非就是谈放几部影视进入中国市场，一国说一年放五部，另一国说一年放十部，实际上美国也明白，多几部也无所谓。我记得当时文化部的同志说，我们的翻译能力不够，翻译不出来。司法领域是要求放开律师行业，我们就坚持提出必须用普通话执业，在中国当律师打官司，用外语不行，中国人听不懂。其实国外对电影市场和司法领域也不是很关心，最关心的还是金融、电信和分销，这三个问题关系到他们的切身利益。

最关键的是金融问题。1997年、1998年亚洲金融危机爆发之后，大家更意识到金融关系到国家安全，对外开放必须要慎之又慎。

对于电信部分，基础电信肯定不能开放，架电缆不能让国外来做，到时候他们把线拉哪儿去我们无法控制。在基础电信问题上，国外主要提出能够参与增值电信。增值电信主要是互联网的接入口多还是少，国外希望多一些，但是我国为了审查方便，就希望少一些，我们要求他们必须在境外提供服务，不能在境内搞一些商业存在，这也关系到国家安全。

到最后，如果分销也不让步的话，基本就没有办法谈下去了。后来外经贸部首席谈判代表龙永图副部长跟我商量分销这块能不能让步。当时我就和他讲：第一，我们自己已经主动开放市场，而且效果不错，看来没有什么大风险。第二，我们当时也分析，商业企业和工业企业不一样，一个工厂的产品可以卖到全世界，但商店是有限商圈，一般人们不会越过千山万水来买东西。既然中国商业企业已经把一些比较好的黄金地段都占了，适当放开一下关系不大。

当时我们也提了一个条件，就是一定要建立商业网点规划制度，这也是学习西方国家的经验。比如，日本、法国、英国都有类似的规定，就是开商店一定要经过审批。审批主要是从规划角度防止恶性竞争。当时中国还没有这方面的规定。在这个前提之下，我们认为可以开放，所以后来中国入世时，分销做了比较大的开放，五年之内先开放批发，再开放零售。商品是先开放一般商品，粮食、成品油、书报、杂志逐步开放，最终在五年之内要把商品全部开放，只保留烟草和盐两项不能开放。开放区域也是逐步开放，一开始先在几个试点城市，然后逐步开放到省会城市，然后再逐步扩大到其他城市，包括农村。

这其中，对合资企业的存在形式，一开始要求中方控股，然后变成了可以外方控股，最后开放到外方可以独资，这个领域基本上就没有什么限制了。只有直销保留审批制，因为我国曾经传销泛滥，这方面需要把控，其他基本就放开了。

对这些条件，国外企业还比较满意，外国政府也比较满意，所以分销这块谈判就相对来说比较容易，没有发生争论。当然国内曾经也有过不同意见，宣传部门认为，把书报、杂志作为商品不合适，这是宣传工具。但是在国际贸易中，书报、杂志就是普通商品，最后，书报、杂志还是作为商品写入了承诺的条件。

谈判过程很艰苦。有一次去和日本驻日内瓦代表团谈判，谈到非常晚，日方的工作人员都下班了，连开水、咖啡都没了。虽然很艰苦，但最终还是谈成了。

在谈判过程中，我们也摸清了外方谈判的一些底线，也让对方知道我们的底线是什么。比如，美国方面主要就是想保护汽车，其他基本上就不太管了。国外可能也看到了，金融和电信确实触及我们的底线，再谈也没用。

2001年中国结束了谈判。入世之后我们在分销领域按照承诺，第一年开放什么，第二年开放什么，第三年开放什么，我们基本是提前做了。在中国正式入世之前，我们已经把开放城市扩大到省会城市和计划单列城市。所以这一过程还比较顺利，也没有发现太大的问题。

当时有个比较难处理的问题，就是有些外资在一些比较繁华的地段还要再开商场，我们原来想通过商业网点规划限制，但商业网点规划始终没有出台，而地方政府从政绩观考虑，为了吸引外资，就放任自流。所以有些地方就出现了恶性竞争，比如，我们这儿明明有一个大商场，他在旁边又开一个，这样竞争就激烈了。而且外资他有长远的战略考虑，不在乎短期的盈亏，但我们中国企业不行，这就给我们一小部分企业带来了一些困难。但总体来说还是比较顺利的。

中国入世一年多之后，我曾写了一个分销业开放情况的研究报告，其中提到网点规划严重滞后的问题。当时朱镕基总理批给了国务委员吴仪，吴仪批给经贸委领导，认为我这篇文章写得不错，当务之急要把商业网点规划建立起来。后来为什么一直没有建立起来？因为我国加入WTO之后，就开始了简政放权，有关部门就说现在都在简政放权，减少审批，再搞商业网点规划等于是增加审批，始终不同意，所以到现在也没有建立起来。

现在来看，当时入世的谈判放开分销领域，只是给一小部分企业带来了一点影响，除此之外没有发生别的问题。原来我们还很担心外国企业会不会只卖外国商品，不卖中国商品，我在文章里面也说，外资商业真正有意图的不是商业，而是冲击中国的工业企业。但现在看来有点杞人忧天了，因为中国的商品实在是太有竞争力了，一开始我们还专门限制了合资商业企业卖进口货不能超过10%，实际上不要说10%了，一开始连5%都没有，外资商店全卖中国商品，因为中国商品物美价廉。另外，入世后我们发现，外资企业不但卖中国商品，而且大量采购中国商品出口，这属于无心插柳柳成荫。

后来吴仪副总理开会的时候，专门讲外资的商业企业，他们大量采购我国的商品卖到全球，成了拉动出口的一个动力。我们当初的几个担心，最后都没有了，也没有出现问题，而且反过来促进了中国商业的现代化，并且由于中国市场巨大，世界上排名前几的零售企业全来了，有沃尔玛、家乐福、麦德龙等。我们调查发现，世界上还没有过这种现象，就是世界排名前几的零售商都集中到一个国家投资开店。比如，沃尔玛在美洲很发达，在欧洲就很少。家乐福在欧洲很多，在美洲就很少。但是他们都进入了中国，主要是中国市场很大，他们都能够获利很多。这对中国的企业发展带来很大的促进作用。一是可以直接学习他们的先进管理方式，特别是人才的培养，我国的大型零售企业内的很多人都是从这些企业跳槽来的，直接带来了一些先进经验，大大提高了中国零售企业的现代化水平。二是改变了我国的业态，以往传统商业就是百货店，第一次开放的时候，就开放百货店，如燕莎、八佰伴都是百货店。但是现在，百货店、超市、便利店、专卖店，几乎是所有的业态，包括购物中心（shopping mall），在中国都有。所以说商业或者分销业对外开放之后，给中国的商业带来了实实在在的好处，给消费者带来了物美价廉的商品。也因为竞争非常激烈，使得价格始终控制在比较低的水平。当然，这对工业企业的利润有所影响，但对消费者而言，确实是便宜。

入世开放后，我们的企业也做得很好，很有竞争力。比如，世界最大的卖家具建材的大超市——美国家得宝，它在中国开业之后竞争不过我们的建材市场，最后倒闭了。说明我们的建材市场更符合中国国情。另外，还有卖家电的美国百思买，世界五百强企业。它进来之前，一个大型家电零售企业负责人专门找我，说非常害怕和紧张，要求我一定不能批它，说它一旦来了，国美、苏宁肯定完蛋。当时我说不批不行，没有理由不批。中国在谈判中有过承诺，必须开放。最后的结果是百思买退出了中国市场，也没竞争过咱们的企业。因此，入世10多年，我国的企业无论是零售还是批发，大家认为在竞争中还是发展得比较好的。

8. 回顾"一带一路"倡议的发展历程

2013年9月和10月,中国相继提出"丝绸之路经济带"和"21世纪海上丝绸之路"倡议,"一带一路"倡议正式亮相于全球。共建"一带一路"倡议的目的是聚集互联互通,深化务实合作,携手应对人类面临的各种风险和挑战,实现互利共赢、共同发展。

口述者:王义桅(中国人民大学欧盟"让·莫内讲席"教授,国际事务研究所所长,欧洲问题研究中心/欧盟研究中心研究员、主任)

王义桅

中国人自己提出的理论背后蕴含了大量的学问,需要中国学者自己去研究它,去完善它,去解释它。"一带一路"是我们的话语,而且这一下子把时空体系延伸到两千年前,有没有文明、有没有历史一看就明白了。美国没有那么久的历史,相对来说,欧洲的历史也没有像中国这样连续不断,没有那么多文明的包容并蓄。这极大提升了中国的国际话语权。

如何理解"一带一路"中的"带""路""一"这三个字?我们讲的这个"带"实际上就是经济发展带,是中国改革开放40年经验的一个浓缩。所以改革开放就浓缩成一个字——"带","以点带面,从线到片,逐步形成区域大合作",这是习近平主席在2013年9月提出"丝绸之路经济带"时候的原文。

那么"路"可以说是中国经过鸦片战争以来100多年的探索，走出了一条符合中国国情的发展道路。别的国家也想要找符合自身国情的发展道路。比如，有一次我去伊朗访学。他们问：海上本是开阔的，怎么叫"路"？我说这个"路"，它不光是你说的修条路的"路"，它也是一种发展道路，是抽象的。就像古兰经里真主说让我们走上正确的道路，我说"一带一路"那个"路"就是真主说的正确的道路。这挺有意思，找到文化的相通性，他们很容易就理解了。

那么"一"呢？可以这么解释，"道生一，一生二，二生三，三生万物"，所以"一"实际上是5000年中华文明的一个浓缩，这个"路"是170多年以来中国找了一条符合自身国情发展道路的一个浓缩，这个"带"是40年改革开放的一个浓缩，所以"一带一路"展示了三重魅力。"一带一路"里面涉及历史、文化、宗教、地理、经济、政治、外交各个方面的学问，所以它是一个集大成者，是超越了原来那种分科式的学问，是一个大学问。

向外国大使解释"一带一路"与中华民族伟大复兴

习近平总书记在2012年底提出了中华民族伟大复兴的中国梦，这对中国人来说是再正常不过的一件事情，因为近代以来我们就是为了这个目标奋斗，为了实现中华民族的伟大复兴。但是提出来以后有很多外国的外交官来找我，比如说，第一个找我的是一个韩国驻华公使，他说："中华民族伟大复兴了，我们是不是要回到朝贡体系了？"还有一个蒙古国大使找到我，说："你们伟大复兴，那我们也在提复兴，咱们历史上有过一个相同的统治者，是不是咱们都要复兴到那个朝代？"还有一个曾有辉煌文明古国历史的国家的大使跟我说："你们是文明古国，我们也是文明古国，我们要不要伟大复兴？"更有甚者，美国外交官也跑来找我，说："你们是伟大复兴，难道我们是伟大衰落？"美国人总是用零和博弈[1]的方式来看问题。

所以我说为什么要讲清楚什么叫中华民族伟大复兴？实际上"一带一路"就是

---

[1] 零和博弈（zero-sum game），又称零和游戏，与非零和博弈相对，是博弈论的一个概念，属非合作博弈。指参与博弈的各方在严格竞争下，一方的收益必然意味着另一方的损失，博弈各方的收益和损失相加总和永远为"零"，双方不存在合作的可能。

回答这个问题的。我就跟他们解释，中华民族伟大复兴的三个意义：第一，不是把历史上的版图恢复到最大，如果每个国家都这么想的话，地球岂不是乱套了，都要重新把世界瓜分好多遍了对不对？第二，"一带一路"不通过战争扩张，而是通过和平合作的方式，这是历史上很少见的。第三，什么叫伟大？不是说我的成就达到历史上最高的成就，或者甚至超过历史上最高成就才叫伟大，中国人说的伟大是让别人也要伟大，让别人也要复兴。对于这样的解释，他们很是感动。

"一带一路"概念的由来

"一带一路"是在中华民族伟大复兴的中国梦提出一年以后提出来的。这就要求从外交上要提一个很大的创意，打造一个概念。我们知道中国历史上丝绸之路是很伟大的，汉唐时期丝绸之路就存在并兴盛了，尽管中国的历史比丝绸之路的历史要长，但丝绸之路是古代中国兴盛的顶峰，丝绸之路的衰落实际上是古代中国国运衰落的一个标志。

古代丝绸之路从陆上衰落以后，欧洲人就走向海洋，进行世界殖民。一直延续到现在的西方中心论、海洋型全球化等，都和丝绸之路的衰落有关。所以提出丝绸之路复兴，是我们很重要的一个标志理念。并且丝绸之路在古代，主要承担着贸易和文化交流的作用，但我们今天不仅要贸易，更要参与、引领全球化进程。实际上此前已有很多国家都提出了丝绸之路复兴计划，我们不好再重复，于是提出丝绸之路经济带的概念。

为什么要在哈萨克斯坦提出"丝绸之路经济带"这个概念呢？三个原因：第一，哈萨克斯坦是世界上最大的内陆国

图8-1　2013年9月7日，国家主席习近平在哈萨克斯坦纳扎尔巴耶夫大学发表题为《弘扬人民友谊　共创美好未来》的重要演讲时首次提出"共建丝绸之路经济带"的构想

家。刚才讲海洋性的全球化是以海洋作为一个主要的贸易通道，90%的贸易是通过海上进行的，全世界80%的产出都来自沿海地带的100公里以内，也就是说内陆地区和内陆国家是普遍落后的。所以为了改变这样一个内陆从属于海洋的经济发展不平衡状况，那么在世界上最大的内陆国家提出这个倡议，就更加具有陆海连通的象征意义。

第二，哈萨克斯坦在上合组织中，一直提出要加强经济合作。哈萨克斯坦地大物博，但它的经济发展和互联互通不行。俄罗斯在上合组织中对经济合作并不积极，所以哈萨克斯坦的倡议没有得到呼应。那么我们提出"丝绸之路经济带"就正好呼应了哈方的经济合作诉求。而且丝绸之路历史上是存在的，经过俄罗斯到西方，俄方也就不好反对。我们为争取俄方加入做了很多努力，俄方后来也同意跟他们的欧亚经济联盟战略对接。

第三，哈萨克斯坦总统纳扎尔巴耶夫本人确实有雄才大略。他是前苏共政治局委员，是哈萨克斯坦的国父，对中国一直非常友好。事实上，在习近平总书记提出共建"丝绸之路经济带"的一年后，纳扎尔巴耶夫提出了哈萨克斯坦的"光明之路"计划[①]。2016年，中哈双方签署了两者对接的合作计划。

光讲陆上的合作肯定不够，中国需要走向海外。所以一个月以后，习近平总书记在印度尼西亚提出"21世纪海上丝绸之路"倡议。为什么强调21世纪？因为古代海上丝绸之路发展的顶峰是以郑和下西洋为标志，它主要是做什么？主要是显示国威，主要做朝贡体系推广。所以现在提"21世纪海上丝绸之路"，就是告诉大家中国不是要回到古代，这个倡议不是为了复古，它是往前看的，它是引领未来的。

那么为什么要在印尼提出呢？因为印尼是世界上最大的群岛国家，它有17500多个岛屿，2.5亿人口（2013年），还是世界上穆斯林人口最多的国家，也是郑和下西洋的必经之路，所以在那里提出有象征意义。

实际上在习近平当国家副主席的时候，"一带一路"倡议就已经在酝酿了。2010年，习近平副主席应邀到澳大利亚访问，他跟同行的国家开发银行董事长陈

[①] 2014年，哈萨克斯坦制定了"光明之路"计划，致力于在哈萨克斯坦国内推进基础设施建设，保障经济持续发展和社会稳定。

元说，我们改革开放，光和发达国家做买卖是不行的，不仅要他们在经济上与中国关系越来越密切，还要让他们在政治上、安全上、文化上越来越认同中国。所以"一带一路"倡议也是习近平总书记对改革开放调整完善的一种战略思考。

后来国家开发银行资助了一些经济学家研究改革开放模式的调整问题。以北京大学副校长王博和人民大学校长刘伟为首的团队，提出了"全球价值双环流理论"。简单

图8-2　2013年10月3日，国家主席习近平在印度尼西亚国会发表题为《携手建设中国—东盟命运共同体》的重要演讲，首次提出共同建设21世纪"海上丝绸之路"的倡议

说来，意思是中国在鸦片战争以来，主要是被定位到了发达国家经济的环流上，发达国家是产业链的上游，我们是产业链的下游。现在来看，历史的发展让中国已经往上游拱了，将来跟发达国家要有竞争关系了。我们可以开发一个新的环流，对冲跟发达国家的竞争关系。同时"一带一路"沿线国家的产业链总体上比中国要低，所以中国产业可以转移到那些国家去。通过这样一个产业链的转移，实现中国的产业结构调整，让中国的价值链往上游走。像广东说的"腾笼换鸟"①，中国要成为创新大国，就要以资本和技术为主导，而不是劳动密集型。

"一带一路"的"定海神针"

2015年3月28日，国家发改委、外交部和商务部联合发布了《推动共建丝绸之路经济带和21世纪海上丝绸之路的愿景与行动》（以下简称《愿景与行动》）。这份文件可以说是我们的"定海神针"。因为"一带一路"从2013年提出来，之

---

① "腾笼换鸟"是广东省委于2008年5月29日在《中共广东省委、广东省人民政府关于推进产业转移和劳动力转移的决定》中正式提出的，也叫"双转移战略"。具体指：珠三角劳动密集型产业向东西两翼、粤北山区转移；而东西两翼、粤北山区的劳动力，一方面向当地第二、第三产业转移，另一方面其中的一些较高素质劳动力，向发达的珠三角地区转移。

后一年多的时间里，国内国外都没有太当回事，实事求是来讲，包括中国的学者都觉得，新的领导人总归要有新的说法，也没太当真。当然老外也搞不懂，什么叫"带"，什么叫"路"，什么叫"一"。国内搞经济的当然知道这是要调整我们改革开放的一个结构性改革，关乎经济发展模式的转型，但也只把它当成一个口号去看待。甚至有人认为这只是把为解决中国国内产能过剩问题的"走出去"战略包装成"一带一路"，而且到底包括哪些国家，走到哪儿，也不知道。许多人将"一带一路"理解为古代丝绸之路的复兴，这是不妥的。古代丝路沿线的一些国家都不存在了，比如楼兰，这不是简单的复古，而是要按照新的产业链的全球布局。

那个时候"一带一路"包括哪些国家都不知道，最开始在乌鲁木齐的时候，张春贤同志去讲话，说有人问"一带一路"包括多少国家，他说46个。这是最早的说法，当时整个国内外很关注。后来到了泉州，就不能局限于46个了，包括哪些国家，到底什么内容，想干什么，然后时间上、空间上的问题大家都不太清楚。所以后来我们讲"共商、共建、共享"，一起来商量，世界各国一起把这个概念理清了。我们去了很多相对比较穷的国家，像阿富汗、尼泊尔这样一些国家，在西方话语体系里它都是被边缘化的，甚至是没有发展希望的。结果在丝绸之路这个背景下，它就像文明古国，一下子有自信了。所以我后来讲这是要打造一种文明的话语权，而不光是一种"GDP""现代化"这样的一个话语权。在这种情况下，我也提了建议，我说应该要搞一个白皮书，就把我们那些"一带一路"的想法，用这种白皮书的方式把它写下来，但是中央认为白皮书是对原来已有政策的总结，"一带一路"是个倡议，哪有什么政策，所以白皮书不妥。那么后来就用了一个《愿景与行动》提出来，我觉得这个提法确实很好，"一带一路"倡议就是我们的一个"愿景"，但我们已经有些行动了，"行动"这个概念提出来可能是最近的事情，但是一些做法可能很早就有。只要把这些纳入"一带一路"的框架下，就解决了一个非常关键的问题。

我觉得《愿景与行动》提出来以后，一下子就把世界各国对中国"一带一路"的方法研究聚焦到一个文本上。但是只有一个可以参考的文献，肯定是不够的，因为中国的语言体系比较抽象，原则性的东西比较多一些，具体到底怎样实施，还是让各国研究者产生了很多的困惑。所以后来我们又不断发布了几个重要的文件，一个是在2017年5月"一带一路"的国际合作高峰论坛之前，公布了"一带一路"3年多的进展。这3年我们到底干了些什么？很多人说，"一带一路"没什么进展，也没出什么成果，只是个口号。但是把这3年多的行动梳理一下，我们可以发现，还是有很多进展的。那么这里有个问题——怎样才是"一带一路"的进展？后来说"一带一路"涉及沿线65个国家和地区，包括中国在内，这个数字是为了贸易增长和投资的统计需要，"一带一路"本身是对所有国家开放的。那么如果对所有国家都开放，这就叫全球化了，不叫"一带一路"，外国人是搞不懂的。如果所有国家都包括，那怎么进行统计？你说你的投资增加了多少，没有"一带一路"不是一样该干什么干什么吗？所以不光是从统计的角度要限定一个范围，究竟怎么把"一带一路"的进展情况说清楚，还真是一个问题。如果没有范围，就无法进行成果的统计，如果说包括所有国家，又觉得太抽象了。所以我在思考要怎么解决这个问题。西方人思考问题就像油画，到底谁在里面、谁不在里面、里面的某个地方画的是什么，都要说得一清二楚；而中国人思考问题，像山水画，是抽象写意的，所谓"道可道，非常道"，说得太清楚是不妥的。所以我认为，这个问题就是怎样在具体和抽象、油画和山水画之间找到一个平衡点。

另外一个重要的文件是2017年6月20日由国家发展改革委和国家海洋局联合发布的《"一带一路"建设海上合作设想》，提出要重点建设三条蓝色经济通道。[①] 如果说海上丝绸之路很多人都不太了解到底想干什么，那么这个报告里很重要的一个就是把"一带一路"延伸到了北极，南太地区我们在《愿景与行动》中就已经讲到了。所以我们最开始说是5大方向：海上2个，郑和下西洋延伸到欧洲，然后延伸到南太地区；陆上3个，第一个从中亚、俄罗斯到波罗的海，第二个从中亚、西亚到波斯湾到地中海，第三个是到印度洋的。这就是陆上3个战略方向，海上2个，后来加了一个北极，就形成了陆上3个，海上3个，6大战略性方向，那么跟我们的6大

---

① 《"一带一路"建设海上合作设想》提出要重点建设三条蓝色经济通道：以中国沿海经济带为支撑，连接中国—中南半岛经济走廊，经南海向西进入印度洋，衔接中巴、孟中印缅经济走廊，共同建设中国—印度洋—非洲—地中海蓝色经济通道；经南海向南进入太平洋，共建中国—大洋洲—南太平洋蓝色经济通道；积极推动共建经北冰洋连接欧洲的蓝色经济通道。

经济走廊也就对应了,这些都是我们研究"一带一路"重要的纲领性文件,也是被广泛引用的。

"一带一路"国际合作高峰论坛一座难求

2017年5月14—15日,"一带一路"国际合作高峰论坛在北京举办,29位国家元首和政府首脑齐聚北京,1500多名代表参会,共商"一带一路"建设合作大计、共绘互利合作的美好蓝图。

图8-3 2017年5月14日,国家主席习近平在北京出席"一带一路"国际合作高峰论坛开幕式,并发表题为《携手推进"一带一路"建设》的主旨演讲。这是习近平同出席"一带一路"国际合作高峰论坛的代表们的合影

原来我们设想"一带一路"提出5年以后,这个概念慢慢地能让大家知道是怎么回事就不错了,然后再慢慢开个会。没想到3年多的时间我们就开了这么一个大规模的盛会,是超过我们想象的。习近平总书记也在这一次"一带一路"座谈会上讲到"一带一路"3年多的进展和成果超过预期。

可以说"一带一路"高峰论坛的成功举办,是一个重要的象征。首先,峰会上有一半代表是我们没有邀请,他们自发要来的,只有一个邀请了他都不来的国家——印度。所以后来我与美欧学者说:"你们说'一带一路'倡议不受欢迎,那为什么来了那么多我们没有邀请的国家代表?可见世界各国还是愿意搭上中国发展的快车的,这些国家想了解'一带一路'。"因为当时是第一次办这个峰会,我们还考虑限制参加的国家数量。中国人强调万事开头难,饭要一口一口吃,所以先做一个成功的例子再把圈子摊大。还有我们强调代表性,就像咱们选政协委员一样,各个界别都要有代表,不是谁都能来。所以我们劝说一些国家,这次不要参会了,还搞得这些国家不理解。比如,我们开始宣布是28个国家参会,有一个中亚国家临开会了要求一定要参会,没办法就同意了,最后是29个国家参会。当时办峰会过程中名额怎么分配,还挺费劲的。

其次是现场感受,真的是一座难求。我是正式参会代表,很早就到会场了,竟然没有位置。因为人太多,变成了谁先到谁先坐了。很多外国的代表把秘书、随行人员等都带来了,搞得座位不够了。后来我没办法就去了电视台的演播室里。现在想想,我有代表证都没有位置坐,可见真是一座难求。

第一次高峰论坛是一个奠基性的会议,就把世界各国的人请过来一起商量。我们讲的"共商、共建、共享",你们关切什么?你们希望"一带一路"怎么弄?当然最重要的就是习总书记在开幕式上发表了一个主旨演讲,讲了"一带一路"三年多的进展,还有"一带一路"未来的规划,以及我们到底是怎么做的等,在《愿景与行动》的基础上做了一个很完整的阐述。

可以说,从高峰论坛开始,我们对"一带一路"的想法有了一个很大的提升。就是我们把"一带一路"当作是解决人类问题的一个合作倡议了。实事求是来讲,最开始提出"一带一路"是为了解决中国问题的,但习总书记在高峰论坛的讲话,把"一带一路"上升为解决人类问题的一个倡议了,已经跟原来不一样了。他提出"一带一路"要解决人类面临的三大问题:和平赤字、发展赤字和治理赤字,提出和平之路、繁荣之路、开放之路、创新之路和文明之路,就是用这"五路"解决人类的"三大赤字",所以整个演讲的基调都是为人类命运而担当的。

通过举办高峰论坛,我觉得世界看到了"一带一路"倡议的包容和开放,我们也希望通过大家共商共建"一带一路"让某些国家抛弃"一带一路"是在针对西方、针对美国,是想在现有国际秩序下另起炉灶的观念。其实不是这样的,"一带一路"倡议不可能排斥西方,更不可能排除美国。中国的智慧就像太极一样叫"借力",我们为什么要反对现有国际秩序呢?为什么要对抗美国呢?我们只是要借力,要吸引包括美国在内的西方国家的参与。我好几次去美国交流,我就讲

"一带一路"是世界上最大的生意,美国怎么能够错过?因为美国人常说的一句:American business is business(美国的事情就是做生意)。我们还会阻止美国参与进来吗?所以我觉得西方国家一定要正确看待"一带一路"倡议。

9. 我参与的中国（上海）自由贸易试验区总体方案设计过程

为适应经济全球化发展的趋势和我国经济转型发展的需要，党中央对"新常态"下特殊经济区域改革开放的功能定位、建设目标和运行机制进行了大胆探索创新和顶层设计，作出了设立中国（上海）自由贸易试验区[①]的重大战略决策。

口述者：王新奎（上海市政府参事室原主任，上海WTO事务咨询中心理事长兼总裁）

王新奎

上海自贸试验区的建立，是中央作出的重大战略部署，我认为，其意义不亚于20世纪90年代初上海浦东开放。它的建立有一个非常重要的国际背景，那就是2008年国际金融危机后，自20世纪90年代初以来长达20年的全球价值链革命已经告一段落，经济全球化的发展趋势出现了转折性的变化。

我为什么会参与上海自贸试验区总体方案设计工作

我参与了上海自贸试验区的总体方案设计，大致过程是这样的。2012年夏天，商务部在北京召开了暑期党组扩大会议，在会上，我做了题为"全球价值链与当前

---

① 以下简称"上海自贸试验区"。

经济全球化发展新趋势"的发言。在该发言中，我提出的经济全球化出现新趋势，全球贸易和投资规则将发生重构的观点，引起了与会者的热烈反响。

回上海后，我马上给当时的市委书记俞正声同志写了一份报告，建议上海作为我国对外开放的前沿和窗口城市，要关注这个重大变化。俞书记很快把我的报告批给了市发改委，要求做研究。那年，韩正市长正好到我们中心调研，他指出，上海要成为国际贸易中心，不单是看集装箱的吞吐量，也不单是看开了多少家贸易公司，更重要的是要有能够对国家融入全球经济和参与全球贸易投资规则制定做出智力贡献。韩正市长指示，上海市政府要全力支持把上海WTO事务咨询中心建成能为国家和重大战略决策服务的研究咨询机构。

图9-1　2013年9月29日，中国(上海)自由贸易试验区挂牌仪式举行

根据韩正市长指示的要求，上海成立了一个由商务部与上海市政府合作建设的决策咨询研究基地，即"全球贸易投资政策研究咨询中心"，与上海WTO事务咨询中心实行一套班子、两块牌子运作。该研究基地成立以后，即启动了题为"当前经济全球化发展新趋势与我国对外开放新战略"的研究课题项目。该研究项目由陈德铭部长和韩正市长担任领导小组组长，我和当时的商务部部长助理张向晨同志担任课题负责人。参加课题研究的有复旦大学、上海交通大学、华东政法大学、上海对外经贸大学、上海社会科学院、上海市政府经济研究中心、上海图书馆情报研究所等科研团队。与此同时，在项目课题组的基础上，建立了"全球价值链上海研究平

台"这一常设性的研究网络，开始对经济全球化的发展趋势进行长期的跟踪研究。

除此之外，应该是2011年或更早，上海外高桥保税区连续两年被评为"全球最佳保税区"，那年世界自由贸易园区大会就在外高桥举行。会议结束后，一位与会的全国政协领导给国务院写了一份报告，建议搞一个上海综合保税区的升级版，名字拟叫"上海自由贸易园区"。报告送上去后，温家宝总理批给了国家发改委和商务部做论证。经过一段时间研究和补充材料后，这两个部委和上海市联合做了一个方案报国务院。但此时正值政府换届，国务院领导处于交接期，这件事情就暂时搁置了。到了2013年3月，李克强同志就任总理，当月就来了上海，他在外高桥保税区开了一个座谈会。开会前一天，市委通知我参加会议，并让我准备一份8分钟的发言，向总理汇报近期关于经济全球化发展趋势的研究成果。

第二天开会，我简要地向总理汇报了当前经济全球化发展的三大新趋势，即：第一，全球主要经济体之持续扩大的巨额货物贸易逆差给全球经济造成了巨大的"再平衡"压力。第二，以数字经济为代表的创新全球化迅猛发展，但数字贸易市场却出现"碎片化"的现象。第三，全球价值链背景下跨境生产布局要求各国间就影响贸易，特别是影响服务贸易的境内措施进行谈判，以WTO为代表的多边贸易规则体系的重构势在必行。由此，中国在以往20年间享受的全球价值链革命的技术红利和WTO多边贸易体制的制度红利将逐步递减。因此，经济全球化发展趋势的这一重大变化要求我们必须树立对外开放的新思维。为此我建议，是否能够在上海建立自由贸易区，抓住全球贸易与投资体制重构的窗口期，通过在特殊监管区域内先行先试，加快推进我国的对外开放与对内改革。

李克强总理当场就对我的发言做了回应，他说：第一，要以开放倒逼改革，我国正处在改革的深水区，需要改革新动力，按照以往经验，每次重大改革都是开放倒逼的，这次我们也要按照这个思路做。第二，以美国为主导的全球贸易和投资规则重构我们是绕不过去的，我们必须积极应对，否则就会面临"第二次入世"。第三，他同意在上海设立自贸区，不过要加"试验"两字。并指出，上海自贸试验区建设是一项国家战略，不是上海的地方战略。这样，我就被"卷"了进去。

中央设立上海自贸试验区的核心目标是什么

2012年还发生了一件大事,就是中美启动投资协定(BIT)谈判。我们中心参加了中美BIT谈判的技术支撑工作。在文本谈判结束后,进入了投资市场准入的谈判阶段。这一阶段谈判的核心有两个问题:第一个问题是投资准入前国民待遇;第二个问题是"负面清单"方式的投资市场准入承诺。

所谓"准入前国民待遇"是我国特有的问题。因为我国对外资企业实行准入前的行政审批制管理。为此,美方要求在外商投资准入前管理上,对外资和中资实行同样的待遇,即国民待遇。所谓"负面清单"问题,是指政府对外资准入审批的管理方式。当时,我国对外资准入管理的主要依据是每年公布的"外商投资产业指导目录",该指导目录分为禁止类、限制类、鼓励类和允许类四大类,采取正面清单的管理方式。为此,美方要求外商投资准入采取负面清单的方式,并大幅减少不符措施和提高透明度。

对外商投资准入实行准入前国民待遇和负面清单管理是对我国企业市场准入管理制度的重大改革。为此,中央领导要求把外商投资准入实行准入前国民待遇和负面清单管理作为上海自贸试验区改革的重点突破口。

在自贸试验区总体方案设计过程中,我参与的主要工作就是研究和设计总体方案的第一部分——负面清单和准入前国民待遇问题。

在负面清单的研究和设计过程中,我们发现这一改革将对我国的企业投资准入管理改革有重要的意义。比如,在企业投资市场准入的管理上,存在着诸多的歧视性待遇:一是在准入的资格上,内资企业和外资企业的待遇不一样、央企和地方国企待遇不一样、国企和民企的待遇不一样等;二是在不同的行业、地区甚至不同的企业有无数的特殊政策,比如重庆的离岸金融结算,可以有15%的所得税税收优惠,而上海没有,诸如此类;三是透明度严重不足,"玻璃门""弹簧门"等现象比比皆是。上海自贸试验区最终采用了"正面清单+负面清单"的方式,基本上金融、教育、通信等服务业投资准入仍采取正面清单管理模式,制造业投资准入则采取负面清单管理模式。

在外资准入的国民待遇方面，中央要求上海自贸试验区实行外商投资准入各阶段的国民待遇实验，并大幅提高企业投资准入管理的透明度。我记得，中央领导当时（2014年）对上海自贸试验区的总体方案提了两个基本要求：

一是要求对外商投资准入的管理措施"不公布不执行，凡公布必执行"。我们当时在设计与外商投资市场准入有关的列入负面清单相关措施的法律依据时，发现许多管理措施的形成过程是先有"法律"，"法律"出来了以后有"条例"，"条例"出了以后搞"实施细则"，"实施细则"下来以后各部门按照"实施细则"写出自己的"管理办法"，"管理办法"出了以后发现很多问题都没有想到，接下来就是关于什么什么的"通知"，"通知"出来以后还有很多问题，下面反映没有办法操作，然后就是关于什么什么的"意见"。"意见"还说不清楚的，就搞关于什么什么的"说明"。"说明"还不是最终的，如果有什么紧急情况，出现实在协调不了的情况，最后一步就是关于什么什么的"精神"。而且，各部门在实施同一部法律的时候，又相互重复，有时候连基本概念的描述都不一致。比如，我们当时讨论外商投资准入负面清单的时候，发现有的文件叫外商投资，有的叫外资，还有的叫境外投资。确定一家企业是不是外商企业，标准是什么？是按企业投资人的国籍算，还是按投资资金的来源地算？是按股权结构算，还是以实际控制权算？谁都搞不清楚。

二是要求对外商投资准入的管理手段要从事前审批为主逐步转向以事中事后监管为主。但是一涉及与"准入前国民待遇"有关的改革就会发现，在实际的操作中根本分不清楚什么是准入前的审批，什么是准入后的监管。因为很多准入后的监管也是采取审批手段的。

由此可见，上海自贸试验区的改革目标已经不仅仅是如前20年那样，投资或贸易方面的扩大对外开放，而是加快我国社会主义市场经济体制改革的重要战略举措。上面谈到的外商投资准入管理方面涉及准入前国民待遇和"负面清单"的种种问题，实际上是我国经济管理体制方面长期存在的、急需改革的普遍问题。现在回想起来，当年上海自贸试验区提出的准入前国民待遇、负面清单概念很快就越出外商投资准入管理的范围，扩散到几乎所有的政府管理体制改革的领域，这不是一种偶然的现象。尽管2014年公布的上海自贸试验区负面清单还不够完善，但是这已经是很不容易的一步了。2014年，有50多个子部门的限制类措施没有具体规定，就是有些政府部门还需要在审批时保留一定的自由裁量权。但有33个部门把具体限制措施写清楚了，比如是怎么样的限制、程序是什么、规定是什么，已经很不容易了。上海自贸试验区建设自2013年启动以来已经经历了整整5个年头。自贸试验区在全国范围内扩容以后，每年设计和公布统一的外商投资准入负面清单一直是一场国内外关注的我国改革开放的"重头戏"。如果我们对比一下最新公布的2018年版负面清单与2014年上海自贸试验区的第一版负面清单就会发现，我国无论在实施外商投资准入前国民待遇还是提高负面清单的透明度方面都取得了令人瞩目的进步。

自贸试验区建设"任重道远"

2014年12月28日，全国人大常务委员会授权国务院扩展上海自贸试验区区域，范围由原来的4个区域，扩大到陆家嘴金融片区、金桥开发片区、张江高科技片区。很多人都惊讶，有土地空间的临港新城没有被纳入，而像陆家嘴这样已经非常成熟的区域却扩进去了。

图9-2　中国(上海)自由贸易试验区

记得2013年底我到北京的某中央部门开会，研究上海自贸试验区成立后面临的问题。我特别说了18个字，自贸区要避免"跑马圈地上基础设施，特殊政策搞招商引资"，一定不能再这么做了。当时，我的观点得到了与会大部分专家的认同。试验区就是政策试验，因此必须放在经济活动最密集的地区。我一直主张把上海自贸试验区扩展到整个浦东，特别是陆家嘴、张江、金桥和外高桥。有人说陆家嘴这种中心区域连企业站脚的地方都没有了，还搞什么自贸试验区？我说正因如此，你才尽可能多地去试验各种政策，试下来可行的政策，才有在全国复制推广的价值。千万不能再去圈一片空地，然后去招商引资，这就没有意义了。

自贸试验区在全国范围内扩容以后，在对各省市的自贸试验区进行调研的过程中，我感觉有的干部，特别是基层管委会的干部，在建设自贸试验区的思路和方法上，仍存在着一定程度的依赖"卖地引资、优惠招商"的现象。我曾经多次呼吁，在当前经济全球化发展出现新趋势和我国经济发展进入"新常态"的情况下，圈地搞基础设施、优惠政策搞招商引资的阶段已经过去，应该转到"以开放促改革"，或者说"以开放倒逼改革"的思维上。但事实证明，我的呼吁可能有点过于理想化了。现实的问题是，各地方在自贸试验区建设中无法摆脱"卖地引资、优惠招商"的路径依赖，不单是干部的思维和理念有问题，更重要的是"存在决定意识"，各地方政府的确存在招商引资的迫切需要。大批新城建设得美轮美奂，还都是按照高标准的功能来建设，工业区、金融区、创新区、文化区等应有尽有，当然希望通过招商引资来盘活这些新城区。

因此，不是说地方政府搞自贸试验区不需要招商引资，问题在于每个地方的政府如何提供一种新的路径，把过去通过卖地和优惠政策的招商，变成通过改善营商环境来招商，和其他城市、地区相比，有什么突破、创新；对企业能有多大的吸引力；对其他地方有多大的辐射能力，这是集聚企业的重要因素。但现在这些问题都还在不断的探索之中，自贸试验区如何避免走"跑马圈地上基础设施，特殊政策搞招商引资"的老路，看来还需要通过更高和更宏观层面的改革方能彻底解决。

中央决定在上海设立自贸试验区最重要的意义不是政策效应，而是改革效应。对自贸试验区，社会上曾有过不少误解。一开始，大家认为自贸试验区是特殊政策、优惠政策的政策洼地。但实际上并不是这样。中央给的不是政策红利，而是改革红利。上海自贸试验区的绩效如何，最后要看上海探索投资管理体制改革的进展情况。

我认为，从长远来看，要以自贸试验区的改革推动我国经济管理体制的全面改革。这里举一个例子，一般情况下，自贸试验区的改革开放政策试验方案按以下流程形成：第一步，在中央确定自贸试验区的总体方案以后，先由自贸试验区所在地政府各委、办、局根据自己的责权范围，在初步征求与之对口的中央各部委意见以后，提出本部门所涉及的领域的拟向中央上报改革开放政策试验措施建议清单。各委、办、局提出的建议清单汇总以后，经反复评估和论证，形成拟向中央正式上报的清单（草案）。第二步，根据清单（草案），地方政府各委、办、局分头赴京，与对口的中央各部委协商，难点问题需要地方政府主要领导赴京协商，以取得各部委的最后认可。第三步，根据地方政府与中央各部委协商的结果，再对清单（草案）调整汇总，形成正式上报中央的清单（定稿）。第四步，在经中央各部委会签后，国务院根据各部委的会签意见，以下达国务院指导意见的方式批准地方和中央主管部门联合上报的改革政策清单，再由各相关部委根据国务院下达的指导意见，以支持性政策文件的方式，把最后确认的政策试验方案下达到地方政府执行。

我把这种既定体制下的改革实施方式称为"碎片化"改革或"红包式"改革。比如说，假定今年上海自贸试验区拿到的"改革红包"有100项，涉及方方面面，看上去很多，但有多大作用呢？在一个具体的行业实施一项重大的体制性改革可能需要涉及众多部委的100项措施，但现在仅改了其中的一两项，其他没改，这个具体行业的企业就没有任何获得感。如果100项改革集中到一个行业，这个行业的企业就活了，所以中央领导要进行集约化、系统化改革。但要在现行体制下实施一项针对某一行业的集约化、系统化改革，几乎是不可能的。2018年，中央启动了大规模的政府机构改革，我认为主要目的之一就是要解决改革的集约化和系统化问题。

总之一句话，我把上海自贸试验区的建设概括为四个字："任重道远"。中央希望通过上海自贸试验区的探索推动新一轮改革开放，因此，上海自贸试验区承担着"以开放促改革"的战略期望，这一点我觉得是"任重"。为什么是"道远"？

因为上海自贸试验区的核心和重点是解决外资管理的"准入前国民待遇"和"负面清单"问题。这对我们有很大的挑战性。以往认为是在主权范围内与投资相关的法律法规和措施，现在要逐步与国际接轨。如何把握既按国际通行的规则促进改革开放，同时又能维护我国有中国特色的社会主义经济制度和国家的根本利益？这是一道难题。上海自贸试验区的改革方向是终结审批制度、逐步建立"以准入后监督为主，准入前负面清单方式许可管理为辅"的投资准入管理体制，所以我觉得是"道远"。

上海自贸试验区迈出了中国自贸试验区建设的第一步。这一步有重大的意义。

2013年8月22日，国务院正式批准设立中国（上海）自由贸易试验区，这是我国大陆境内的第一个自贸区。2014年12月12日，国务院总理李克强主持召开国务院常务会议，部署推广上海自贸试验区试点经验，加快制定完善负面清单，推动更高水平对外开放。会议决定，依托现有新区、园区，在广东、天津、福建特定区域再设三个自由贸易园区，以上海自贸试验区试点内容为主体，结合地方特点，充实新的试点内容。此时，我国自贸区扩围至4个。同时，上海自贸试验区由原先的28.78平方公里扩至120.72平方公里。2017年3月31日，我国自贸试验区再迎新一轮扩围，国务院正式批复辽宁、浙江、河南、湖北、重庆、四川、陕西等省市设立7个新的自贸试验区，并分别印发总体方案。至此，我国形成了11个自贸试验区的新格局。2018年4月13日，习近平总书记在海南建省办经济特区30周年纪念大会上宣布："党中央决定支持海南全岛建设自由贸易试验区，支持海南逐步探索、稳步推进中国特色自由贸易港建设，分步骤、分阶段建立自由贸易港政策和制度体系。"

自上海自贸试验区建设启动至今，转眼已经5年多过去了。在这5年中，经济全球化发展面临长期调整的新格局，我国改革开放的国际环境也发生了前所未有的重大变化，国内经济发展也进入了供给侧结构性改革的攻坚阶段。现在，能否认识和理解当前经济全球化发展趋势的重大变化、如何在全球经济"再平衡"、创新全球化和全球贸易投资规则重构的大背景下推进我国的供给侧结构性改革，形成开放倒逼改革的新动力、探索在经济全球化发展新趋势下我国以建立"特殊功能区"推进改革开放的新模式等，将是我国自贸试验区建设面临的新挑战。我相信，我们一定能化压力为动力，以自贸试验区为载体和手段，把我国的对外开放推上新的台阶。

10. 走向大开放先行探索：
从特别关税区到自由贸易港

1988年4月，七届全国人大一次会议正式批准设立海南省，并划定海南岛为经济特区。建省办特区30年以来，从"建立海南特别关税区"到"建设国际旅游岛"，如何以更大的开放办好最大的经济特区，始终是海南的不懈追求与探索。2018年4月13日，习近平总书记在海南建省办经济特区30周年纪念大会上郑重宣布，"党中央决定支持海南全岛建设自由贸易试验区，支持海南逐步探索、稳步推进中国特色自由贸易港建设，分步骤、分阶段建立自由贸易港政策和制度体系"，自此，海南大特区的改革开放和发展掀起了崭新的篇章。

口述者：迟福林［中国（海南）改革发展研究院院长］

探索研究海南特别关税区

迟福林

作为我国改革开放最大的"试验田"和"排头兵"，海南经济特区30年的发展历程是我国改革开放历程中的一个重要缩影。建省办特区以来，如何以更大的开放办好最大的经济特区，始终是海南的不懈追求与探索。从海南建省办经济特区30年的经验、曲折、欢笑与泪水看，什么时候"把门打开"这件事情做得好，什么时候发展就快。在扩大开放上先行一步，始终是海南改革发展的主线。1988年，我作为第一个到海南报到的由中央下派的干部,参与并见证了海南探索"大开放"的历程。

我从中央机关到海南工作,就是要投身到海南走向大开放的实践中来。这个实践,首先就是探索研究并积极推动建立海南特别关税区。

有关先喝"娘奶"还是先喝"洋奶"的讨论。1988年4月13日,七届全国人大一次会议通过了《关于设立海南省的决定》和《关于建立海南经济特区的决议》。自此,海南开发建设史上翻开了崭新而辉煌的一页。按照邓小平同志创办海南经济特区的战略设想,根据中央的要求,从筹备建省之初的需要出发,中央有关部门与海南建省筹备组协商尽快拿出方案。当时,面对海南岛经济发展严重滞后,尤其是基础设施建设严重短缺的现状,建省筹备组的主要负责人对海南一下子进入国际市场没有把握。到底如何起步?正是基于这个考虑,当时产生了一个先喝"娘奶"还是先喝"洋奶"的讨论。

图10-1 1988年4月13日,七届全国人大一次会议对设立海南省的决议进行表决(戴苏春摄影)

我当时在中央机关工作,曾了解到1987年底,在中央财经领导小组会议讨论海南岛如何扩大开放时,有部委领导提出,可否考虑在海南建立"我国第一个社会主义自由贸易区"。据我所知,会议邀请了建省筹备组主要负责人许士杰和梁湘同志列席。当时他们两位有一个担忧:海南一旦推向国际市场后,会不会出现一方面外来资本一时进不来,另一方面国内投资又不会很大的情况?为此,他们请求中央及广东等省市要加大对海南基础设施的投资,先喝"娘奶",待海南基础设施落后局面有所改善后全面放开,再喝"洋奶"。为了充分吸收各方不同意见,中央决定由建省筹备组和国务院特区办分头研究海南特区的政策。1987年10月底,双方各自将提出的政策提交中央讨论。对于如何推进海南大开放,中央委托谷牧副总理对海南的特殊政策进行调查研究并提出方案。11月2日，谷牧同志召集国务院有关部门开会并提请各部门讨论；12月，谷牧同志在海口主持召开了三天会议，讨论建立海南经济特区问题。回到北京后，谷牧同志立即向中央和国务院做了汇报。考虑到内外有别，他把在海南讨论定下来的问题分写为两个文件：一个是《关于海南岛进一步对外开放加快经济开发建设的座谈会纪要》；另一个是《关于鼓励投资开发海南岛的规定》。1988年1月18日，中央财经领导小组开会审议《关于海南岛进一步对外开放加快经济开发建设的座谈会纪要》，听取特区办主任何椿霖同志做汇报。4月14日，国务院以国发〔1988〕24号文批转了座谈会纪要；1988年1月23日召开的中央财经领导小组会议原则上审定了《国务院关于鼓励投资开发海南岛的规定》。5月4日，国务院以国务院〔1988〕26号文正式公布并实施了此规定。国务院〔1988〕24号和26号文件，给海南发展赋予了一系列的优惠政策。其中，相当多的优惠政策在全国来说都是独一无二的。

成立特别关税区研讨小组。 由于体制不顺，中央给予海南的许多特殊政策难以执行，无法形成吸引境外投资的大环境。基于这个考虑，海南省正式向中央提出设立特别关税区的请求。海南省第一次党代会以后，很快组成了一个由省委书记许士杰牵头的特别关税区研讨小组。研讨小组办公室设在省体改办，以省体改办几位处长为主要成员，加上省财税厅、人民银行等相关部门人员组成，由我兼任研讨小组办公室主任。我记得从1988年9月开始到当年年底，特别关税区研讨小组不分昼夜地深入开展特别关税区的建设方案、政策设计等方面的研讨。许士杰书记非常重视，全程参与，并多次主持省委常委会进行专题讨论。

什么是海南特别关税区？我们认为，所谓海南特别关税区，是在中央的统一领导和监督下，把海南从国家统一的关税体制中划出来，实行"一线放开，二线管住"的特别关税制度。建立海南特别关税区，实质就是利用海南独特的地理条件和优越的港口条件，把海南打造成为自由贸易港，再造社会主义的"香港"。由此可见，海南特别关税区，实质是符合国际惯例的、对外开放程度最高的经济特区。建立海南特别关税区，目的是使海南经济特区走出一条比其他经济特区更"特"的新路子，由此实现早在1987年邓小平同志就提出的，在海南岛搞一个更大的特区，把海南岛的经济好好发展起来的战略意图。

当时我们研究认为，建立海南特别关税区，在中央的统一领导和监督下，海南省应有更大的经济活动自主权，凡是涉及海南经济发展模式、经济体制和经济政策等问题，由海南省自行决定，报中央备案。这个思路，就是想突破政策与体制的限制，在开放方面上走出一条与岛屿经济体发展相适应的新路子。

我记得，当时的办公条件相当艰苦，但大家的热情高涨、干劲十足，研讨小组办公室成员加班加点是常事。有一天晚上，加班到凌晨2点多，我带着大家到处找夜宵。当时，只有海口泰华宾馆门口有一个大排档。为了海南的这片热土，大家都是满腔热情，那段激情燃烧的岁月，让我每每回想起来都感动不已。

海南省委第一次向中央请示。1988年9月以后，省委特别关税区研讨小组用近3个月时间集中讨论，其中包括5次专题讨论、6次省委常委扩大会议讨论，最后在1988年底提出了海南特别关税区的方案建议。

1988年12月21日，省委省政府形成《关于建立海南特别关税区的请示》，准备正式向党中央、国务院提交建立海南特别关税区的请求。在这个请示中，提出了6个方面的请求。形成向党中央、国务院的请示后，省委省政府主要领导心中还不是特别有底，尤其是担心外资会不会很快进来。因此，就决定兵分两路，分头行动。一路由许士杰书记带队，由我和办公厅主任、外办主任等同志组成海南省经济考察团，陪同许士杰书记到泰国、新加坡、中国香港访问考察。另外一路由省委副书记刘剑锋同志带队，到北京向中央提交海南设立特别关税区的请示和汇报方案。

从1988年12月23日到1989年1月6日的半个月里，我们分别同泰国、新加坡、中国香港的企业家和财团提出海南要设立特别关税区的想法，想听听他们的意见。在泰国考察过程中，考察团受到泰国政府的高度重视和热烈欢迎。

当时有两件事让我们特别感动。一个是为了迎接考察团，泰国海南同乡会专门成立了以吴多福为主席的"欢迎海南省经济代表团委员会"。另一个是新加坡琼州会馆特地为代表团举行了盛大的欢迎晚宴。许士杰书记分别在泰国海南同乡会和新加坡中华总商会、新加坡琼州会馆及新加坡澄海同乡会举行的座谈会上，详细地介绍了海南的政策及发展情况，听取了华侨们对开发建设海南的意见和建议，回答了他们提出的相关问题，并表示要为华侨回海南投资创造良好的环境。

这次东南亚之行让我感触很深，广大琼籍华侨对海南实行"大开放"方针都表示相当赞同，认为只要海南实行"大开放"，他们就马上进来投资。让我印象最深刻的是泰国盘谷银行董事长陈有汉和新加坡华联银行集团主席连瀛洲老先生，他们当场对许书记表示："老许，海南只要第一天宣布建立特别关税区，我们第二天就去投资！"回国时我们经停香港，香港的一些大财团也表示，只要海南宣布建立特别关税区，他们就马上到海南来投资。让我们没想到的是，我们从香港回到海口的第二天，连瀛洲老先生带着他的太太就来到了海口。1989年1月29日，我陪许书记在琼苑宾馆会见了连老，同日，又会见了泰国实业家冯裕德。连老一见到许书记，第一句话就问："老许，你们宣布了没有，我们来建银行了！"现在大家看到的海口文华酒店，最初不是用来建酒店的，而是连老那次来海南准备建银行时选的地。

访问考察到了香港后，许书记心中就有数了，感到海南全面放开以后国际资本肯定会很快进入。但是在香港，许书记给刘剑锋副书记打电话，才知道他们还没有去北京汇报。为什么？了解后得知，当时梁湘省长等省领导还是担心，想看看许书记在外面考察的情况怎么样。如果外面情况比较好，他们再去北京汇报也不迟。

1989年1月底，马上要过春节了。许书记派我马上赶到北京递交省委的请示报告。我带去的材料，除了《关于建立海南特别关税区的请示》外，还附上了9个附件材料，包括海关、外贸外经、财政税务、金融、基本建设、物资问题、困难与对策、法制建设以及海南实行开放的特殊政策与现行体制相矛盾的情况等。农历腊月二十八，我赶到北京，把这些报告交给了时任中央办公厅副主任张岳琦。

接到请示报告后，1989年春节期间，中央领导在珠海分别找许士杰和梁湘谈话，希望他们在海南建立特别关税区这件事上，要统一认识。记得大约是1989年大年初七，海南省委召开省直处级以上干部会议，由许士杰书记传达中央领导在珠海与他和梁湘省长谈话的内容。会后，省委开会进一步统一认识。但是，到了4月份，由于形势的变化，海南"大开放"错过了一次难得的机遇。

第二次向中央请示。1991年11月1日，中国（海南）改革发展研究院成立。建院第一天，就举行了"海南对外开放战略研讨会"，重点研讨海南设立特别关税区。

1992年，邓小平同志视察深圳并发表"南方谈话"后，海南再次掀起设立特别关税区的研究和讨论热潮。在海南再造社会主义"香港"，再度成为街头巷尾议论的热点话题，海南省委省政府把研究设立特别关税区的问题重新提上重要的议事日程。1992年5月7日，《海南日报》头版刊登我的署名文章《海南特别关税区：希望与出路的选择》。

图10-2　1992年4月8日，中国（海南）改革发展研究院主办的"建立海南特别关税区研讨会"召开

1992年8月8日，海南省委省政府再次向党中央、国务院提出《关于建立海南特别关税区的请示》。与此同时，省委省政府还形成了《关于请求建立海南特别关税区的汇报提纲》。

探索研究海南国际旅游岛

20世纪90年代中后期，海南发展陷入了建省办经济特区以来的最低潮。海南何去何从？我与中改院的同事经过研究提出，海南应从区域开放转向产业开放，以产业开放拉动产业升级，从而走出一条海南国际旅游岛的新路子。

经历海南30年发展进程的人，都会对90年代中期那段历史记忆犹新。1995—1997年，是海南发展极为困难的几年。全省地区生产总值增速大幅下降，1995年甚至低于西藏，成为全国倒数第一；1996年地区生产总值增速4.8%，全国倒数第二，略高于西藏；1997年好一点，达到6.7%。在这个背景下，海南何去何从，成为各方关注的焦点。

1999年，中改院就开始启动新世纪海南经济发展战略研究任务。当时，由我担任课题组长，经过几个月的加班加点，课题组于2000年3月形成了《2000—2010年海南经济发展战略研究报告》和农业、旅游、科技、生态、人力资源5份专题报告。这项课题研究还得到当时海南改革发展研究基金会和海南省哲学社会科学研究基金的资助。2000年10月，这份研究成果在海南出版社正式出版，书名为《以产业开放拉动产业升级——中国加入WTO背景下的海南经济发展战略》。也正是在这项研究中，我们提出，在中国加入WTO特定背景下，海南的发展和改革开放的路子，应当是以产业开放拉动产业升级。

2000年前后，在我国加入WTO的背景下，我和我的中改院同事提出了"建设国际旅游岛"的构想。2001年，提出"建立海南国际旅游岛的框架建议"，以书面形式正式提出了国际旅游岛的内涵及配套政策；2002年2月，我在海南省政协三届五次会议上提交了"建立海南国际旅游岛的建议"，提出海南国际旅游岛的机遇与背景、内涵以及相关政策建议；2002年6月，中改院形成了《建立海南国际旅游岛可行性研究报告》，系统论证建立海南国际旅游岛的可行性。

省委省政府结合海南实际，反复研讨，最终采纳了中改院关于国际旅游岛的建议，并向中央申报。应当说，从2000—2009年，我与中改院的同事相当一部分精力是为国际旅游岛鼓与呼，为海南产业开放鼓与呼。让我们倍感欣慰的是，2009年12月31日，国务院正式发布《关于推进海南国际旅游岛建设发展的若干意见》，多年来的梦想终于变成了现实，海南国际旅游岛建设正式上升为国家战略。

探索建设海南自由贸易港

30年来，我时刻牢记邓小平同志在1987年讲的一句话，他说："我们正在搞一个更大的特区，这就是海南岛经济特区"，"海南岛好好发展起来，是很了不起的。"这个"很了不起"，鼓舞了多少人为之努力探索。海南建省办经济特区30年来，从一个封闭、半封闭的国防前哨成为我国改革开放的前沿，从全国经济社会发展落后的地区之一成为享誉世界的国际旅游岛,在做"很了不起"这篇大文章上取得了历史性成就。但是,由于多种因素,至今仍未完全实现"很了不起"的目标。今天,站在新的历史起点,海南要下力气做好"很了不起"这篇大文章。

2013年,习近平总书记在视察海南时提出,希望海南发扬经济特区敢闯敢试、敢为人先的精神,在打造更具活力的体制机制、拓展更加开放的发展局面上走在全国前列。

近年来,我和我的同事以习近平总书记2013年视察海南时的重要讲话为指导,就海南中长期发展战略进行了深入研究,并形成了《打造海南国际旅游岛升级版——从服务贸易项下的产业开放走向自由贸易区》《以更大的开放办好最大的经济特区——关于海南全面深化改革的建议》(44条)《以更大的开放办好最大经济特区——未来5年海南改革发展的基本目标与重大任务》(22条建议)等一系列研究成果。在这些研究报告中,我们提出,海南要适应经济全球化大趋势和我国改革开放新形势,立足海南自身特点,继续"发扬经济特区敢闯敢试、敢为人先的精神",努力把海南打造成我国扩大开放先行区、改革创新试验区、泛南海经济合作先导区、绿色发展引领区。争取再用20~30年的时间,把海南建成高度国际化、现代化的美丽宝岛,在打造更具活力的体制机制、拓展更加开放的发展局面上走在全国前列,使海南成为实践中国特色社会主义的生动范例。

党的十九大报告指出,赋予自由贸易试验区更大改革自主权,探索建设自由贸易港。这对海南是一个极大的鼓舞,是海南发展的一次重大机遇。

2018年4月13日,这是令我难以忘怀、难掩激动的一天。那天下午,我们聆听了习近平总书记在海南建省办经济特区30周年纪念大会上的讲话。习总书记当场郑重宣布:"党中央决定支持海南全岛建设自由贸易试验区,支持海南逐步探索、稳步推进中国特色自由贸易港建设,分步骤、分阶段建立自由贸易港政策和制度体系。这是党中央着眼于国际国内发展大局,深入研究、统筹考虑、科学谋划作出的重大决策,是彰显我国扩大对外开放、积极推动经济全球化决心的重大举措。"在场的我,心潮澎湃。

会后，我马不停蹄地从纪念大会现场赶回中改院，为了献礼海南建省办经济特区30周年，由我编著的两本图书《我的海南梦：痴心热土三十载》和《策划天涯30略：立足海南的追求与探索》新书发布会正等着我回去举行。新书发布会很简短，但是会场里的大家都难掩兴奋，海南真的迎来了千载难逢的历史机遇。

30年来海南发生的巨变，根本上得益于改革开放，没有改革开放就没有海南建省办经济特区，也就没有今天的海南。正是如此，习近平总书记在纪念大会上明确提出，"经济特区不仅要继续办下去，而且要办得更好、办出水平"，海南要继续成为改革开放的重要窗口、改革开放的试验平台、改革开放的开拓者、改革开放的实干家。

海南实现大开放、大改革、大发展，关键之举在于探索建设自由贸易港。在新的发展阶段，推动海南实现更大程度的开放，办好我国最大的经济特区，关键之举在于探索建设自由贸易港。走向大开放、建立自由贸易港，是海南30年发展不懈探索的基本实践，也是全省上下的共同期盼。对我来说，更是倾注了30年心血的"海南梦"。经过30年的努力，海南已经初步具备了建立自由贸易港的条件。习近平总书记作出了建立覆盖全岛的自由贸易试验区和中国特色自由贸易港的重大战略部署。这不仅是对海南建省办经济特区30年来经济社会发展巨大成就的充分肯定，也给海南新一轮改革、开放和发展带来重大的历史机遇；不仅给海南带来了极大的鼓舞，也要求海南主动承担起新时代的责任和担当。新时代海南发展的动力，就是按照中央的战略部署，在全岛建设自由贸易试验区，逐步探索、稳步推进中国特色自由贸易港建设，分步骤、分阶段建立自由贸易港政策和制度体系。在海南全岛3.54万平方公里范围内建立自由贸易港，意味着中国将建立一个全球面积最大、范围最广、开放层次最高的地区。这是我国在经济全球化的特定背景下主动扩大开放的一个重要的、超出预期的举措，不仅对我国形成全面开放新格局有重要意义，也将对引领经济全球化带来积极影响。

从4月13日到现在，我将大部分的时间精力都投身于海南自由贸易试验区和自由贸易港建设的相关研究、调研、交流和思考中。为加强海南自由贸易试验区、自由贸易港建设的研究工作，经省委同意，省委书记刘赐贵、省长沈晓明作出重要批示，同意成立中国特色自由贸易港研究院。5月9日，海南省政府正式批复同意成立中国特色自由贸易港研究院，由中国（海南）改革发展研究院牵头，中国南海研究院、海南大学、海南师范大学等单位参与共建。中国特色自由贸易研究院定位为海南自贸试验区和自贸港的理论与政策研究，主要任务是服务海南自贸试验区和自贸港建设决策。6月27日，中国特色自由贸易港研究院成立大会暨揭牌仪式在中改院举行。由我担任中国特色自由贸易港研究院院长，海南省政府副秘书长、研究室主任朱华友，以及中国南海研究院吴士存院长担任副院长。

图10-3　2018年6月27日，中国特色自由贸易港研究院成立大会暨揭牌仪式在中改院举行

我想，总书记今天反反复复说特区的精神是什么，敢想敢闯敢干，如果没有这样一种精神状态，没有这样一种责任意识，我们什么事情都做不成。我们这个年代的人都有一种历史责任，就是推动我们的国家能够由大变强，在这个"变强"的过程当中我们责无旁贷，这种激情仍在激励着我，我们还有责任为海南的自由贸易港做点事情。

第 二 篇

改革开放40年来，伴随着各领域改革进程的发展，我国行政体制改革和民主法治建设持续推进，为社会主义现代化建设提供了重要的体制保障。当前，需要在新的起点上将行政体制改革和民主法治建设向纵深推进。

11. 中国行政体制改革40年历程回顾

改革开放40年来,为了适应经济社会发展的需要,伴随着各领域改革进程的发展,我国行政体制改革持续推进,逐步深入,从政府职能转变、组织结构优化、行政区划调整、管理方式创新、管理流程再造,到行政权力制约、行政队伍建设,各方面、各环节改革举措接连不断,改革成果亮点纷呈,为社会主义现代化建设提供了体制保障,也促进了其他相关领域改革的深化。

口述者:魏礼群(中国国际经济交流中心常务副理事长,国务院研究室原主任,国家行政学院原党委书记)

魏礼群

改革开放40年来,我们国家各个领域、各个方面的体制都发生了显著的变化。其中,最突出、最集中、最深刻的变化涉及两个方面:一方面是经济体制改革,由原来的计划经济转变为社会主义市场经济体制;另一方面重大的、关乎全局的就是行政体制改革,由原来高度集中的大一统的行政管理体制模式转变为统分结合的行政管理体制模式,这实际上是政治体制、社会体制的重要方面。行政体制改革是伴随整个改革开放40年全过程的,并且影响了其他各方面改革的关键环节。

中华人民共和国成立后的前30年,我国行政体制经历了多次"精简加集中"的变化,逐步构建了与新生的社会主义制度要求和与计划经济相适应的行政管理体制模式，为完成社会主义改造和开展大规模社会主义建设发挥了重要作用。

改革开放以后，随着经济体制改革的深入，行政体制改革也不断推进和深化。在原先的计划经济时期，行政管理体制模式的主要弊端是：国家统得过多、管得过死，政企不分、政事不分，制约了生产力的发展。邓小平1980年8月18日在中共中央政治局扩大会议上做《党和国家领导制度的改革》的讲话中指出，党和国家体制改革要把握三个方面：第一，要增强活力，就是说不要僵化，要用新脑筋对待新事物；第二，要真正提高效率；第三，要充分调动人民群众和各行各业基层的积极性。我认为这就切中了原有体制的弊端，这正是体制改革的出发点，也是重要目标。

改革开放40年来，行政体制改革大体经历了三大阶段：

第一阶段：1978年至1992年，即从党的十一届三中全会至党的十四大期间，主要是冲破高度集中的计划经济时期行政管理体制模式。这期间进行了两次大的机构改革。

第一次是1982年进行的国务院机构改革和各级行政体制改革。这次改革主要是精简机构、精简人员。"文化大革命"后几年，机构膨胀、人员增加过多，当时还基本上是苏联模式，由于产供销、人财物都统一管理，机构特别是工业部门林立。1982年国务院机构改革，重点是精简机构和人员。国务院各类机构由原来的100个减为61个；其中国务院部委由52个合并为43个（减少9个），人员编制由5.1万人减少为3.8万人。这次改革，精简了政府机构，规定了各部门领导职数、年龄和文化结构，提高了干部队伍素质。精减了各级领导班子成员，减少了领导班子副职，强调废除领导干部终身制。这是实行改革开放决策之后第一次行政体制改革，显示了中央改革的决心，带动了其他领域改革开放。

第二次大的改革是1988年进行的国务院机构改革和各级政府机构改革。在这一次行政改革中，首次提出政企分开，并明确提出"转变政府职能是机构改革的关键"；还提出国家调节市场、市场引导企业的机制，提出直接调控转向间接调控。除了继续简政放权、解决机构臃肿外，对经济管理部门也进行了调整。国务院机构由72个调整为65个，人员编制比原来减少9700人。同时，首创了机构改革制定"三定"方案（定职能、定机构、定编制）。这次机构改革抓住了行政体制改革的核心和根本，对以后实行社会主义市场经济体制的改革起了重要推动和奠基作用。

第二阶段：1992年党的十四大到2012年党的十八大期间，主要是按照建立社会主义市场经济体制的要求推进行政体制改革。

同以往历次机构改革经历"精简—膨胀—再精简—再膨胀"的循环一样，在1988年机构改革之后的一段时间，又出现了反弹，到20世纪90年代初期，国务院机构最多达86个。1993年3月，八届全国人大一次会议上，国务院机构包括直属机构、办事机构由86个减少到59个。改革的重点：一是加快实施政企分开、转变政府职能。推进宏观经济部门和专业部门管理体制改革，撤并一些部门挂靠的国家局。下放权力，减少行政审批事项，减少对企业直接干预，实行党政机关与所办的经济实体脱钩。二是调整政府部门之间的关系，明确划分职责权限，探索大部门制。

图11-1　1998年3月10日，九届全国人大一次会议在北京人民大会堂举行第三次全体会议。关于国务院机构改革方案的决定经表决获得通过后，全场热烈鼓掌

1998年3月，国务院机构改革，主要是围绕建立社会主义市场经济体制展开。此次改革，重点是精简事业机构和人员，减少行政审批，理顺部门职权。国务院组成部门由40个进一步削减为29个；各个部委内设或下设机构共减少200多个，国务院机构工作人员数量减少50%（由3.2万人减少到1.6万人）。省级政府部门机构从

平均55个减少为40个，普遍减少了20%，人员平均减少了47%，共减编7.4万人，成为历史上精简力度最大的一次。这次改革的显著成效包括：一是政府不再直接管理企业，工业经济专业管理部门裁并幅度较大，国务院逐步取消了专业经济部门。二是减少行政审批事项，取消了一大批行政审批事项，把属于企业和社会中介组织的职能交给了企业或社会组织。三是合理划分部门职责权限，理顺上下关系。这次国务院对各部门之间职责的调整有100多项，解决了一批长期关系不顺的问题。这次机构改革，奠定了社会主义市场经济体制下政府机构的框架。

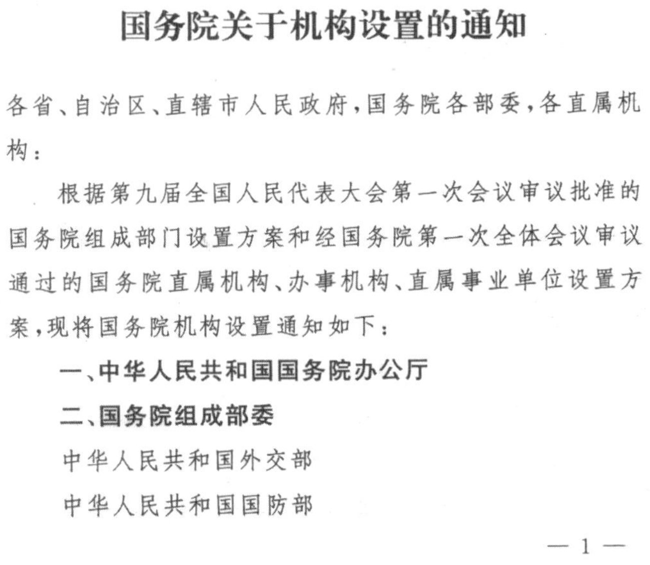

国务院关于机构设置的通知

各省、自治区、直辖市人民政府，国务院各部委，各直属机构：

根据第九届全国人民代表大会第一次会议审议批准的国务院组成部门设置方案和经国务院第一次全体会议审议通过的国务院直属机构、办事机构、直属事业单位设置方案，现将国务院机构设置通知如下：

一、中华人民共和国国务院办公厅

二、国务院组成部委

中华人民共和国外交部

中华人民共和国国防部

— 1 —

图11-2　1998年3月29日，下发《国务院关于机构设置的通知》

2008年国务院机构改革，首次提出行政体制改革要以转变政府职能为核心，实现政府职能向创造良好发展环境、提供优质公共服务、促进社会公平正义转变。按照建设服务型政府的要求，探索大部门制改革，精简机构，理顺部门之间职能关系。正部级机构减少4个，共取消、下放、转移职能60余项；同时，加强90余项职能、理顺70多项部门职责交叉问题。大部门制改革的目的是理顺职能关系，提高办事效率，建设服务型政府。这次机构改革反映了现代政府建设的根本要求。

第三阶段：2012年党的十八大以来至今，主要是实施"放管服"改革，建设服务型政府和法治政府，统筹党和国家机构改革，推进行政治理现代化。

2013年初，新一届政府成立时，国务院及部门各类审批事项达1700多项，门槛多，手续繁杂。当时，提出把简政放权、放管结合作为"当头炮"和"先手棋"，承诺5年内减少审批事项1/3，实际上仅两年就实现了这个目标。2014年强化放管，又把优化服务放之其中，形成"放管服"三管齐下。"放管服"取得明显效果：一是激发了市场活力。五年多来，各类市场主体数量增加近80%，现已超过1亿户，其中3100万户个体工商户，实际上很多个体工商户也在朝着企业化方向发展。二是带动了创业、创新热潮，对城镇新增就业贡献率超过2/3。三是促进了贸易和投资便利化。四是人民有了更多的获得感。五是政府职能转变加快，推进政府治理现代化。

图11-3　2013年3月11日，铁道部大门前，前来合影留念的市民和铁道部老职工络绎不绝。在2013年国务院机构改革中，铁道部被撤销（新京报记者　侯少卿　摄）

最近一次行政体制改革，是2018年2月28日党的十九届三中全会通过《中共中央关于深化党和国家机构改革的决定》，该决定是以习近平新时代中国特色社会主义思想为指导，着眼于推进国家治理体系和治理能力现代化，统筹推进党政军群机构改革，构建从中央到地方各级机构政令统一、运行顺畅、充满活力的工作体系。加强党的全面领导，在完善党中央机构职能和完善国务院机构职能方面，实施全面性改革。从行政体制改革方面看，主要内容是深入推进简政放权、提高资源配置效率和公平性，大幅降低制度性交易成本，营造良好的营商环境。重要举措是整合机构、推进大部门制，包括组建自然资源部、生态环境部、农业农村部、文化和旅游部、卫生健康委员会、应急管理部等，减少微观管理事务和具体审批事项，清理和规范各类行政许可。这一次机构改革，是一场系统性、整体性、重构性的变革，力度规模之大、涉及范围之广、触及利益之深前所未有,既有当下"改"的举措,又有长久"立"的设计,对于推进国家治理现代化建设有着重大的意义。

图11-4 2018年4月19日,新组建的中央广播电视总台正式揭牌亮相

40年来行政体制改革的主线是:坚持社会主义市场经济取向的改革;着力处理政府、市场、社会的关系;与时俱进深化理论创新。

1982年党的十二大提出,贯彻"计划经济为主、市场经济为辅"的原则;

1987年党的十三大提出,"社会主义有计划商品经济体制,应该是计划与市场内在统一的体制";

1992年党的十四大提出,建立社会主义市场经济体制,"使市场在社会主义国家宏观调控下对资源配置起基础性作用";

2002年党的十六大提出,"加强和完善宏观调控,在更大程度上发挥市场在资源配置上的基础性作用";

2007年党的十七大提出,"从制度上更好发挥市场在资源配置中的基础性作用,形成有利于科学发展的宏观调控体系";

2012年11月,党的十八大提出,"必须更加尊重市场规律,更好发挥政府作用";

2013年11月,党的十八届三中全会进一步提出,"使市场在资源配置中起决定性作用和更好发挥政府作用"。

以上可以看出,正确认识和处理政府与市场的关系,一直是贯穿于改革开放进程的重大课题,是我们党对实行社会主义市场经济的实践发展在认识上不断丰富、不断深化的过程。40年来的行政体制改革历程,是一个思想不断解放、理论不断创新的过程,是一个由计划经济转为市场经济的过程,是政府治理现代化水平不断提高的过程。

行政体制改革40年来取得了重大进展,也积累了许多宝贵经验:

第一,改革始终坚持人民为主体,依靠群众力量。改革的目的就是为了调动人民积极性,充分发挥人民的主体地位,维护人民的合法权益;同时也只有依靠群众,相信群众,走群众路线,才能够推动改革的成功。

第二,改革始终坚持从中国国情出发。行政体制改革必须要立足于我们国家的基本国情和历史文化传统,必须符合中国特色社会主义国家性质。只有通过持续不断的实践探索,及时总结经验教训,才能保障改革顺利推进;同时还要借鉴研究国际上的公共管理、理论创新和有益的做法,把立足中国国情与借鉴国外一些先进理念和经验做法结合起来。例如我们现在推行的服务型政府概念,很多都是从国外学习借鉴的。

第三,改革必须要统筹兼顾、协调推进。行政体制是整个国家体制的关键和核心部分,它的改革必然会牵动和影响其他方面体制改革,包括经济体制、政治体制、社会体制、文化体制、生态体制;同时其他方面的体制改革也会影响到行政体制改革。所以,必须要统筹考虑各个方面改革的相互适应、相互衔接、相互协调。

第四,改革必须要加强和改善党的领导。纵观中华人民共和国成立后历次重大改革,都是在党的直接领导下进行的。始终坚持党的领导,与党中央保持高度一致,是保证行政体制改革坚持正确的政治方向、顺利推进成功的根本经验。为进一步保障我国各项改革向纵深顺利推进,还需要与时俱进不断提升党的领导能力和执政水平。

12. 回顾我国大部门体制改革历程

改革开放以来，我国分别在1982年、1988年、1993年、1998年、2003年、2008年、2013年和2018年进行了多次规模较大的政府机构改革。力图降低行政成本，提高行政效率，国务院组成部门由1982年的100个削减为2018年的26个。其中2008年国务院机构改革的主要任务是，围绕转变政府职能和理顺部门职责关系，探索实行职能有机统一的"大部门体制"。

口述者：朱光磊（南开大学党委常委、副校长、教务长。南开大学周恩来管理学院"大部门体制改革"课题组负责人）

朱光磊

中国改革开放以来七次机构改革的总的情况是，前五次机构改革还是处在不停反复的过程中。主要的原因是在1998年以前，还没有抓住转变政府职能这个要害，还没达到这个高度，只是强调改机构。1998年以后，我国逐步开始往转变政府职能这个核心问题上靠，所以机构改革也在不断打开新的局面。进入21世纪以后，特别是2008年，讲大部门体制改革比较多，在这方面也做了很多工作，这又是一个新的阶段。当时政府比较强调"放管服"的改革，这又是一个特色。

图12-1 中华人民共和国电子工业部是中华人民共和国国务院原有的组成部门。1982年组建,1988年与原机械工业部合并,1993年恢复

我重点谈的是大部门体制改革。我是较早涉猎这个问题的学者之一。我最初关注这个问题是关于公务员规模的问题。中国公务员的规模问题,比如多少个人养一个官儿,这个"官儿"什么含义呢?形象地说,实际上从小到大有好几圈儿,最小圈儿是公务员,目前约有700万人;然后再大一点的圈儿,包括所有参公的,一般含义的公务员目前有1300多万人;比这个再大一点的圈儿,就是加上所谓机关事业单位人员;比这个再大一点的圈儿,就是包括财政供养人员,即人民团体、城市居委会、农村村委会等;最后还要加上机关事业单位退休的人,就到了最大的圈儿,那就有5000万人以上了。拿这个数对比人口总数,你就会得出不同的比例,如果按照我们第二个圈儿就是说纯公务员和参公单位的人,那么和人口的比例大约是1∶100,100个人养1个"官儿"。你如果算上所有的财政供养人员,不考虑离退休的同志,那就是30多个人养一个"官儿"。你要是算最大圈儿的财政供养人员,再加上离退休的机关事业单位的人员,那可不就是20多个人养所谓的一个"官儿"。还有,"财政供养人员"这个词语似乎也不好,还是"政府雇员"准确。这些人员都是脑力劳动者,不是什么"被供养",这容易引起误解。

图12-2　1998年3月10日，九届全国人大一次会议在北京人民大会堂举行第三次全体会议。关于国务院机构改革方案的决定经表决获得通过后，全场热烈鼓掌

我最早关心这个问题的时候，在政治学研究上发表过一篇论文，引起了中央编办同志的注意。有一天上午，中央编办的两位司长专程到南开大学来找我，希望我们把这篇论文改成一个报告，然后由他们送给领导。我觉得中央编办的同志还是比较专业的，他们讲的一个概念很专业，我现在上课也经常讲，就是说中国的公务员从政治的角度看不能不减，因为舆论有要求，两会代表委员有要求，中央领导有要求，那从政治上就得减；但是从管理的层面上看又没法减，因为中国的公务员不论从任何一个角度或和任何国家相比，占人口的比例都不是很高的，恰恰是偏低的。

我们根据各国情况调整范围，计算公务员和参公人员的比例。比如日本公立学校的教师算公务员，我们把它剔除；美国公务员的范围比我们小，它的公务员范围就相当于我们的纯公务员，我们就把政务官等加上。经过调整之后大体都在一个尺度上。按这个比例，它们都远远高于1∶100。我讲一个最清楚的例子，香港回归以前，600万人口中有18万名公务员，占3%。像日本大阪市，它的公务员占人口的比例和天津市是一样的。最简单地说，中国的警力配备在世界各国中是偏低的。社会越发展越进步，公务员的人数，还有政府雇员的人数（政府雇员就相当于公务员加上我们的事业单位人员），都会增加，而不是越来越少。从每个城市的规划来看，它都会增加许多文化设施，比如图书馆、博物馆，中小学也会逐步实行小班制，而这些东西大多都是国有公办的，都会导致用人增加，而这是社会进步的一个必然产物，是一个趋势。所以，当你仔细地静下来想想这些问题的时候就会发现这不是一个"越少越好"的概念，这是一个"经济学思维"。公务员占人口的比例，绝对不会是越多越好，但也绝对不会是越少越好，它会有一个适当的比例，我和我的研究团队这些年取得的进展当中的一个很重要的进展就是我们提出了"1%定律"，就是公务员占人口的比例不宜低于总人口的1%。这个标准在国际上还是一个偏低的标准。我们不赞成越少越好，当然也不赞成越多越好。

图12-3　1998年6月22日，《光明日报》刊发《国务院机构改革跨出重要步伐》

我们要往大部门体制上过渡，那么在研究这个问题的过程当中，我们又提出了另外一个重要的思路，就是政府部门设置要少，但部门内部的人员要饱满，总量适度，不是越多越好，也不是越少越好。那么这个总量适度应该按什么样的情况来组织呢，就是部门不要太多。我最初用的词是"衙门不要太多"，因为章都是跟"衙门"联系在一块的，要提高效率，衙门要少，章要少，但是人不能太少，太少了没人干活，所以叫作"衙门要少但是人员要饱满"，我觉得这可以作为一个定律来提出。在这种背景下，2004年通过中央编办，我们提交了一个比较长的报告，后来我们在2012年的政府发展报告里把这份报告又重新发表了，我们建议中国应当搞大部制，特别是讲了些关于规模的问题，得到了积极的反应。大部制的建议实际上是一个结果，在报告中我对中央最后决策当中的"大部门体制改革"这个词是给予高度评价的。这个变化好在两点：第一是加上了"门"字，大部制给人感觉就是中央政府的改革；第二这不是一个机构增减的问题，而是一个体制改革问题，所以加了一个"体制"。

虽然我非常重视大部门体制改革，但是我也得坦率地说这个工作，做一做即可，再做的余地不大，因为现在中国内阁级的机构已经不到30个了，所以相对于中国的实际情况来说差不多了，没有多大余地了。如果说有余地的话，主要在于政法部门和文教部门、经济部门以及几个常规部门。从各个国家的大体情况看，可以分为这么几种情况：第一种情况，如OECD[①]国家有十几个内阁级机构；第二种情况，转型国家中，比如说金砖国家有20多个内阁级机构。这两种情况对于我们是具有参照性的，一种是发达国家，一个种是转型国家，我们现在的情况大体上是相当于转型国家的情况。但是中国的人口多，由于传统的关系，政府管的事比较多，所以政府机构没法太少。而且即使是发达国家，它的机构总数也不少。所以我特别强调内阁级机构，现在媒体上好多人议论说国外就十几个部门，这话不对，像美国的机构很多，日本的机构也不少。像日本的一个文部省，相当于我们的教育部、文化部、科技部、文化局、语言文字委员会。但是如果中国真的也要成立这么一个部，那它的职能就太大了。所以适当地合一合还有余地，但是余地不太大。

我对大部门体制改革是高度评价的，我觉得是理念带出来的一个问题，不是为了问题又去找理念。首先中国机构和编制要适度，衙门要少，人员要饱满。2008年的机构改革，它有一个转变政府职能逐步到位的问题。转变政府职能不到位，"合"就是简单地合并同类项，意义不大。

---

① OECD即（organization for economic cooperation and development）世界经济合作与发展组织（以下简称"经合组织"）。经合组织帮助各国政府通过稳固金融、贸易投资、技术创新以及发展合作等方式促进繁荣，缓解贫困。它也正致力于帮助各国政府确保经济和社会的发展不以环境的急剧退化为代价。经合组织的其他目标包括创造人均就业机会、社会平等以及洁净高效的治理。经合组织秘书处设在巴黎，其30个成员国（2010年以前）为澳大利亚、奥地利、比利时、加拿大、捷克共和国、丹麦、芬兰、法国、德国、希腊、匈牙利、冰岛、爱尔兰、意大利、日本、韩国、卢森堡、墨西哥、荷兰、新西兰、挪威、波兰、葡萄牙、斯洛伐克共和国、西班牙、瑞典、瑞士、土耳其、英国和美国。

13. "一国两制": 亲历香港、澳门回归

1997年7月1日零时,随着交接仪式的成功完成,"一国两制,港人治港,高度自治"的历史就此开始。"一国两制"是邓小平理论的重要组成部分,香港回归表明"一国两制"从伟大的设想正式成为现实。两年后的1999年12月20日,离开祖国近400年的澳门顺利回归,"一国两制"翻开了新的篇章。

口述者:周　南(时任"香港回归""澳门回归"谈判中国政府代表团团长)

周南

回过头看,我这一辈子应该十分幸运。为什么这么讲?这100年的大事情我几乎都赶上了。有的是亲历,有的甚至参与了、见证了。这100年,中华民族的发展可以说超过了历史,实现了千年沧桑巨变,变化之大之快,举世公认。"九一八事变"时我才四岁,十岁时全家从东北跑到天津。"七七事变"时,我爬到房顶上目睹了日本在天津开炮,炮轰南开大学。抗战结束后,不久蒋介石发动内战,我参加了爱国学生运动反战、反饥饿。后来,我上了北大,搞学运,国民党要通缉我,我就留在解放区了。后来抗美援朝,我们热情地去争取到前线去。后来又进入外交界,碰到"文革"十年。由于当时中国要恢复联合国席位,又把我调回去参加了这方面的工作。这个时候,国家的统一提到日程上来。

"香港回归"被提上议事日程

1981年11月,我从纽约回国。从1971年11月9日去联合国,到1981年11月10日回国,整整十年零一天。1982年初,吴学谦①接替黄华②出任外交部部长。当时吴学谦找到我,让我根据邓小平同志有关国际形势方面的思想和指示,起草一份外交政策方面的新文件。就这样我回到外交部办公厅,主持起草政策文件工作。这个任务结束以后,1982年我担任外交部部长助理,主管欧洲事务,从那时起,我开始正式接触香港问题。③

1981年9月30日,在中华人民共和国成立32周年国庆前夕、辛亥革命70周年纪念日即将来临之际,时任全国人大常委会委员长叶剑英同志向新华社记者发表谈话的时候,宣布了关于台湾回归祖国、实现和平统一的9条方针政策④⑤。对台问题"9条方针"是把邓小平同志此前在内部的一系列讲话进行了归纳和概括,体现了中国政府和人民力争以和平方式实现统一祖国大业的诚意,在国际上引起了积极反响,也配合了中美关于售台武器问题的谈判。连美国人也不得不承认"中国的九条建议是条件极其豁达的和平姿态"。⑥

事实上,对台问题"9条方针"已经包含了"一国两制"的基本内容,只是对台问题"9条方针"先提出了"国家实现统一后,允许台湾现行社会、经济制度不变,生活方式不变,同外国的经济、文化关系不变,台湾可作为特别行政区,允许享有高度的自治权,可保留自己的军队,中央政府不干预台湾地方事务"等新概念。所以邓小平同志后来明确提出"一国两制"构想解决香港问题,就是在对台问题"9条方针"的基础加上香港的特点而形成的。

---

① 吴学谦,无产阶级革命家,中国外交战线杰出的领导人,曾任中国共产党第十二届、第十三届中央政治局委员,国务委员,国务院副总理,中国人民政治协商会议第八届全国委员会副主席。
② 黄华,中国外交家,燕京大学毕业,1936年加入中国共产党。曾任国务院副总理,国务委员,第六届全国人民代表大会常务委员会副委员长,中共中央顾问委员会常务委员,外交部部长,宋庆龄基金会主席。
③ 张春生、许煜:《周南解密港澳回归——中英及中葡谈判台前幕后》,新华出版社,2013。
④ 1981年9月30日,全国人大常务委员会委员长叶剑英代表中国共产党、人大常委会、国务院,进一步阐明关于台湾回归祖国,实现和平统一的9条方针政策。
⑤ 以下简称对台问题"9条方针"。
⑥ 蒋永清:《邓小平殚精竭虑解决台湾问题》,《湘潮》,2014年第11期。

等到这个问题提出来以后,英国人对香港问题也沉不住气了,英方来试探,我们说好,先解决香港问题。

"铁娘子"与"钢铁公司"第一次交锋

中英双方关于香港问题的谈判主要分为两个阶段。

第一阶段从撒切尔夫人1982年9月访华至1983年6月。这一阶段中英双方主要就原则和程序问题进行会谈。1982年9月撒切尔夫人访问中国。这是一次正面的交锋,后来邓小平同志自己讲,这是一个定调子的会议。这次会议主要是争论主权问题,后来22轮谈判实际上也是围绕主权问题在讨论。英国方面对"十二条"[①]本身并没有多少争论。撒切尔夫人说必须遵守有关香港问题的三个条约,不能单方面取消,即三个不平等条约有效论,意思就是说香港不能被中国收回。邓小平同志说,不行,主权问题不容讨论,没有商量的余地,到1997年,中国收回的不仅是新界,而且包括九龙、香港岛的全部主权,这一点是肯定的,不容讨价还价。至于保持香港的繁荣,我们希望取得英国的合作。但这不是说,香港继续保持繁荣必须在英国的管辖之下才能实现。香港继续保持繁荣,根本上取决于在中国收回主权后,在中国的管辖之下实行适合于香港的制度,其中包括政治、经济制度。大部分法律都可以保留,当然,有些要加以改革。总之,香港仍将是资本主义,现行的许多适合的制度要保持。[②]邓小平同志还强调,如果到1997年我们还收不回整个香港地区,

---

[①] 1983年初,中国政府就解决香港问题形成了十二条基本方针政策(简称"十二条")。"十二条"包括:一、中国政府决定于1997年7月1日对香港地区恢复行使主权。二、恢复行使主权后,根据宪法第三十一条规定,在香港设立特别行政区,直辖于中央人民政府,享有高度自治权。三、特别行政区享有立法权,有独立的司法权和终审权。现行的法律、法令、条例基本不变。四、特别行政区政府由当地人组成。五、现行的社会、经济制度不变,生活方式不变,保障言论、出版、集会、结社、旅行、迁徙、通信自由和宗教信仰自由。私人财产、企业所有权、合法继承权以及外来投资受法律保护。六、香港特别行政区仍为自由港和独立关税地区。七、保持金融中心地位,继续开放外汇、黄金、证券、期货等市场,资金进出自由,港币照常流通,自由兑换。八、特别行政区财政保持独立。九、特别行政区可同英国建立互惠经济关系。英国在香港的利益将得到照顾。十、特别行政区可以"中国香港"的名义单独同世界各国、各地区以及有关国际组织保持和发展经济、文化关系,签订协议。特别行政区政府可自行签发出入香港的旅行证件。十一、特别行政区的社会治安由特别行政区政府负责。十二、上述方针政策,由全国人民代表大会以香港特别行政区基本法规定之,50年不变。
[②] 《邓小平与外国首脑及记者会谈录》编辑组:《邓小平与外国首脑及记者会谈录》,台海出版社,2011。

那么我们这些人就变成了李鸿章,就变成了晚清政府①,全国人民不答应。

撒切尔夫人就威胁邓小平同志了,说:"你们要搞四个现代化,就需要有香港的繁荣,香港要繁荣,就离不开英国的管制,如果你们宣布要收回香港,那将会面临严重的灾难。"

图13-1　1982年,邓小平会见英国首相撒切尔夫人时提出"一国两制"构想

邓小平同志当面就驳回了,他针锋相对地回答道:"首相夫人,你讲中国四个现代化,要建筑在香港繁荣的基础上,这个命题本身就是错误,如果中国是采取这样的方针,那我们就是错误,更何况,香港的繁荣并不取决于是不是由英国来统治,而是取决于香港回归之后,中央对香港实行的是否是正确的方针。"②这是第一点。第二点,邓小平同志说:"既然首相夫人讲有灾难性后果,那好,我们就勇敢面对这种后果,做好准备,采取必要的措施。我们希望通过和平谈判解决香港问题,但是我们也预计此期间可能出现乱子。如果出了乱子,那我就不得不考虑在另外的时间以另外的方式来解决香港问题了。"

---

① 《邓小平与外国首脑及记者会谈录》编辑组:《邓小平与外国首脑及记者会谈录》,台海出版社,2011。
② 《香港回归谈判中的邓小平》,《世纪风采》,2009年第1期。

这是外交语言嘛，撒切尔夫人还不懂吗？她当然也听懂了，气焰一下子掉了下来。第一次交锋"铁娘子"就败下阵来，看来英国的"铁娘子"顶不过中国的"钢铁公司"啊！"钢铁公司"是毛泽东同志当年送给邓小平同志的绰号①。所以她离开人民大会堂东大门那个台阶时，神情有点恍惚，摔了一个跟头，我们警卫员把她扶起来。

这场交锋表明了我们收回香港不可动摇的态度，强调了我们要收回香港的立场。当时中英双方只发表了一个公报，宣布双方同意继续通过外交途径协商解决香港问题。但是当时邓小平同志提出了必须两年给出结果。当时是1982年9月，也就是必须在1984年9月前谈出结果，如果到了两年还达不成协议，我们就要考虑单方面采取行动。这话都讲得很硬。

第二阶段从1983年7月至1984年9月，两国政府代表团就具体实质性问题进行了22轮会谈②。22轮会谈我不细讲了，我就讲讲邓小平同志最关注的问题和他亲自抓的重点问题。邓小平同志最关注两个问题：

中英香港问题谈判：坚决要驻军

香港回归以后，中国必须在香港驻军的问题。在香港实行"高度自治"的同时，中央要保留的必要权利，首先就是国防、外交必须由中央直接管理，不包含在"高度自治"里。一个国家的国防、外交大权是主权很重要的组成部分，既然国防、外交由中央掌管，中央当然就有权驻军。③但是中英双方在谈判过程中，英国人竭力反对，不让中方驻军。说什么驻军以后，香港老百姓就吓坏了，都要移民了。哪里有这样的事？你们能驻军，我们为什么不能驻军？英方说："我们不一样啊。英国离香港十万八千里，万一有什么事我们来不了。可你们就在旁边，你们不需要在香港驻军，你们在广州、深圳有军队就行了。"因为中国近所以不需要驻

---

① 张春生、许煜：《周南解密港澳回归——中英及中葡谈判台前幕后》，新华出版社，2013。

② 1982年9月，英国政府与中华人民共和国政府开始就香港前途问题展开谈判。中英双方经过两年多，达22轮的谈判，最终在1984年12月19日正式签署了《中英联合声明》，决定从1997年7月1日起，中国在香港成立特别行政区，开始对香港岛、界限街以南的九龙半岛、新界等土地重新行使主权和治权。

③ 张春生、许煜：《周南解密港澳回归——中英及中葡谈判台前幕后》，新华出版社，2013。

军,英国远所以要驻军,这又是一个荒唐逻辑!①后来邓小平同志知道这件事情后发了脾气,拍了桌子。

还有一件事,也可见邓小平同志的驻军决心。1984年10月3日,邓小平同志在会见港澳同胞国庆观礼团时更清楚地表明了态度,他说除了在香港驻军外,中国还有什么能够体现对香港行使主权呢?在香港驻军还有一个作用,可以防止动乱。那些想搞动乱的人,知道香港有中国军队,他就要考虑。即使有了动乱,也能及时解决。②

《中英联合声明》

中英联合联络机构派驻香港的问题。1984年4月11日举行第12轮会谈,中英香港谈判开始进入第二个议程,也就是讨论1997年之前的安排问题。有关这项议程的核心问题就是要保证过渡时期香港局势能保持稳定,以便顺利实现1997年的平稳过渡。邓小平同志担心英方在此期间制造混乱,指示要成立一个中英联合联络机构进驻香港,有问题可以及时在那里商量。并规定双方如果达不成协议的问题,再反映到更上一级由两国外交部门或两国政府来解决。③中英联合联络机构派驻香港的目的跟驻军有某些相似,目的是在香港回归之前,保证双方共同贯彻执行《中英联合声明》④,确保香港顺利回归。于是中方根据邓小平同志的意思拟了个草案,开始名字叫《中英联合委员会草案》,在谈判桌上交给英方。英方一看大吃一惊,他们没想到中国还有这么一手。接着英方开始顽抗,无论如何不同意。他们说:"你们搞个'联合委员会'进驻香港,那不就等于1997年之前香港就由中英共管了吗?"中方反复给他们做解释:不是什么"共管",设立联合委员会只不过是为了贯彻《中英联合声明》以及处理跨越1997年的一些重大事务而已。⑤英方对《中英联合声明》怕得要死,谈判过程中全力抵抗,就是不承认有过渡时期,更没必要

---

① 张春生、许煜:《周南解密港澳回归——中英及中葡谈判台前幕后》,新华出版社,2013。
② 邓小平:《邓小平文选》,人民出版社,1993。
③ 张春生、许煜:《周南解密港澳回归——中英及中葡谈判台前幕后》,新华出版社,2013。
④ 《中华人民共和国政府和大不列颠及北爱尔兰联合王国政府关于香港问题的联合声明》,简称《中英联合声明》。
⑤ 张春生、许煜:《周南解密港澳回归——中英及中葡谈判台前幕后》,新华出版社,2013。

设立中英联合委员会。还说什么中英联合联络机构就等于第二权力中心,担心这个机构进驻香港以后,香港老百姓有事都不找港府了,都去找中英联合联络机构了,那香港总督不就成走不动路的"跛脚鸭"了。

图13-2　香港政权交接仪式上中华人民共和国国旗和香港特别行政区区旗同时升起

此期间,邓小平同志还亲自跟英国外交大臣杰弗里·豪做工作,但英方还是坚决不同意。到了1984年6月至7月,距离邓小平同志规定的两年期限没剩几个月了,英国外交大臣又来华访问,双方到了一定要谈妥这个问题的时候了。我们内部商量的结果是,要给出一个既给英国人留面子,又不伤害我们原则的方案。当时我们向时任总理报告,他说:"我同意,但是香港问题是小平同志直接抓的,你们赶快到北戴河去找他亲自汇报,听他的指示。"我们向邓小平同志汇报此事后,他说可以延后一两年进驻,但是进驻不能让步。为什么要进驻?就是怕出现了一些乱子,或者是英方违背《中英联合声明》,双方可以及时地就地解决。

图13-3 1997年香港回归仪式上,董建华宣誓就任首任香港特别行政区行政长官

我想起在撒切尔夫人来之前,1982年初中央的一次高层会议上讨论香港问题的解决方案。最后邓小平同志总结了两句话,说咱们就这么定了:第一,1997年收回整个香港地区,不止新界,包括九龙、香港岛,同时在不损害主权的情况下,保留香港的资本主义不变。也就是强调国家主权不容损害,"一国"是"两制"的前提和基础。第二,要充分估计香港可能出乱子的情况,做好一切安排。

后来在香港回归的过渡期间彭定康要推翻协议的时候,邓小平同志在内部讲话,香港问题就是一句话,对英国人一点也软不得,对他们背信弃义的做法,必须坚决顶住,决不能让步。要质问他们,中英协议还算不算?如果他们一意孤行,我们就另起炉灶。而且他又强调:"1982年9月我同撒切尔夫人讲的,必要的时候,我们要选择另外的时间和方式来解决,这个话还有效。"邓小平同志的这些话不是口头说说,据我所知,国家确实做了这方面的准备。

《中华人民共和国香港特别行政区基本法》起草过程

1984年12月,《中英联合声明》正式签订后,关于香港问题还有一个非常重要的任务,就是起草《中华人民共和国香港特别行政区基本法》(简称《香港特别行政区基本法》)。《香港特别行政区基本法》涵盖了很多问题,比如经济、政治、社会、文化等方面。

在这个过程中，邓小平同志主要抓了两个问题：

第一个，将来成立香港特别行政区以后，实行什么样的政治制度？邓小平同志讲，《香港特别行政区基本法》必须保证香港持续稳定，不能够照抄西方。当时有一些英、美等西方势力和代理人在基本法立法委员会中，他们天天吵、天天闹要把什么“三权分立”那一套移植过来，邓小平同志都不赞成。邓小平同志说：“我讲过‘港人治港’，不是什么样的港人都治港，是要以爱国者为主体的‘港人治港’。那些反对中国对香港恢复行使主权，要打倒中央政府，甚至当众烧毁《香港特别行政区基本法》的人，能算是爱国者吗？以这些人为治港主体，行吗？[①]即便是普选也要循序渐进，否则一定会造成动乱。前两年香港社会出现的一些问题证明了什么？比如‘占中’，比如校园里边搞‘港独’。”这都说明了邓小平同志曾担心的问题。

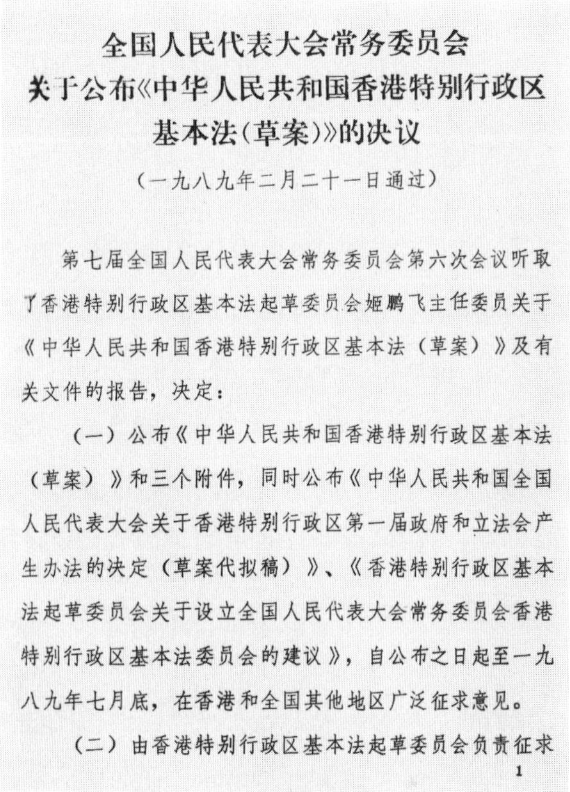
全国人民代表大会常务委员会
关于公布《中华人民共和国香港特别行政区
基本法(草案)》的决议
（一九八九年二月二十一日通过）

第七届全国人民代表大会常务委员会第六次会议听取了香港特别行政区基本法起草委员会姬鹏飞主任委员关于《中华人民共和国香港特别行政区基本法（草案）》及有关文件的报告，决定：

（一）公布《中华人民共和国香港特别行政区基本法（草案）》和三个附件，同时公布《中华人民共和国全国人民代表大会关于香港特别行政区第一届政府和立法会产生办法的决定（草案代拟稿）》、《香港特别行政区基本法起草委员会关于设立全国人民代表大会常务委员会香港特别行政区基本法委员会的建议》，自公布之日起至一九八九年七月底，在香港和全国其他地区广泛征求意见。

（二）由香港特别行政区基本法起草委员会负责征求

1

图13-4 《全国人民代表大会常务委员会关于公布〈中华人民共和国香港特别行政区基本法（草案）〉的决议》（1989年2月21日通过）

第二个，将来成立香港特别行政区后，中央政府和特区的关系怎么处理？邓小平同志强调，制定《香港特别行政区基本法》不能把中央的权力全部剥夺，高度自治不是全面自治，主要权力还是在中央手里。《香港特别行政区基本法》的解释权也在全国人大常委会那里，修改权也在那里。他警告大家，切不可认为把一切事情都交给港人管理，从此万事大吉，我们没有这样自我安慰的根据。因为当时有过这种倾向，一些人对于高度自治的理解有问题，好像高度自治就是中央可以什么都不

① 张春生、许煜：《周南解密港澳回归——中英及中葡谈判台前幕后》，新华出版社，2013。

管了，大家吃饱饭睡觉就是了。但是后来的事态发展证明，中央不管不行，不管就乱了，我们的阵地一个一个出让了，还不造成动乱了吗？

邓小平同志还讲，如果香港出现了动乱，如果敌对势力把香港作为颠覆大陆社会主义的基地，中央管不管？中央必须管。千万不要以为香港的事全由香港来管，中央一点都不管[①]，就万事大吉了。所以邓小平同志对香港的形势看得深、看得远。他还讲，要看到香港有动乱的因素，有捣乱的因素，而这个因素存在于香港内部，也存在于某些国际势力当中。什么国际势力？某些西方大国不是在天天通过外交途径，也通过各种所谓"非政府组织"、民间组织等途径，积极地插手香港的内部吗？所以香港要保持长期的稳定和繁荣，要好好重温一下邓小平同志的这些指示。

1990年至1997年是香港回归的过渡时期，过渡时期我们主要的力量就是要保证平稳过渡，使得过渡时期不出大乱子。要做到不出乱子，除了中央的力量，还要大力地扩展爱国统一战线。

在谈判之初，英国和西方媒体制造恐慌，说将来回归了以后港人无法生存。在这种影响下很多香港人都选择移民。移民群体主要是去加拿大、澳大利亚，也有去美国的。同时英国人也在捣乱，比如搞一些秘密的"居英权"，跟一些香港人说："你将来回归之后香港待不下去了，可以到我这来。"这样收买他们留在香港那边继续替英国人办事，而且港英政府走之前把这些秘密档案等材料都运走了。就像电视剧《潜伏》一样，撤走之前安排了地下的第五纵队。

图13-5　1995年12月7日，香港预备委员会经济小组合影

[①] 张春生、许煜：《周南解密港澳回归——中英及中葡谈判台前幕后》，新华出版社，2013。

所以为了保持香港的稳定，我们要争取群众。我们想出一个办法，就是聘请港事顾问，把香港各方面的头面人物都请来做港事顾问，并召开定期座谈会，协商如何保证香港回归平稳过渡。我们把九龙、香港岛、新界有些头面的人物、有影响的人物都请来，请到我们办事处座谈。这样子就把人心聚拢起来了。

同时，我们采取各种方式来显示我们会认真地执行"一国两制"，所以后来香港回归后，好多移民觉得上当了，有些港人回过头想从国外迁回香港，可自己把香港的房子卖了，到国外花很高的价钱买房子，结果风头一转，香港房子又涨价了，而且国外的生活更不容易，真是得不偿失，他们又纷纷回到了香港。

中葡澳门问题谈判过程

关于澳门的谈判和回归问题要更简单一点。因为中葡建交的时候，葡萄牙政府就承认澳门是中国的领土，暂时由葡萄牙管理。所以一开始没有主权换治权的争论。毕竟澳门地方小，人口少，在国际上的战略地位也没有香港那么重要，而且有香港问题解决在先，有先例可循，所以中葡双方很快达成文本协议。当然这份文本协议也不是照抄中英关于香港问题的联合声明，还有很多澳门特色，比如说法律问题，香港是普通法，澳门是大陆法，所以我们要尊重差别。还有澳门有土生葡人的问题，香港没有这个问题。葡萄牙希望对土生葡人要给予适当照顾，我们都照做了。最后一个问题就是收回的时间。因为过去邓小平同志讲过，说澳门也要按照"一国两制"，要本世纪（20世纪）以内，不要让资本主义的尾巴再拖到下一个世纪（21世纪）。

我私下跟葡萄牙两个代表交换意见，讲了我们的想法，他们当场都说没有问题。1986年，我受邀去葡萄牙访问，葡方政府给我们超规模的礼遇，外长亲自到机场迎接，葡萄牙总统、总理都会见了我们。

在跟当时的葡萄牙总统苏亚雷斯会谈时，他要求双方的其他人都不参加，所以我只带一个葡萄牙翻译，搞得神神秘秘的。参会的时候我就讲："中葡双方谈判进展得很顺利，澳门在本世纪内回归的具体时间要确定下来。"葡方总统苏亚雷斯插话，说："这事不行，你们这个时间太紧迫了，要拖到下个世纪。"我说贵方的全权代表在北京跟我说，同意本世纪之内收回澳门。总统说："如果我们的代表那么讲了，他不代表我们政府。"我说我感到很惊讶，我从事外交工作多年，还没有听说一个国家派出的特命全权代表讲的话不代表一个国家的政府。我当时就向苏亚雷斯总统提出："如果是这样的话，请问阁下今后我应该跟谁谈判？"苏亚雷斯总统答不上来了。紧接着我又跟他讲为什么我们必须要本世纪内收回的问题等。

后来我们了解到，葡方之所以想拖到下个世纪再让澳门回归中国，是有一个错误的判断。葡方认为香港收回以后，外资会从香港跑到澳门去，这样葡萄牙可以多捞一大笔。但其实不是那么回事，当时澳门除了赌场还有多少真正的产业？所以会谈结束的时候，我跟葡方代表说"你们再好好想一想"。

我下楼的时候楼梯口好多记者，我告诉记者今天不开招待会。回到宾馆后，我对葡方外交部门官员说今天累了，取消明天上午安排的参观游览。其实我是想给他们施加点压力。果然对方沉不住气了。第二天一早起来，葡萄牙外长打电话来，说他们想再安排一次对话。我一听，有戏！果然一谈葡方就松动了。

葡方说已经更清楚地了解了中国的立场，请给他们一些时间，他们内部好商量商量。葡方还说再过一个月，他们派他们的副外长回访，希望到那个时候就能够完全解决这个回归时间的问题。我表态说好，但是记住一点，在这个问题上我们不会让步的。会谈结束后我就打了电报回来，外交部新闻发言人也对记者强调了一通，中国人民不会答应澳门回归这件事拖到下一个世纪。

过了一个月，葡萄牙副外长果然来了，说经过葡方内部高层研究，同意我们的主张。他说："你们不是要求本世纪内回归吗？那么就定在本世纪最后一天12月31日吧。"我说按照西方的习惯，圣诞节和新年都要庆祝放假，这时候搞回归仪式合适吗？提前几天好不好？然后就定下来，1999年12月20日。所以很多人问我说，香港是1997年7月1日回归的，这好理解，因为是"新界"租期到了。那澳门回归12月20日是什么来头？我当时就给大家解释是这个原因。

图13-6 1999年12月19日午夜,中华人民共和国与葡萄牙共和国在澳门文化中心花园馆隆重举行澳门政权交接仪式,中华人民共和国从此开始对澳门恢复行使主权。图为12月20日零时,中华人民共和国国旗和中华人民共和国澳门特别行政区区旗在交接仪式会场庄严升起

邓小平同志对港澳回归的指示和领导,真的是对港澳平稳过渡和回归发挥了很重要的作用。港人对邓小平同志的怀念和尊重是很深的,特别是在邓小平同志逝世后,我们在香港开设灵堂,老老少少进门就下跪磕头,来吊唁的人群络绎不绝,排队排到街外边去了,一天的祭拜时间不够还要延长,场面非常感人。

现在看港澳的发展,我觉得还有地方可继续完善。比如说香港回归祖国了,大家都是中国人,但很长时间在香港的学校里没有国民教育、国史教育,老师和学生满脑子还是伊丽莎白王后、维多利亚王后,对自己国家的历史不熟悉。这些不正常的情况,都是需要早日改变的。

14. 建设公共服务型政府

SARS①危机是我国改革发展进入新阶段遇到的一次突发性公共事件。它反映出我国改革发展实践中的某些具体偏差，反映出我国政府在公共卫生，尤其是农村公共卫生等社会事业方面欠账太多。从SARS危机中吸取教训，应加快政府改革，实现由"经济建设型政府"向"公共服务型政府"的转变，实现经济和社会协调发展。

口述者：迟福林［中国（海南）改革发展研究院院长］

迟福林

2003年，我和我所在的中国（海南）改革发展研究院②提出从"经济建设型政府"向"公共服务型政府"转变的建议。后来中改院又相继提出"政府转型"的理念与一系列的政策建议。这些建议，逐步受到国家相关部门的重视，被决策者所采纳。有媒体报道说我们的研究工作，始终是从人民的利益出发。客观地讲，中改院在政府转型方面的研究，对政策决策与理论研究产生了积极的影响。

"经济建设型政府"向"公共服务型政府"转型

2003年SARS危机后，中改院开始关注基本公共服务与政府转型等重大课题。SARS危机暴露出我国公共服务体系中存在的很多薄弱环节。2003年4月29日，泰国

---

① SARS，严重急性呼吸道综合征，别称"非典"。
② 本文以下简称中改院。

曼谷举行了"中国—东盟领导人关于非典问题特别会议",温家宝总理在会议上说:"面对这场突如其来的疫情灾害,我们缺乏预防和控制经验,应对机制不健全,一些地方和部门工作不力,特别是中国人口多、流动大,尽管我们做了大量的艰苦工作,但目前非典型肺炎防治形势依然严峻。"

当时,我国正处在经济转轨和社会转型的关键时期,社会性的突发事件,牵动全局、影响全局。举例来说,由于信息的瞒报漏报现象,加上市场投机行为的推波助澜,SARS危机时出现了醋、板蓝根等商品的疯狂抢购事件,甚至一瓶醋可卖到五六十元!当时,我国的"非典"疫情主要发生在城市,如果是发生在农村,鉴于当时农村医疗的状况,后果可能更加不堪设想。SARS危机反映出我国改革发展实践中的某些具体偏差,反映出我国政府在公共卫生,尤其是农村公共卫生等社会事业方面欠账太多,政府改革的压力、传媒改革的压力、医疗体制改革的压力、社会改革的压力、干部人事制度改革的压力全面增强,改革的一些矛盾问题也渐渐凸显出来。

2003年7月12日,中改院在北京举行了以"建设公共服务型政府"为主题的改革形势分析会。有的专家提出了不同意见,说政府不搞经济建设,怎么叫政府呢?政府就是经济建设的主体。我记得在这以前,有一次我在一个省会城市给处级以

图14-1 2003年7月12日,中国(海南)改革发展研究院在北京召开"建设公共服务型政府——中国改革形势季度分析会"

上干部讲课。讲完之后市长就把我留下了，对我说："迟福林，如果政府不是经济建设型政府，还叫政府吗？我们这些人做什么呢？"我说，第一，我们的观点不是说政府不要搞经济建设，而是强调政府只是经济建设环境的创造者、是公平竞争的维护者。第二，我们"政府主导型模式"的思路需要转变。所谓"政府主导型模式"，我概括为以追求GDP总量为导向、以批土地为主要手段、以各种重化工业项目为突出特点、以牺牲环境为代价、以忽略社会建设为前提。我认为，要从SARS危机中吸取教训，最具实质性的行动步骤是加快政府改革，实现由"经济建设型政府"向"公共服务型政府"的转变。

图14-2　2003年11月29日至30日，中国（海南）改革发展研究院召开"建设公共服务型政府——中国转型时期政府改革国际研讨会"

2004年7月，中改院连续在北京举办了"经济转轨与社会公平——中国改革形势分析会""以人为本　改革为民——2004年上半年中国改革形势分析会"等几次研讨会。2004年10月31日至11月1日，中改院和德国国际合作机构合作举办了"建设公共服务型政府——政府转型与中国经济社会协调发展"为主题的第50次中国改革国际论坛。通过这些研讨，我在会上系统地提出了建立公共服务型政府的观点。

那年，温总理组织部分经济学家座谈。在座谈会上我又提出了政府转型的问题，提出政府要担当起公共服务方面的责任，这个观点得到了很多人的赞同。2004年底，全社会形成了政府转型的共识。有一次我接受《21世纪经济报道》的采访，提出了"政府转型的5个任务"：第一，政府职能转变的重点实现从优先于经济目标向优先于社会目标的转变，在指导思想上高度关注实践中突出的重大社会矛盾和社会问题。第二，要改革投资型财政体制，加快公共型财政体制建设。由于历史的原因，我国当时的财政体制存在结构性缺陷，总体上说，还是一个经济投资型财政体制。第三，要适应开放社会和履行公共职能的要求，从封闭型的行政体制向公开、透明的行政体制转变。必须建立信息公开制度，让全社会及时了解公共信息，由此提高全社会应对各类突发性事件的能力。我曾经说过，2003年的伊拉克战争，中央电视台有三个频道在做直播。那么面对"非典"这场危机，为什么不可以在中央电视台开设专门频道，一天24小时全面、现场、细致、实时直播宣传疫病防治知识，通报全国各地的"非典"疫情，让全体中国人能够迅速掌握、了解"非典"疫情的真实情况，做好疾病预防和治疗工作，以防出现因为信息闭塞导致的疾病进一步失控和无谓的恐慌？第四，要从行政控制型体制向依法行政型体制转变，真正实现法治政府。第五，要从条块分割的行政体制向统一、协调的行政体制转变，真正建立高效政府。在当时那种行政体制下，不仅某些经济事务存在条块分割的问题，在教育、公共卫生、社会保障等诸多社会事务方面也存在着严重的条块分割问题。依法明确界定中央与地方的职责权限，建立中央与地方的合理分权体制，是我国政府改革的重大任务。

建言建立农村最低救济制度

从2004年开始，中改院建言加快推进基本公共服务均等化进程，提出建立惠及13亿人的基本公共服务体系等观点和建议。为什么我们会提出这些主张？当时我们去实地调研，看到的一些现象让我很震惊。我举个例子，2003年7月1日，我带院里的研究人员到海南儋州做农村土地问题调查。看到一家黎族，三口人，妻子生病卧床，儿子痴呆不能劳动，老头一条腿残疾。为了生活，老头把犁耙绑在残肢上，就靠一条腿赶牛犁地。老人到乡里申请救济补助，3个月只申请下来5元。我说改革开放20多年了，老百姓没有农村最低救济制度说不过去啊。老实说，我是很心酸和愧疚的。

2006年,我在西北甘肃调查,了解到一个情况,某地一个村子里有个村民公约:如果某家的病人医疗费超过2万元,就约定主动放弃治疗回家等死,因为2万元是他们借遍所有农户亲戚的极限。如果还继续医治,最终不仅可能救不活病人,还会使4~5户家庭同时陷入贫困!我当时听完心里很不是滋味。

回去以后,我在相关研讨会上几次提到这两个案例。我想,搞改革的大目标是实现公平与可持续的科学发展,但是在发展市场经济追求效率的同时,也要建立底线公平的基础制度。

因此,在中央召集专家学者讨论"十一五"规划时,我向中央领导人反映了这个问题。我们改革开放快30年了,农村最低救济制度是不是应该尽快建立起来?当时高层特别重视。3个月后,中共中央和国务院决定,从当年开始,在全国范围内建立农村最低救济制度。这件事情出乎了我的意料,尽管城市和农村的保障还有不小差距,但建立农村最低救济制度就等于迈出了改革的第一步。

作为学者,参与中央决策讨论时,责任是沉甸甸的。我只能尽我所能,从了解到的基层情况中,把有价值的信息、情况及时反映上去,并且提出有针对性的建议,我相信这对中央决策还是可能产生影响的。直谏改革中的重大问题,也是改革能够顺利进行的关键因素之一。改革研究者不是政策制定者。因此,改革研究者一定要顺应历史、抓住趋势、提出建议,并且设法推进。一个改革研究者决不能计较自身的得失,必须发挥改革谏言者的历史作用,这是一条充满荆棘的道路。

提出"惠及13亿人的基本公共服务"

2007年春天,联合国开发计划署(以下简称UNDP)主动联系中改院,商议和委托中改院完成当年度《中国人类发展报告》的研究撰写。当时我们认为,在中国改革开放将迎来30周年的背景下,在中国经济持续快速增长的同时,人类发展发生了哪些变化,是一个值得研究的课题。

当时,经过前几年大量的实地调研,我们逐步形成一个基本判断:尽管我国正处于并将长期处于社会主义初级阶段,但发展的阶段性特征十分突出。与以往以解决温饱为重点的生存型阶段不同,我国已进入以人的自身发展为目标的发展型新阶段，人民群众日益增长的物质文化需求的内涵发生了重要变化。30年的改革发展在总体上解决了私人产品短缺（温饱）问题后，公共产品（教育、医疗、社会保障等）短缺的矛盾日益突出，我国开始进入公共产品短缺时代。从我国基本国情看，建立惠及13亿人的基本公共服务体系，逐步实现基本公共服务均等化，是我国公平与可持续发展的必由之路，就其制度建设对于实现全面小康社会目标的意义而言，可同30多年的市场经济体制改革相提并论，并将对中国人类发展产生巨大而深远的影响。经过研究和商议，我们认为将报告主题定为"惠及13亿人的基本公共服务"是一个比较好的选择。

5月12日，中改院与UNDP北京代表处举办了"2007中国人类发展报告顾问专家咨询会"。出席会议的有国务院发展研究中心主任王梦奎、中央财经领导小组办公室副主任陈锡文、中国扶贫基金会会长段应碧、国务院振兴东北老工业基地领导小组办公室副主任宋晓梧、中国社会科学院经济所研究员张卓元等领导和专家。来自国家发改委、财政部、国务院发展研究中心、中国社科院、中国人口与发展研究中心、北京大学、中国人民大学、中国政法大学、对外经贸大学等机构的专家学者30多人出席会议。会议由我主持，时任中改院副院长的殷仲仪同志向会议汇报了2007年中国人类发展报告项目进展情况。会议讨论了现阶段界定基本公共服务的标准、基本公共服务均等化的内涵、2007年中国人类发展报告16份背景报告的提纲以及2007年人类发展报告的主线和概念框架。

这份报告的产生过程，我记忆犹新。2007年10月19日，我就《中国人类发展报告2007/08》项目的后期工作会晤联合国助理秘书长、联合国开发计划署助理署长兼亚太区主任哈斐茨·帕夏博士。当时马和励先生[1]、丁雅珊女士[2]、侯新岸女士[3]、毕儒博先生[4]、俞建拖先生[5]也参加了会晤。会晤中，我介绍了中改院受委托撰写《中国人类发展报告2007》，重点考虑的经济社会宏观背景以及中国基本公

---

[1] 马和励：时任联合国驻华系统协调代表、联合国开发计划署驻华代表。
[2] 丁雅珊：时任联合国开发计划署驻华代表处国别副主任。
[3] 侯新岸：时任联合国开发计划署驻华代表处助理代表。
[4] 毕儒博：联合国开发计划署驻华代表处高级经济学家。
[5] 俞建拖：联合国开发计划署驻华代表处中国人类发展报告顾问。

共服务政策、体制、制度和机制的创新需求,参与撰稿的专家教授分别介绍了《中国人类发展报告2007/08》初稿中8个方面的政策建议。经过深入讨论,双方同意在把《中国人类发展报告2007/08》初稿缩编成政策建议报告、干部培训参考资料和通俗读本的同时,加快技术性修改,力争在年内正式发布;并选定有代表性的省、市、自治区,及时启动省级人类发展评估报告项目。

报告的主题是"惠及13亿人的基本公共服务",整个报告分为4个部分。最后的结论是:建立惠及13亿人的基本公共服务制度和体系,逐步实现基本公共服务均等化,是中国人类发展的必由之路。就其所涉及的人口规模而言,在世界上是空前的;就其制度建设对于中国全面建设小康社会的意义而言,可以同过去30年的市场经济体制改革相提并论,中国政府正在为惠及13亿人的基本公共服务做出巨大努力,这将使得中国人类发展迈上一个新台阶。

现在回想起来,这份报告耗时一年半,有10个部委16位专家参与,光研讨会就开了5次,背景报告做了16份。20日晚上,也就是报告发布后的第4天,我请参与写报告的20多位同事吃饭,有同事在饭桌上流下了眼泪。的确,为了写这个报告,我们付出了极艰辛的努力。筹备报告的一个多月,我们每天集中写作,没有人回过一趟家;每天晚上勉强能睡三五个小时,连续工作一天一夜的也不在少数,中间实在撑不住了,就在沙发上

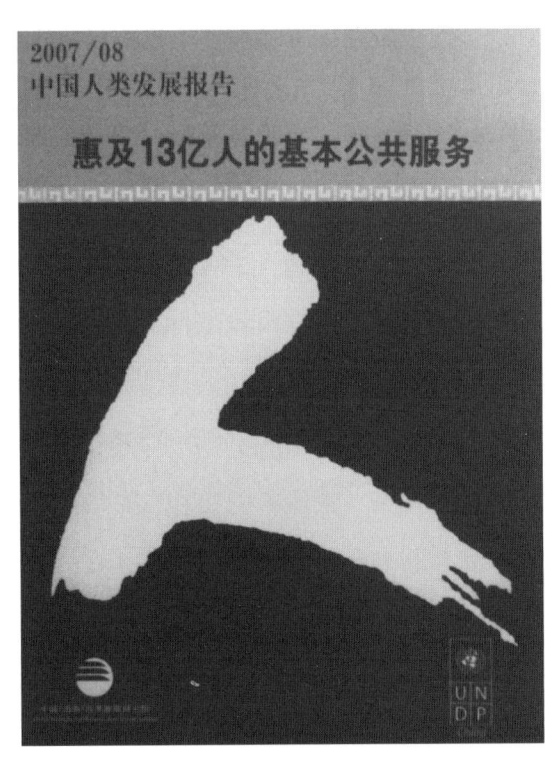

图14-3 2007—2008年,受联合国开发计划署委托,中国(海南)改革发展研究院研究撰写以"惠及13亿人的基本公共服务"为主题的《中国人类发展报告2007/08》

躺半个小时。我有20多天是靠安眠药强制休息的,焦虑得睡不着觉。大家都感到压力很大、责任很重。为了这份报告,我们每个人都付出了相当大的心血。

图14-4 2008年2月23日,迟福林在中国(海南)改革发展研究院召开的"惠及13亿人的基本公共服务——第63次国际论坛"开幕式上发言

让我们高兴和欣慰的是,我们的辛苦努力没有白费,报告得到了各方的积极肯定和鼓励。比如,马和励先生说:"我对参与本报告工作的所有专家学者以及迟福林先生带领的中改院的出色团队,为他们经过漫长而充满挑战的撰写过程所取得的完全成功,表示衷心感谢和热烈祝贺。"中国扶贫基金会会长段应碧评价说:"这份报告对基本公共服务均等化的课题进行了广泛而深入的研究,提出了很多针对性很强的政策建议,对许多领域深化改革的政策决策都有重要参考价值。"国家人口与计划生育委员会副主任赵白鸽认为,这份报告是对人的全面发展实现路径的积极探索,对促进人的全面发展的政策决策和体制机制创新都有重要参考价值。

值得一提的是,当年11月27日全国政协原副主席、中改院董事局名誉主席陈锦华在中改院上报的"关于《中国人类发展报告2007/08》发布会情况的报告"上也批示道:"我看了有关电视和平面媒体报道,感到很好。这件事需要有长远观点,持续做下去,精益求精,不断提高权威性,打造成精品品牌。中国和世界都需要这样的报告。要通过报告吸引、联系和团结海内外关心人类发展事业的专家学者。"

这些肯定,令我和我的团队倍感欣慰。

15. "依法治国"方略的提出

"依法治国"方略的提出,是中国共产党执政方式上的一次重大改革,是中国治国方略上的重大战略选择,是社会主义制度的创新。"依法治国"方略的发展过程有两个里程碑:第一个里程碑是1997年党的十五大正式把依法治国,建立社会主义法治国家确立为治国方略和奋斗目标。1999年在这个基础上又庄严地把依法治国写进宪法。第二个里程碑是2014年党的十八届四中全会,通过了《中共中央关于全面推进依法治国若干重大问题的决定》,提出全面落实"依法治国"方略,加快建设社会主义法治国家。

口述者:李步云(时任中国社会科学院法学所法理学研究室副主任、主任)

李步云

2014年10月召开的党的十八届四中全会,通过了《中共中央关于全面推进依法治国若干重大问题的决定》,表明了这一届领导人对依法治国的空前重视,我很受鼓舞。

我认为我们国家开始走上依法治国的道路不是十五大,而是更早一点。起点应该是在1978年12月的党的十一届三中全会,其标志着我们国家进入了改革开放的伟大时代,改革是全方位的,也包括了民主法治。从那个时候开始一直到今天,可以总结出两个里程碑:第一个里程碑是1997年党的十五大正式把依法治国,建立社会主义法治国家确立为治国方略和奋斗目标。1999年在这个基础上又庄严地把依法治国写进宪法。这个里程碑主要的意义在于提出这个问题以后，经过一场前所未有的大讨论，中央采纳了这个正确的意见，并且把它写进党的十五大报告。第二个里程碑，经过党的十六大、十七大，到党的十八届四中全会的时候，通过了《中共中央关于全面推进依法治国若干重大问题的决定》。这个里程碑的意义，用八个字概括就是：全面落实、加快建设。全面落实依法治国基本方略，加快建设社会主义法治国家。

我想谈谈第一个里程碑的经历。我经常说我这一生主要干了两件事，一件是倡导依法治国并推进它，另一件是提倡保障人权。依法治国这个问题应该就是在我和社科院同事写的一篇文章里最早提出来的。1979年，社科院举行了一个由全国600多名专家参加的会议，主题是"纪念中华人民共和国成立30周年"。实际上这个讨论会是在真理标准大讨论的基础上召开的，因此涉及经济改革、民主法治改革、政治体制改革等多方面的问题。在会上我和另外两名同志提出了一篇题目叫《论以法治国》的文章。这篇文章在学术界被公认为是最早提出这个问题的，并且从历史背景、理论根据、观念变革、制度革新四个层面，比较全面地论证了我们国家必须实行以法治国。这篇文章的发表有一个故事：《光明日报》看到这篇文章挺好，就想发表。但是他们又不放心，因为"以法治国"的口号过去没有提过，是新东西，所以就此征求了中央有关机关的意见，包括全国人大法制工作委员会和其他有关部门的意见。《光明日报》得到的回答是：这篇文章可以发表，观点可以采纳。在这个基础上，《光明日报》还有点不放心，说这个问题太尖锐了，能不能改一改题目。后来经过协商，就把题目改成《要实行社会主义法治》，把文章的基本观点都发表出来了。

这篇文章发表后，立刻在国内引起了强烈争论，出现了三大派的观点。这三种观点是截然不同的。第一种观点就是我和不少学者主张的，我们国家必须实现以法治国，建设社会主义法治国家。第二种观点是持反对意见，说法治也好，人治也不错，两个东西应该结合在一起。有个学者说了个形象的比喻：毛主席不是讲过吗，只有把武器和战士相结合才能产生最大的战斗力。所以既要重视法的作用，也要重

图15-1 2014年10月20—23日,党的十八届四中全会通过《中共中央关于全面推进依法治国若干重大问题的决定》

视人的作用,这个叫"折中结合派"。第三种观点是说法治这个概念是不科学的,是个西方的口号,有副作用,有片面性。我们叫"取消派"。三种观点曾展开空前规模的大讨论,参加这场讨论的不下数千人,主要是法学家,也有政治学家、哲学家、伦理学家,发表文章不下数千篇。此外,还有影响最大的一种观点:我们有"刀制",为什么还要用"水治"?

我认为,在党中央所采取的一系列步骤中有几个节点:

第一个节点是党的十一届三中全会公报。公报里面有很长一段话是谈到法治问题的,说今后人大要加强立法工作,要做到有法可依、有法必依、执法必严、违法必究,同时要做到法律面前人人平等,要树立法律极大的权威。党的十一届三中全会尽管没有出现"法治"两个字,但是这些原则,却是我们现在依法治国,建设社会主义法治国家的一些基本要求。

第二个节点是1979年的《中共中央关于坚决保证刑法、刑事诉讼法切实实施的指示》。1978年改革开放,党中央落实平反冤假错案的一系列政策,同时还决定制定《中华人民共和国刑法》《中华人民共和国刑事诉讼法》等一共七部法律,影响最大的是《中华人民共和国刑法》《中华人民共和国刑事诉讼法》。这个文件的起草主要是我负责的,后来增加几个人,包括我们所的王家福和刘海年所长,四个人一起来起草。起草过程中，我们在中南海开过8次研讨会。后来中央政治局通过了这个文件，1979年9月9日正式颁布的《中共中央关于坚决保证刑法、刑事诉讼法切实实施的指示》，学术界通常叫"64号文件"。

这个文件第一次使用社会主义法治这个概念，"在这七个重要法律中，刑法、刑事诉讼法同全国人民每天的切身利害有密切关系，它们能否严格执行，是衡量我国是否实行社会主义法治的重要标志，因此也更为广大群众所密切注意"。这是第一次在我们党的文件里用了"社会主义法治"的概念。同时有一项重大的改革，是采纳了我个人的一个建议。我在以前就通过《人民日报》给中央政治局写了一个取消党委审批案件制度的建议稿，后来中央政治局看了，表示同意。刚好在这个文件起草过程中，我就向邓力群同志提出来，说能不能把这个制度改革放进去。为什么呢？这是一个内部的规定，法院一般碰到稍微重要一点的案件，比如一般要判刑三年五年的，必须要报告当地党委，由当地党委讨论以后决定，该不该定罪，该定几年，最后法院再开庭宣判。还有，公安逮捕人要经过检察院同意，但是检察院说了不算，必须经过当地党委同意，说这个人可以抓，检察院才能盖章，这就是走形式了，所以叫"党委审批案件制度"。当时有人建议我能不能到最高法院和最高检察院去听取一下意见。结果我就到最高法院去了，最高法院接待我的是当时的研究室主任鲁明健和另外一个厅长，我提出来说："这个文件决定要取消这个制度你们同不同意？"他们两个说完全同意。后来到最高检察院征求意见，当时他们非常重视，还开了一个党组会议，全体成员都到会了，会上一致同意，取消党委审批案件制度。回去以后我跟邓力群同志汇报，他说，把这项改革写进去，所以"64号文件"有项重大的改革就是明确宣布取消党委审批案件制度。

第三个节点是"四人帮"审判。这个审判在中国历史上是很重大的一个审判了。审判完了以后，中央就决定要总结一下这次审判的经验，但是不准备用文件的形式，而是以《人民日报》"特约评论员"的名义来反映法律事务，这个任务就交给我了。后来我就写了一篇文章，题目是《社会主义的民主和法治的里程碑》，副标题是"评审判林彪、江青反革命集团"，发表在1981年11月22日的《人民日报》上，署名是本报特约评论员。这篇文章是经过中央领导审查的，《人民日报》一个字没有改,但是采纳了个别同志提的意见。比如说,当时宣传部的王任重同志说人道主义下面加"革命"二字比较好,这样的意见就被采纳了,但是文章并没有怎么改。这篇文章说这次审判体现了我们社会主义法治的五条原则,分别是司法独立、司法民主、实事求是、人道主义、法律平等。

这里需要解释一下。当时是"以法治国",后来决定用"依法治国"。依法治国,还是以法治国?哪个好一点,现在学术界仍然有不同看法,但是我认为它们是相通的,实质是法治。所谓实质是法治,就是说法律要好,同时法律也要有权威,这在当时用的是以法治国,我那篇文章也是《论以法治国》,到了党的十五大以后才改成依法治国。

第四个重要的节点就是党的十二大。在党的十二大召开之前,我在《光明日报》发表了一篇文章,题目叫作

图15-2 1979年6月,第五届全国人民代表大会第二次会议通过《地方各级人民代表大会和地方各级人民政府组织法》《全国人民代表大会和地方各级人民代表大会选举法》《人民法院组织法》《人民检察院组织法》《中华人民共和国刑法》《中华人民共和国刑事诉讼法》《中华人民共和国中外合资经营企业法》等七个重要法律。图为彭真与出席五届全国人大二次会议的北京市代表一起讨论

《党要在宪法和法律范围内活动》。这篇文章后来在《光明日报》得了二等奖,《实践是检验真理的唯一标准》是特别奖。后来党的十二大报告起草组采纳了我这篇文章的观点,并写进了十二大报告里面,同时将这句话作为党的一个原则写进了新的党章。这个建议很重要的原因是什么?就是因为我们说依法治国,必须坚持党的领导,党要带头守法。这很关键,这是我们政治体制决定的,所以是个很大的进步。

应该说从这几个节点上,我们全党达成了对法治的高度共识,因此才有党的

十五大依法治国的重大决定。我在党的十五大之前写了一篇文章，题目叫作《依法治国的理论依据和重大意义》，我认为"依法治国是市场经济的客观要求，依法治国是建设民主政治的基本条件，依法治国是人类社会文明的重要标志，依法治国是实现国家长治久安的重要保障"，后来这四句话十五大报告也采纳了。当然表达不一样，但基本意思没有改。十五大报告还特别指出，依法治国是党领导人民治理国家的基本方略。

这四句话中，第一句是强调市场经济在依法治国中的作用。市场经济是法治经济。为什么这么说呢？市场经济和计划经济相比，经济主体是多元的，是独立自主的，而且按照等价原则平等自由地交换。计划经济就是计划分配。在市场经济下，所有经济主体平等自由地交换，人力资源的配置、物力资源的配置，都会按照经济的规律进行，不能以个人主观说了算，这样的经济就不能用行政的手段来干预了。当然在宏观调控领域里面还有行政手段，但是市场交换过程中不能过度干预，它必须是自由交换的，所以这就需要有法律去调整它，来保障交换的秩序、维护权利的获得。所以市场经济是法治经济，是由市场经济的特点决定的。

第二句说依法治国是建设民主政治的基本条件。我通常把民主简单化为四项内容。一是公民的政治权利和自由。比如说，选举权、被选举权、知情权、监督权、参与权，政治自由、言论自由、新闻出版自由、游行示威自由、宗教信仰自由等。这些权利和自由是现代民主的基础权利。二是国家权力的民主配置，现代民主配置要相互制约，包括执政党和一些合作党的关系问题，执政党和国家的关系，国家机关中立法机关、行政机关、司法机关的关系都应该相互制衡。所以现代民主权力的配置要制约权力。三是立法、决策、执法、司法都要民主，这个原则主要是所有的决策、立法、行政执法要体现群众参与和群众监督。四是民主方法，包括群众路线，要民主集中制，要开展批评和自我批评，所有这些都是民主方法。

第三句说依法治国是人类社会文明的重要标志。过去我们在法律上存在一个错误倾向，只是把法律看作一种工具，一种认识世界、改造世界的工具。那到底它是不是工具呢？它是，但不单纯是个工具，它还有伦理价值。一个国家有没有法律，有没有法治，是这个国家是不是进入文明社会的重要标志。法律法治是人类社会文明的一个重要标志，我们党的创始人之一董必武同志在党的八大召开的时候讲："说到现代文明，法制要算一项。"虽然他当时不是用"水治"而是用"刀制"，但他是这个意思了，他在1949年前就已经把法制提到文明的高度了。

　　第四句说依法治国是实现国家长治久安的重要保障。就是我前面讲到的，法治和人治是根源于理论认识的，一个国家的兴旺发达和长治久安究竟是要依靠人，还是要依靠制度的作用？领导人的责任固然很重要、很全面，但是具有全局性、根本性的是法律制度，治理国家要靠制度。

　　这就是我对依法治国方略出台历史过程的一些回忆。

16. 向阳人民公社"撤社建乡"

  1980年6月18日，四川省广汉县向阳人民公社摘掉了"人民公社"的牌子，正式取消了政社合一的人民公社体制，建立乡政府，成为全国第一个改制的人民公社。这不仅推动宪法修改规定"乡、民族乡、镇设立人民代表大会和人民政府"，还标志着"三级所有、队为基础"的政经合一的农村基层组织管理体制在中国大地上不复存在。自此，人民公社逐步退出历史舞台。

口述者：常光南（时任四川省广汉县县委书记）

常光南

  包产到组、包产到户在农村推行以后，生产队的体制就发生了变化。过去人民公社的体制是"一大二公三平调"①，"三级所有、队为基础"。现在公社只有名，没有实了，大队、生产队这个基础已经空了，没有集体财产，平调不了了。另外，还有一个问题，当时群众对公社有意见，公社已经不能调动群众的生产积极性了。那么在这种情况下，特别是我作为县委书记，就很有必要考虑这事该怎么解决了。县委讨论过后决定，到农村搞个点试验一下。选在哪里呢？我就到农村去调查。

  有一天，我到向阳公社去调研，党委书记叶文志带着我去检查生产，看农村包产到组的情况。我们经过酒厂门口的时候碰见个60岁左右的老头，眼睛很红。我

---

① 注：规模大，公有化程度高，集体财产无偿调拨给人民公社。

说:"老乡,你眼睛咋这么红嗫?"老头一指叶文志:"你问他。"我就很奇怪,问:"老叶,他眼睛咋红的?"叶文志说:"我把生产队、工业、商业都给人包了。他是酒厂的厂长,把酒厂给包了。为了完成任务,好多晚上都睡不着觉。"我一想,叶文志行啊,包产到组把工业、商业、企业都包了,积极性这么高,想法这么先进。我说:"几十年里我们都在想办法调动社员的积极性,你这个调动得很成功,让人家晚上觉都睡不着,熬夜完成烤酒的任务。"我觉得叶文志行,而且向阳公社不大,才1万人口,比金鱼公社还小,将来如果搞错了也好纠正,就决定把公社的改革试点选在向阳公社。

搞试点复杂得很,任务重,领导班子的工作很重要。我就让县委农工部的副部长黄希宇当工作队长,叶文志当第一书记,还有个书记叫李国寿,我就在那蹲点研究。在这过程中,1979年6月,我们省委书记带了我和杨汝岱去西欧考察,我们去了英国、瑞士、法国。在英国参观的时候,书记说:"常光南,你好好看啊。"有一天我们到一个农场参观,那里是丘陵地区,半边山上种葡萄,半边山上种草。书记问:"哎,先生,为什么你这半边葡萄半边草啊?"农场主回答说:"我们是因地制宜,这半边山上阳光多,葡萄的质量高,含糖高,价格好。这半边山上阳光不行,我们就种草喂牛。"书记就回过头来说:"常光南,你看人家就因地制宜,我们为什么不可以啊?"我说:"书记啊,省上给我们派个任务,派到县上,县上派到公社,公社派到大队,大队派到生产队,这一套是规定死了的,因地制宜不得行。"书记说:"邓小平同志以前就说过,叫我们开开眼界,学习外国好的经验。因地制宜这点我们应该学习。"

在参观工厂的时候,我发现人家工厂里人不多,尤其是领导不多,工厂一百多个工人,厂长、会计、采购都是同一个人。书记说:"你看我们中国,小小的厂里,有厂长、副厂长、妇女干部、青年干部等一串的领导干部,行政成本太高了。你看人家一个人身兼数职,把工作搞得很好。回去以后,你按他的搞好吗?"

所以回来以后,我就要学习人家的先进管理经验,将企业、农业因地制宜。我在县里成立了农业公司、工业公司、商业公司。公司主要是管技术,比如,农业公司就专门管农业,包括技术、播种、治虫、水利等。工业公司专门管工厂,商业公司管供销社。过去公社也管这些,但它是一把抓,上边一条线,到底下分好多条,所有事务都在公社里。所以有人说公社干部是万金油,"样样懂,门门瘟"。啥都懂,但门门都研究不深。我们成立了三个公司以后,在县里还成立了一个农工商联合总公司,专门管经济。①

那么,行政工作哪里搞来?大家讨论说,我们今后要政企分开,找几个人成立行政组吧。我一听行政组就反感得很,因为"文化大革命"里总是这个组、那个组,而且行政组有啥权力?它代表什么?我觉得不行。有些人就说:"那成立个乡公所嘛。"又有人说,乡公所是1949年前的叫法,不大适应。叶文志就说:"乡公所不得行,成立乡政府嘛。"

正在我们讨论的时候,1980年3月1日,四川省委同志召集广汉的县委主要领导到金牛坝开会,县委去了我、夏更坤、胡世英副书记、办公室主任郑学成四个人。到那以后,省委书记、谭启龙、杨汝岱等几个主要领导在会议室里等我们。谭启龙书记说:"省委书记要调到北京去了,他对广汉的改革很关心,今天专门喊你们几个广汉县委主要领导来研究广汉的试点,大家有什么问题可以提出来。"我们就汇报了广汉改革的举措,讲了我们成立了三个公司进行专门的分工管理。书记肯定了这个分工。我们说,目前我们在考虑政企分开,讨论的时候有的说成立行政组,有的说行政组不行,有的说不如成立乡公所。书记就说:"你们弄几个人成立个乡公所嘛,管行政工作。"他问谭启龙书记:"启龙同志意下如何?"谭书记表示同意。书记说:"我同意搞个试点,将来出了问题,纠正也好纠正嘛。"于是就这么定下来了。

散了会以后,我们就讨论着将工业公司、农业公司、商业公司的人员都定了,这个行政组咋个改法?有人说成立乡公所,有的说成立乡政府。有的说乡政府成立了,公社的牌子咋办?谁领导乡政府?乡政府领导公社?公社领导乡政府?到底谁领导谁?宪法规定,公社行政和企业都要管。讨论了很长时间,定不下来,只有一点很明确:行政组是要改的。

---

① 常光南:《说我们"震撼了世界"日本记者把我吓坏了》,载《见证:中国改革开放三十年口述史》,广东教育出版社,2008,第223页。

后来7月底,我到东北出差,因为之前吉林省省长张根生到广汉参观,我们商量了用我们的菜籽换他们的玉米,这次我到东北就是去挑要换的3000万斤玉米。在那里我又碰见了省委书记,我们在招待所院子里一边散步,我一边就将现在的讨论情况向他汇报了。书记说:"那你的意见呢?"我的意见就是把公社的牌子换成乡政府。书记说:"势在必行,可以。"

当时没有拿记事本,一回来我就急忙把这句话记下来了。回广汉以后,我就问其他人,"势在必行"是什么意思?叶文志、郑学成都说:"这意思就是催你搞快点。"那就搞!我们向省委请示,把公社换成乡政府。省委研究同意了,我们就马上到向阳传达省委领导和县委讨论的结果,传达精神。

1980年8月,我、夏更坤、农工部长皮硕、郑学成四人就到向阳去。见到叶文志了,我说:"今天要开个重要会议,找个背人地方①去。"他说:"供销社的桥头有个二楼,上面很清静,我们到那去吧。"于是就组织了十来个人开会,除了我们县委的几人,公社这边有叶文志、李国寿,还有五六个社长。

会上,我把中央的、省委的、地委的(之前地委书记到广汉检查工作,我向他汇报了摘牌子的事,王书记说:"上面同意你搞,你就搞嘛。")和县委的讨论结果跟大家传达了。这之后我们讨论了三个问题:第一,大家都同意把公社牌子取了,换成乡政府,牌子由叶文志来做,时间大家定。大家都同意了。第二,乡政府的乡长、副乡长谁当?原来的公社干部咋个安排?我们进行了讨论,定下人选。第三,我说,不往外宣传、不登报、不广播,不接受外地人来参观。现在回想,当时的想法是有点幼稚,即使我们偷偷搞,牌子也是要挂出来的嘛,别人不可能不知道,但是当时心里还是有点怕,于是就定了这几条。

会议结束的第二天,我就召开了副队长以上的干部会做动员。因为有乡干部提出说,这事恐怕要给大家讲清楚,不然大家会误会的。我就在这个干部会上将事情的经过、情况、改的原因都一一说清楚。我讲了公社的弊病,比如公社影响了大家的积极性,生产搞不上去,现在大队、生产队也空了,不能平调了;也讲了成立乡政府的优点,比如解放前我们就成立了乡公所,现在解放了,就成立乡政府,政府

---

① 意为找个避开别人的地方。

的威信很高，今后由人民政府管行政，生产专门有人管。大家都表示同意。就剩下一个问题：公社牌子取了以后，政府谁来领导？党委领导。这之后我们就意见全部统一了。

当时我们是趁着晚上换的牌子，还不敢在白天换。结果后来有个新华社的记者从那过，他在向阳桥头的李豆腐饭馆吃饭的时候，看见有些群众围在那里，过去一看是挂了个乡政府的牌子。他用照相机照下来，当晚就发到北京去了。第二天，北京人大法制委员会的一位主任打来电话，接电话的是办公室主任郑学成。

对方问："你们是不是把公社牌子取了，换成乡政府的了？"

郑学成说："有，我们搞个试点。"

"哪个叫你们搞试点的？"

"我们自己搞的，如果行就行，不行我们把它换过来。"

"好的，我们派人了解一下。"

他们就派工作组来了，第一个找的我，我就把情况讲了下。他们在向阳住了几天就回北京了。他们走的时候，我很担心，了解的结果究竟怎样？问是问不出来的，他们只是说："你们这个做法搞试点是可以的，群众也是满意的。只是一点：你们乡长不是选举的，是指定的，这个不对。"我心想这好说，可以选举，这是方法问题嘛。我接受了这个批评。

图16-1　1980年，四川省广汉县向阳人民公社在全国率先"摘掉"人民公社的牌子

紧接着，日本的《读卖新闻》就从成都派来了6个记者。他们要求看我们向阳公社换成乡政府的牌子。我不同意，说政府不让宣传。我找来苏治良副书记，让他带日本记者去参观，并悄悄叮嘱他：全县都可以看，就不准到向阳，不准他们看牌子啊。他们就坐上了《读卖新闻》的越野车到处转，转来转去人家也没看到向阳的

牌子。他们问苏治良，苏就说："我们还没有到。"一直转到吃中午饭了，他们要走了，才说："是万里副总理说四川省广汉县向阳把牌子换成乡政府了，让我们来广汉看的，既然你们今天没叫我们看，我们就算了，走了。"苏治良跟我说人家很生气。我说不要怕，没看到是对的。

过了几天，《参考消息》就登了《读卖新闻》记者写的消息，登了好长，大概一个版。其中有两句话有点吓人，第一句是"现在中国已经改变了毛泽东的旗帜"，我说这公社的牌子换成政府，政府也是共产党领导，群众拥护的嘛，怎么就把毛泽东的旗帜给改变了呢？这影响很大的，一说毛泽东的旗帜改变了，我们怎么敢做？第二句是"震撼了世界"。

有一天温江开会，县委书记说，常光南你运气好，我们找省委书记找不着，你到东北都碰到了。你给我们讲讲嘛，他跟你说的什么？我说没啥子。我不敢说。地委书记说，今天还有点时间，跟我们说下嘛。那我不能不说了，说啥呢？我想了一下，把公社牌子换成乡政府牌子的事给汇报了。大家听了都一愣，说，这牌子换得好，应该这样搞。

吃饭的时候，一个老干部就把我说了一通，说我砍了"三面红旗"的最后一面旗，我腔都插不了，所以改革确实困难。回来过后我还是想不通，有个关系好的公社党委书记和我说："这是改革的方向，但是过程中挨骂是难免的。"我想我这是啥子改革嘛，邓小平同志提出"解放思想，把生产搞上去"，我就是跟着走的嘛。

后来，之前来的工作组回去后，向国务院汇报了情况。不久人大正式通知县委，说："请示了国务院的领导，你们搞试点是对的，应该肯定。"我这才放心了。再后来，中央对此发了正式文件，开了人民代表会议，讨论了宪法，正式确定建立乡政府。

有人说常光南是胆大又胆小。胆大是说"撤社建乡"是违反宪法的，我都敢搞。但其实不是我胆大，说老实话，当时我当了几十年领导，总觉得没有搞好群众的生产生活，觉得不称职。你说群众不辛苦是假的，但是我们没有搞好工作，农业产量不高。"撤社建乡"这个办法可以搞好的话，为什么不搞呢？大不了就是不让我当县委书记了，让我回家当农民，我也都安排好了，两个女儿去当理发员，两个儿子当木匠，反正有口饭吃。当时我晚上都睡不着觉。有人说我搞得对，也有老乡在骂，说我搞得啥子哦。但为什么坚持这样搞？我总觉得粉碎"四人帮"过后要解放思想。解放思想指的啥子？说明你过去思想不解放。只有思想解放了，生产才能搞上去。

胆小是指什么呢？就是说为什么还要怕呢？怕，是过去挨批判怕了，这事整对了就更好，整不对了我就去当农民嘛。哪怕是受处分，要去劳改，至少我让大家吃饱饭，过好日子了，为了把经济工作搞上去，我是豁出去了。改革不仅要解放思想，还得要更大的决心和勇气往前推，这是很重要的。我当时就想着，既然我是县委书记，就要为大家服务，搞好这件事情。我不搞哪个搞呢？群众就是想搞也不是县委书记，搞不动啊。作为县委书记，不能光说空话，不能光唱高调。应该解放思想，让大家搞好经济。

更重要的是我们得到了省委领导的支持，在广汉包产到户、"撤社建乡"，包括养猪的问题上，省委领导都很支持。广汉出了个"猪八戒"，省委书记看了，说："四川人口多，你们土地少，养猪是条出路，想了几十年怎么把猪养好，我看这户就可以。"还专门请了管畜牧的专家来总结经验，在全省推广。正是有了省委领导的支持，工作才能搞起来。

并且，"撤社建乡"这事是顺应民意的。我们成立了乡政府以后，群众的积极性大大提升了，农业、工业、商业都有了很大的变化，过去"干部下乡一把抓""样样懂，门门瘟"的情况得到了改变，生产多了，群众就变富裕了，大家都满意。

现在看来，这件事是搞对了。有中央领导和省里的支持，群众也拥护，县委只是起到了个打排球的"二传手"的作用，但是每次想到这些事，我心里都很高兴。我当时暗地里在本子上记了一句话——"求实与事，富民为先"，天天背，将它作为我的指导思想，只有群众富裕了，我才能说我搞得好。

17."选出来的干部才算数"
——新中国第一个"村委会"成立

1980年2月，我国第一个村民委员会组织在广西壮族自治区宜州市三岔乡合寨村诞生，果作村委会是全国第一个有正式记录依据的村委会。这一组织从本村实际出发，订立村规民约，制定管理章程，依法民主管理村内公共事务，开创了新中国基层民主政治建设的先河。

口述者：韦向生（合寨村党支部书记、村委会主任）

韦向生

合寨村在宜州市来说是比较偏僻的。1979年底，我们村分田到户，1980年就有收入了。当时村民是口袋里面有钱，但是还是不踏实，为什么呢？当时我们村是赌博的多、盗窃的多、滥砍滥伐①的多、唱痞山歌②的多、放浪荡牛马③的多、搞封建迷信的多，但是管事的人少，总结起来就是"六多一少"。村里面临的这些问题让一些老人家很担心，说这样子下去怎么能得了，我们老百姓的牛、马都被人家偷了，林木都被人家砍了，生产、生活很不稳定。

另外，我们这里有一个里洞水库，常年蓄水，容量有600万立方米左右吧。这个水库供应整个屏南乡的农业用水。1980年分田到户的时候，水库的设施老化了，

---

① 指一些人盗砍盗伐封山育林的集体林木。
② 指一些流氓对妇女唱下流的山歌，当地也叫作"风流歌""野山歌"。
③ 指牛、马到田里吃禾苗，跑地里吃青菜，糟蹋庄稼的现象。

而且因为林木被大量砍伐，水库蓄水量也在一直减少，抽不上水来，一到灌溉的季节，水库上游和下游的村都要用水。为了争水大家吵得不可开交，甚至有人扬言总有一天要把水库扒开个口子，让水库的水流到他们田里去。为这事差点发生斗殴事件。

为了解决这些问题，大家商量要成立治安联防队，保护村里的财产，禁止赌博、盗窃等"六多"行为，重点要保护水库。1979年10月18日，在晒谷坪上，大村、新堂、肯楞、乾朗四个屯的120多人召开了治安联防队成立大会。当时采用推选的形式选出了联防队的成员，一个队长，四个队员。职责就是轮流放哨，拿手电筒来做信号，一有什么情况就及时在屯与屯之间传达，几个屯的村民一起来维护社会治安。当时我们也制定了村规民约，会上讨论后定下来了。

联防队成立后很有作用，有次我们发现一个偷牛的，联防队就立马发出信号，这个屯把这个路口封好，那个屯把那个路口封好，把这个盗牛的堵在中间，最后把他捉拿归案。而且用水问题也解决了，由联防队出面沟通协调，最后规定1日到5日上游的村首先用水，6日到10日把水放到下游来给我们用，用轮流的方式解决了争水的问题。

当时我们合寨大队的果地屯有120户人家，大概也有800人，那个屯还算比较大。1980年元月8日，我们把全村的群众集中在一起开大会，成立村民委员会。以前没有村民委员会这个称呼，我们在之前讨论的时候都认为现在需要一个管理村里事务的组织，但是这个组织该叫什么名字啊？我们也不知道该用什么好。后来有个人说："我在屏南赶街的时候，听到街上人说他们有'街委'，我们果地是村屯，可以叫'村委'。"大家都拍手说好，既接地气又符合我们村的情况。

那么在成立大会上，我们就用无记名投票的方式选出了村委会的成员[①]，并立了一个村规，一共是14条，但是后来不知道怎么原件找不到了。果地村风整治得比较好。后来隔壁的果作屯一看，果地村成立村委会后治安等情况好多了，就也按照果地的模式成立了一个组织，因为果作屯和果地屯情况差不多，果作屯也有120多户。

---

① 村委会主任蒙光新、副主任蒙成顺，蒙国顺、蒙国伦、蒙正贤三人为村委会委员。

1980年2月5日,老主任韦焕能就在果作屯大樟树那里召开了一个群众大会。当时屯里面来了85位代表,就讨论如何解决我们村屯里面的一些问题。韦焕能说,我们果作社会治安非常混乱,现在我们召集大家,是想成立一个组织来管一管村里面的事情。后来讨论来讨论去,最后决定以无记名投票的形式成立一个村民委员会。然后大家搞了一个牌子,写了果作村委挂在那里,这个名字也得到了果作屯全体代表的认可。成立这个组织一定要有领导吧,要有一个主任、两个副主任,还有一个会计,一个出纳,5个人。有人提议了,说现在果作屯有6个小队,那么我们就一个队出一个代表,从中选5个。大家觉得这个办法也不错,就以无记名投票的形式选了5个人,分别是韦焕能、韦友全、韦定陆、覃立轩、韦鹏舞。票数最多的就是主任,然后是两个副主任,最后是出纳、会计。当时这个组织成立以后,会计拿笔写了一个《村规民约》,立了9条,还写了一个《封山公约》,有6条,一共是15条,发给大家讨论。7月14日,村里召开大会,把《村规民约》和《封山公约》定下来了,85户群众都在这"两约"上按上了自己的手印。这是全国第一份村规民约,现在保存在宜州市档案馆。以下是《村规民约》和《封山公约》的内容:

村规民约

1. 必须提高思想觉悟,认真体会安定团结的重要意义。
2. 严禁赌博,不准在私宅、村里开设赌场,违者罚款10元。
3. 为了保苗夺丰收,严禁放猪,违者罚款5角,并给予赔偿损失处理。
4. 维护正常的娱乐活动,不准在村内、村附近对唱野山歌,违者罚款每人10元。
5. 不准在路边、田边、井边挖鸭虫,受损失的罚工修补。
6. 不准盗窃,违者按件加倍赔偿并罚款5元,情节严重者,呈报上级处理。
7. 捡拾东西,拿回交给村委,归还原主。
8. 不准在泉边、河边大便,不准在上游洗衣服、洗头梳发,晾晒蚊帐、床单等污染东西。
9. 讲卫生光荣,不讲卫生可耻,自觉做到码头经常冲洗,保护清洁。

封山公约

1. 严禁毁林开荒,违者每平方尺罚款5角。

2. 不准在封山内砍柴、挖树根、割草皮、打石头,违者每百斤罚款10元。

3. 村里风景树不准折枝乱砍,违者罚款15元。

4. 不准盗窃林木,违者每百斤罚款15元。

5. 实行护林有功奖、毁林者罚的办法,对维护林木有功者奖5%的资金。

6. 不准在育林区放牛羊群,每头罚款1元,外村罚款2元。

果作村委会

1980年7月14日

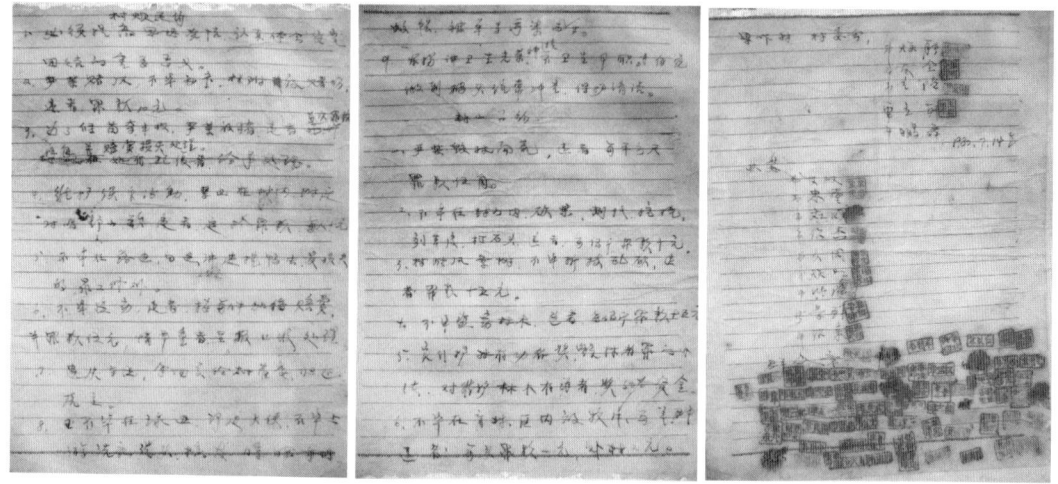

图17-1 《村规民约》和《封山公约》手稿

之前说了,果地屯当时也有一份村规民约,但是果地屯那份村规民约原件找不着了,后来果作跟果地就第一个村民委员会的发源地到底是哪里还争吵起来。果地屯的人说:"我是1980年元月8日就成立了,您果作屯是1980年2月5日才开始,我在先,我是发源地。"但是果作屯的有原始文件证明啊,果地的原件找不着了。而且其他村的村民也说当时我们都成立了联防队,也成立了村民委员会,我们也是

图17-2 中国第一个村民委员会

第一。怎么解决这个谁是第一的问题呢？后来合寨大队说："大队包括了果地屯和果作屯，你们都不要争了，统称合寨村民委员会，发源地就是合寨村。"这个决定比较符合全村12个屯的群众的意愿，大家也没有什么意见，所以就定下来我们是改革开放后第一个村委会诞生地了。

有了村委会，有了村规民约，村里人心齐了，村里面的各种情况也比较好了。治安环境稳定了，偷牛盗马还有滥砍滥伐森林的现象都没有了，群众也比较安定，相处始终和谐。后来村委员会选出来的这五个人就带领群众去搞基础设施建设，搞电、自来水、路、桥梁等。

在解决村民照明用电问题时，村里没有足够的资金，感觉很为难啊，于是跟群众商量怎么办。村民说大家有钱，但要村委会组织进行集资。村委会就根据群众意见按人口集资，人均出了12元，这就解决了资金紧张问题，搞好了电，村民终于用上盼望已久的电。当时由于资金款来自村民，村干部用钱时十分谨慎，会计出纳账目做得很清楚，还定期向村民张榜公布，从而取得村民的充分信任。

图17-3 2005年12月，合寨村获得"全国民主法治示范村荣誉称号"

后来这个模式得到当时三岔公社党委书记的高度重视，他们派人过来调研，也发觉合寨这个模式比较好，能够有效管理一个地方并把这个地方稳定下来。后来河池市、宜州市还有广西民政厅也派了人过来调研我们的模式，都表示了认可。

回顾我们搞村民自治、选村

委会的过程,我们觉得是走了一条正确的路。通过村民自治,我们合寨村发生了很大的变化。1990年,我们全村12个屯都已经全部有自来水,家家户户都用上了电,每个屯都通上了水泥路,生活水平逐步逐步地提高,还荣获了"广西特色文化名村"等很多荣誉,同时通过村级组织的自治,我们取得了很多经验。

一是村级财务更加公开透明了。原来村里财务一年公开两次,现在村里财务一个季度公开一次,我们还成立了监督委员会,比如村里面的卫生由监督委员会去监督,有些村做不好的,由我们村委和监督委员会去督促他们落实、做好。

二是村民的民主意识提高了。最早还没成立村委会之前,村长就是由上级领导委派,村民根本没有选举权。委派你当你就当,不派你当就不能当,村民跟这个没有关系,当时那个制度已经非常不符合我们合寨村的实际情况,村民都非常反对。

图17-4　2008年,合寨村被列为广西村级"两委"换届选举试点,由"两推一选"向"两委联动、公推直选"村级"两委"班子的转变,并利用农村党员干部现代远程教育网络,在全国率先实行电话和QQ视频投票。图为2008年第九届村民委员会选举现场

成立村民委员会以后,村民有了很多权利,包括选举的权利,还有知道村里面事情的权利,还有参与村委会管理的权利,参与权、知情权、管理权都有了,让村民意识到自己是村里的当家人,我们有责任有义务选好我们村的领导。

所以每次村委会换届的时候,村民都非常关注这个问题。2008年的时候村委会换届，我们合寨村的群众外出打工的多，当时为了让外面打工的也知道我们村里面换届了，为了提高选举参与率，我们就允许用电话投票，让外面打工的人也可以投票。现场投票和电话投票两种投票方式提高了合寨村的参选率，更加体现了我们的选举就是公平公正公开的。

三是群众选出的村委会为群众解决了很多问题。村里群众最关心的问题是收入问题。为了致富，年轻人都出去打工了，村里留下来老人、孩子。这些人生病了怎么办？为了解决外出打工人员的后顾之忧，我们成立了党群理事会，让党员和群众参与成立这个机构，来管一管老人的照顾、孩子的上学等问题，包括一些红白喜事都可以管。现在党群理事会运行得很好，我们对村里的残疾户、五保户、困难户，只要他们有需求，有问题都可以找党群理事会。每逢重阳节，党群理事会还去慰问关心老人，让他们过一个幸福的晚年。

建立村委会，实现村民自治后，我们村里面的的确确发生了很大的变化，村民的收入从20世纪80年代的八九十元一年，现在已经达到人均年收入8600元，从这一点来讲，通过村民自治我们获得了幸福感。现在我们也把合寨村"中国第一个村民委员会"这个名声优势融入旅游元素，把我们合寨村的旅游开发出来，来建设合寨新农村，把我们合寨村各方面做得更好一些。

第三篇

改革开放40年以来,与经济高速增长相伴随,我国迈入世界中等偏上收入国家行列。与此同时,我国教育、医疗卫生、就业和社会保障等各项社会事业取得长足进步,城乡基本公共服务均等化初显成效,社会治理创新不断推进,城乡居民的幸福感和获得感明显增强。尤其是党的十八大以来,坚持以人民为中心的发展思想,坚定不移全面深化改革,我国社会治理事业取得了重大成就,进一步增强了人民群众的获得感和认同感。

18. 我国文化体制改革的历程回顾和经验总结

文化领域的改革开放从1978年党的十一届三中全会以后就开始了，第一个时期是1978—1991年，文化体制改革的初步探索阶段。第二个时期是1992—2002年，文化领域改革开放进入了扩大探索阶段。第三个时期是2003—2012年，文化体制改革进入攻坚克难，解决深层次矛盾的阶段。党的十八大以来，在以习近平同志为核心的党中央坚强领导下，按照中央全面深化改革的总体部署，不断推动文化体制改革在新的起点上纵深拓展，不断深化文化管理体制改革，推进国家文化治理体系和治理能力的现代化，进一步激发了文化创新创造活力，进一步促进了文化事业和文化产业发展繁荣。

口述者：蔡 武（中共十七届、十八届中央委员，中央宣传部原副部长，原文化部部长、党组书记）

蔡武

在1968年到1978年十年间，我先是在农村插队，后来招工到煤矿当矿工。"文革"结束恢复高考之后我上了大学，命运发生了根本性改变。所以说我们这一代人和改革是息息相关、命运与共的。最近，我学习了习近平总书记在党的十九届一中全会上的讲话，他特别强调："全党同志必须牢记，改革开放是决定当代中国命运的关键一招，也是决定实现'两个一百年'奋斗目标、实现中华民族伟大复兴的关键一招；没有改革开放，就没有中国特色社会主义，就没有今天中国兴旺发达的大好局面。"这段话是非常厚重的，在我们这一代人心中引起了强烈的共鸣。

2005年，我从中共中央对外联络部副部长任上转到宣传思想文化口，担任中宣部副部长、中共中央对外宣传办公室也就是国务院新闻办公室的主任，干了将近3年。从2008年起，我担任了7年的文化部部长，同时继续担任中宣部副部长，这些合起来一共是十年。这十年正好是宣传思想文化领域深化改革的非常重要的时期，我作为亲历者也有很多的体会和感触。

文化体制改革的四个阶段

应该说，文化领域的改革开放是伴随着整个国家、各个领域的解放思想、拨乱反正开始的。但是，由于文化的特殊功能和性质，文化体制改革的进程相对于经济、社会其他领域的改革，是比较缓慢的。回过头看，从1978年开始算起，文化体制改革大体上经历了四个阶段。

第一阶段大概为1978—1991年，这十几年，是文化体制改革的初步探索阶段。这个阶段主要是以拨乱反正，解放思想，转变观念为主线，还未曾触及实际的管理体制。

第二个阶段是1992—2002年，邓小平南方谈话之后，我国改革开放进入了一个新时期，整个文化领域的改革开放进入了扩大探索阶段。因为1992年中央决定要建立社会主义市场经济体制，而文化管理体制究竟怎样才能适应这种历史性的变化？这个阶段里最重要的特点就是以适应市场经济体制为入口，探索推进文化领域的改革，那时候也做了很多的尝试。

第三个阶段是2003—2012年，进入全面改革阶段。在这个时期党中央就文化领域的改革做了重要决定，有了总体方案，有了明确的路线图、时间表，一步一步来推进改革。大体上到党的十七届六中全会，党的历史上第一次做了关于推动文化大发展、大繁荣的决议[①]。当时文化领域的同志们一致认为，党的十七届六中全会决

[①] 党的十七届六中全会通过《中共中央关于深化文化体制改革推动社会主义文化大发展大繁荣若干重大问题的决定》（以下简称《决定》）。按照党的十七大提出的实现全面建设小康社会奋斗目标新要求，《决定》提出了到2020年我国文化改革发展奋斗目标。

议基本上是对三十多年来的文化体制改革做了一个重大的阶段性总结，其中提出的一个最重要的命题就是经过全面改革，我们找到了一条中国特色社会主义文化发展道路。

第四个阶段是从党的十八大一直到现在，是整个文化体制改革全面深化的阶段，在以习近平同志为核心的党中央集中统一领导下，确定了全面深化改革的总目标，而完善和发展中国特色社会主义制度，推进国家治理体系和治理能力现代化，深化改革的总体思路是特别注重改革的系统性、整体性和协同性。

大体上讲，文化体制改革在过去的40年里走了这么四个阶段。其中2003—2012年这个阶段，改革已经涉及文化体制的方方面面。这一时期，主要的改革工作，就是转变观念、完善政策、健全体制、创造环境。

这里，我们经常要回答一些人的疑问，为什么其他领域的改革从1978年开始就都在不断地发展深化，而文化体制改革却相对滞后，并且在2003—2012年这十年才真正进入了体制改革攻坚克难的阶段？这与文化本身的特性有关。文化具有两种属性：一方面，在市场经济体制中，文化单位、文化产品具有商品的性质、产业的性质，它可以通过市场在资源配置中发挥作用。过去的提法是发挥市场因素的积极作用，现在深化改革的要求是"市场在资源配置中起决定性作用和更好地发挥政府作用"。另一方面，文化的另一个属性大家更为熟悉，就是强烈的意识形态属性。它的这两种属性就决定了在文化改革的过程中，既要让文化发展适应社会主义市场经济体制的客观要求（实际上这是文化的时代性特点），又要确保它的意识形态特性，确保中国特色社会主义文化的方向和道路不能偏离，这是它的意识形态属性所决定的。这就要求我们要处理好一系列非常复杂的关系：比如怎样处理好满足人民群众日益增长的物质文化需求和坚持以文化育人、用优秀先进的文化引领人们精神道德领域发展的关系；怎样处理好弘扬主旋律和提倡多样化的关系；怎样在继承优秀文化传统的同时在现代性、时代性、民族性方面进行创新；等等。所以说在文化体制改革中所要解答的问题非常复杂。

那么为什么说我们通过全面深化改革，找到了一条中国特色社会主义文化发展道路呢？党的十七届六中全会决议全面总结了30多年文化体制改革的历史经验，提出了中国特色社会主义文化发展道路的内涵，主要是：要建设先进文化，坚持党对文化建设的领导，坚持中国化马克思主义的科学理论指导，建设面向现代化、面向世界、面向未来的，民族的、科学的、大众的文化；建设具有鲜明时代特征的，开放包容、顺应潮流、与时俱进、改革创新的文化。要坚持科学发展，以发展为第一要务，统筹兼顾，解决发展不平衡、不协调、不可持续的问题，要转变文化发展方式，优化布局结构，合理配置资源，注重质量与效益关系。坚持强基固本，坚持以建设中国特色社会主义核心价值观为中心任务，巩固"四个自信"，弘扬时代精神、民族精神。坚持以人为本，以人民为中心，发展为了人民、依靠人民，发展成果由人民共享，文化建设的出发点和落脚点都是为了满足人民群众日益增长的精神文化需求。坚持"三贴近"，尊重人民首创精神，发挥人民主体作用，激发全社会文化创造活力。坚持改革创新，坚持解放思想、实事求是的思想路线，坚持"双百"方针，深化体制改革，着力构建充满活力、富有效率、更加开放的体制机制。加大创新力度，提升原创能力，加快与科技融合，对传统文化进行创造性转化、创新性发展。坚持文化多样性理念，在相互尊重基础上加强与世界各国文化交流。

这些内涵，既是历史经验的总结，又是改革实践的结晶，初步形成了一个较为完整系统的体系。在深化改革的过程中，从操作层面上，我们也发现，从体制的角度来讲，整个文化建设可以分为两个方面，一个方面叫文化事业，一个方面叫文化产业。文化事业是由党和政府直接管理的，由政府投资、以满足人民群众多元化的文化需求，保障人民群众的基本文化权益，保证社会主义核心价值体系能够发挥在精神文明建设中的引领作用。这样的事业体系，市场在这里面可以发挥某种积极作用，但不能发挥决定性作用。这样的一整套方针、政策、体制、机制，构成了整个文化事业。文化事业本身是有一系列支撑的，比如说图书馆体系、博物馆体系、文化馆体系等。另外一方面是文化产业，像电影、电视剧的生产，动漫、游戏、现代化"互联网+"等文化新业态，是可以交给市场去配置资源的。尤其是最近几年，新媒体的融合发展使文化产业发展极其迅猛，数字文化、创意文化方兴未艾，并且产值非常高。我最近看了一个统计数据，2017年，动漫、网络游戏的产值达到将近700亿元，而北京的剧场票房才17亿元，差别非常大。所以说和传统的业态相比，新兴的文化业态增长的空间更大,发展更迅速,所以中央及时在文化领域出台了鼓励"互联网+"的政策,推动文化和互联网的融合发展,满足人们的新需求。当然文化产业又不同于其他的一般性产业,它在需要遵循市场规律的同时,还要处理好经济效益和社会效益的关系,要坚持社会效益优先、经济效益要服从于社会效益,当两者发生冲突的时候,经济效益为社会效益让路,这是由我们文化的社会主义先进文化性质所决定的。但是我们要力争做到经济效益和社会效益的统一,事实证明这经过努力也是可以做到的。

对改革开放40年文化体制改革的回顾和总结

党的十八大以来,在学习习近平总书记关于文化、文艺工作重要思想的基础上,我们又回过头来对改革开放40年里文化体制改革做了进一步的回顾和总结,深切地感受到,要把全面深化文化体制改革放到"四个全面"战略布局中去考量,只有坚决打赢全面深化改革这场攻坚战,才能破解新时代文化发展中遇到的难题,化

图18-1 习近平总书记在"7·26"重要讲话中指出,"中国特色社会主义是改革开放以来党的全部理论和实践的主题",要求全党必须"牢固树立中国特色社会主义道路自信、理论自信、制度自信、文化自信,确保党和国家事业始终沿着正确方向胜利前进"

解来自各方面的风险挑战,为文化的全面繁荣发展注入生机活力。在回顾总结中有一些新的体会和认识。

第一,不忘本,坚持对优秀传统文化做创造性转化、创新性发展。习主席讲,中国特色社会主义是立足于我们五千年的文明发展,这就是说中华优秀传统文化是中国特色社会主义先进文化的一个根本,传统文化是根。举个例子,我们现在知道周代、春秋战国的历史是靠什么?是靠孔子,是靠《论语》,是靠老子,是靠庄子,是靠这些我们才了解历史的。万里长城虽然很伟大,但是万里长城现在是残

垣断壁。你建一个剧场，这个剧场300年以后可能就是废墟了。但是四书、五经、汉赋、唐诗、宋词、元曲等是口口相传，永远充满了活力。一个历史时期最终能留下来的是什么？留下来的是作品，是文化，留下来的是在物质建设过程中产生、凝聚和升华的那种精神，这就是优秀的文化传统，这就是我们民族的根，我们要重视这个东西。与此同时，我们又要甄别传统文化中哪些是精华，哪些是不适应当代发展的，不是说所有传统的东西都是好的，一定要去粗取精、去伪存真、推陈出新。而那些最精华的部分，都需要我们的专家学者们研究，要拿出自己的见解。现在有的地方把落后于时代的，甚至是充满了旧时代色彩，很不怎么样的东西当成传统文化在那摆弄，这就不对。另外，我们还要将优秀文化通过各种形式传播，尤其是年轻人，从小就要接触。前些年很多年轻人对洋节趋之若鹜，对我们的传统节日反而不熟悉，这是由于我们没有很好地做转化性传播。现在是一个信息化时代，你看在车站也好，飞机上也好，火车上也好，几乎90%的人都在那刷屏，这是最便捷的信息传播手段。我们的文化要想传播，就要搭载这些平台，利用这些终端，因此数字化创意、产品数字化就成为我们创造性转化、创新性发展传统文化的一个重要的手段。我们要鼓励这种融合发展，利用现代的科技，使我们的优秀传统文化深入人心，使一代一代年轻人能够亲身体验它、感知它，进而认同它。

第二，文化改革不论怎么改、改什么，我们的阵地不能丢、方向不能变。这个方向是什么？就是坚持中国特色社会主义道路、制度、理论，就是必须以人民为中心。现阶段深化文化体制改革的目的就是，一方面要满足人民群众对美好生活的向往，另一方面要通过文化润物无声的教化来传播中国特色社会主义核心价值，提升中国人的整体精神文明素质，这两者都要坚持以人民为中心，文化发展是为了人民，文化发展也要依靠人民，文化改革发展的成果要由人民共享。所以判断我们的文化改革是不是成功，是不是做得正确，其标准是什么？就是要看人民群众在文化改革的过程中得到了多少实惠、享受到多少成果、幸福指数提高了没有、文明素质提高了没有、精神文化需求满足到什么程度，这才是以人民为中心。

那么文化体制改革对当今人民群众的生活产生了哪些重大的影响？我想影响是非常显而易见的。首先，人民群众多元化的精神文化需求有了更宽的渠道、更多的机会、更加自主的选择来得到满足。当年"文化大革命"时期，我在基层当矿工的时候，矿山流传一句话，"工会工会，吃饱了就睡，睡醒了打扑克，扑克打完收会费"。从某种意义上讲，当时老百姓的文化生活贫乏，思想受禁锢。可如今我们再到各地去调研，到最基层的农村文化活动室去看，人民群众对文化的这种饥渴的需求，是非常令人感动的。我周末常常到公园去"走路"锻炼，在颐和园看到老百姓自发地组织唱歌和跳舞；我们到一些二线、三线城市去看，夏天晚上城市广场上有很多人跳广场舞、搞歌会，非常生动活泼。后来我们总结了一条，在经济高速发展，人民群众温饱问题基本解决之后，提高老百姓的幸福指数最重要的标志，就是对文化的满足程度，这是幸福指数最主要的一个指标。我在担任文化部部长的时候，由于职业的关系，经常要去审戏、看戏，要去听音乐会。国务院其他部长都非常羡慕，说我是我们部长里幸福指数最高的，他们一天到晚都是处理各种公文、各种事务，参加各种会议，而我晚上大部分时间是在剧场里或是在音乐厅里。可见最大限度满足人民群众对精神文化的需求，是提高人民群众幸福感的重要方面。

我们的文化机构、文化单位、文化团体，无论是何种所有制，是国有还是民营，无论是转制为企业，还是继续保留事业性质，都是传承优秀传统文化的平台，是弘扬核心价值观的阵地，是传播正能量的载体。因此，在文化体制改革中，要始终把坚定政治方向，坚持党的领导放在最重要的位置。不能改来改去，把阵地丢了。丢了就违背了改革的初衷，改革是社会主义的自我完善，而不是改旗易帜。

第三，为什么必须对传统文化管理体制进行改革？我们过去长期形成的文化体制是高度集中计划经济体制下的文化体制，很难适应社会主义市场经济体制，必须对过去的文化管理体制进行改革，转变机制，建立起一整套既适应社会主义市场经济体制需要，又适应建设中国特色社会主义需要的体制机制。

在改革之前，我们面对着一个非常严峻的局面。当时的观念突出强调文化的宣传教育作用，忽视了它满足人民群众需求的一方面。而且因为经济不发达，我们长期在文化领域的投入比较少。例如，发达国家是5万人左右就有一个公共图书馆，而我国当时将近50万人才有一个公共图书馆，图书馆数量严重不足，不能满足人民群众的需求。同时，在过去的管理体制下，图书馆也好，博物馆也好，功能非常有限。在建设社会主义现代化国家的战略中,我们必须建立一个现代公共文化服务体系,包括图书馆、博物馆、群众文化馆体系,实行普惠制,对全体人民免费开放,为人民群众提供均等化的公共服务,因此对图书馆、博物馆等的管理体制、管理方式以及投入方式进行了深刻的改革。现在图书馆已经成为我们公共文化服务体系的一个重要支撑,这些年图书馆发展非常迅速,不仅仅是藏书量大量增长,更重要的是改革内部运行机制,增强发展的内生动力和活力,推动运用现代科技手段,推进数字化,同时彻底改造运行管理方式,以读者为中心等,而且形成了我国的图书馆体系。国家有国家图书馆,省有省级图书馆,市有市级图书馆,县有县级图书馆。而且通过总分馆制再把它延伸到基层,乡镇有乡镇文化站,城市社区有文化活动中心。图书馆跟互联网技术结合,全部实现数字化,例如国家图书馆上千万的藏书实现数字化之后可以和全国公立图书馆联网,实现资源共享,服务全部免费。现在你到国家图书馆去借书、阅览,都非常方便。这是一个很大的变化。

过去博物馆数量、产品和功能都很有限,但是把它纳入现在的公共文化服务体系建设之后,博物馆的建设就进入了一个井喷式发展的新时期。现在国家有3000多个公立博物馆,民间博物馆也有几千个。我们在2010年制定了一条很重要的措施:公立博物馆开始实行免费开放。这个政策是博物馆事业发展中具有全局意义的一项

图18-2 中国共产党第十九次全国代表大会(简称党的十九大)于2017年10月18日至10月24日在北京召开。习近平在会议报告中提出:要坚定文化自信,推动社会主义文化繁荣兴盛

改革，带动了博物馆管理运营的全面改造升级，效果非常明显。比如过去国家博物馆只有几万平方米的展厅，扩建了以后，现在是世界上最大的，面积19万平方米，每天有数万参观者，里面有各种各样的展览。我经常看到报纸上介绍，全国各地的老百姓来北京必定去参观国家博物馆，已经成为一种热潮。可以看出，改革极大地满足了老百姓对文化的需求。

此外，公共文化服务体系建设还取得了一个重要成就，就是公共文化服务立法了。不但通过行政措施把它建立起来，而且法律里明确提出，公共文化服务体系建设的目标是实现均等化、标准化。法律基础和法律保障使建设公共文化服务体系上升到一个新阶段，这是我们党依法治国实践的重要方面。这次党的十九大对我国社会主要矛盾的表述发生了重大变化，提出人民日益增长的美好生活需要和不平衡不充分的发展之间的矛盾。文化领域这个矛盾就很突出，比如说，文化发展不平衡问题，像北上广这些地方发展非常迅速，但有些省份相对比较落后。另外，各地财力条件不同、公共文化服务标准不同，有的地方比较好，有的地方差距还比较大，要补短板最终要实现均等化、标准化。过去1.5亿农民工的文化需求是没有纳入现代公共文化服务体系的范围考虑的，城市里头没有计算他们在内，但他们又脱离了农村在城市生活，怎么办？我们从2010年开始关注这个问题，当时就明确提出，要把农民工群体纳入城市公共文化服务体系建设的目标人群。因此，现在在城市里规划设计图书馆、博物馆、剧场等各种文化设施，都要把进城打工的农民工计算在内。而且许多城市在农民工聚集的特定区域，要建设现代化的具有公共文化服务功能的这种基础设施、文化中心、服务中心等。这些都是我们整个国家公共文化服务体系建设的一部分，应该说在这方面我国还是走在发展中国家前列的，我相信在不久的将来，我们一定会再进入世界的先进行列中去。

第四，必须坚持开放包容。多样性是世界文化发展的基本特征。习总书记特别强调，文化自信是更基础、更广泛、更深厚的自信。在实现中华民族伟大复兴的征程中，坚定文化自信具有十分重要的根本意义。我们要更加清醒地认知我们的文化建设对人民幸福、社会进步、国家富强和人类实现大同的重要价值。我们坚持文化自信要特别下功夫理解习总书记多次提出的构建人类命运共同体的重要思想，怎么样在文化建设中体现这种大胸怀、大格局。我们要"各美其美，美人之美，美美与共，天下大同[①]"。习总书记也多次引用过这句话："大道之行也，天下为公。"我们要实现"天下大同"，要"美美与共"，要坚持对外开放，在发展具有中国特色、中国风格、中国气派的社会主义文化的同时，要借鉴和吸收人类创造的一切文明成果，要学会欣赏他国的、其他民族的文化之美来丰富我们的文化，这也是历史经验证明过的一条文化发展的必由之路。比如说，过去看历史上的汉唐时代，都是讲汉唐时代是我们古代历史上的盛世，盛世最大的特点就是开放、包容，尤其是唐朝。我曾经到西安考察丝绸之路的文化问题，了解到长安城在唐代的时候有100万人口，其中有将近10万胡人，所谓胡人就是外国人。他们在长安经商、搞文化，甚至还有做官的，而唐代的文化就是吸收了当时西域各国文化的精华而造就了它的辉煌。中华文化具有很大包容性和同化力，像佛教等外来文化进入中国以后，很快就本土化了，成为中华文化的一部分，我们要有这种文化自信，开放是文化繁荣发展的一条必由之路。

在党的十八大之前，我们的文件，特别是党的十七届六中全会决议上提到了"中国文化走出去"；党的十八大以后，党中央深改组又连续发了好几个中央文件，提出了加大文化走出去的力度，建立协调机制的要求，高度重视中华文化走出去的工作。为什么呢？因为我们感觉到，我国的文化现在在国际上的地位和影响，和我国经济的高速发展不相适应，和我国作为世界的第二大经济体不相适应，和现在全世界对我们的关注需求不相适应，因此我们必须要加大文化走出去的力度。但是文化走出去又不是一个简单的问题，这里面存在很多问题和障碍：一是由于过去经济不发达，硬实力不足，所以当时无论是对外文化交流和对外贸易规模与影响都很小。二是传播能力不强。很多年里我国的电视广播、新闻出版这些领域，在国际上声音不大，传播能力很弱。另外，由于长期侧重于强调文化的政治教化和宣传功能，与域外文化之间存在隔阂，"接口"不准，跨文化交流存在障碍。加上我们过

[①] 费孝通先生提出的社会和谐观点，大意是人们要懂得各自欣赏自己创造的美，还要包容地欣赏别人创造的美，这样将各自之美和别人之美拼合在一起，就会实现理想中的大同美。大同美究其本质而言，就是拼合不同的美而达到的一种平衡。

去对中华优秀传统文化的认识不足，忽视了对它的传播和推广，而且当时对外传播和交流的渠道也很有限，这些因素叠加起来导致我们在本身力量有限的情况下，仍然没有形成整体的合力。三是意识形态影响对外交流的积极性。西方有一些势力对我们有强烈的偏见，甚至有敌意，而我们相当多的人对外来的文化有一种非常警惕、非常防备的心理，这些其实是比较狭隘的。四是人才奇缺，特别是缺少既懂中国文化，又懂国际文化，还有跨文化交流与转化能力的人才。我曾经和参加过诺贝尔评奖的外国专家交流，问我们国内明明有很多优秀作家、优秀作品，为什么没有获奖呢？他回答我说，你们的好作品没有人翻译，或者即使翻译了也译不好。后来莫言同志获得诺贝尔文学奖，除了本身作品优秀之外，很重要的原因就是由相当高水平的翻译将作品译成瑞典文，让诺贝尔的评委读懂了。所以以上这些因素就成了我们文化走出去的障碍。

经过了这些年的探索，现在我们已经形成了一整套有体系的、完整的、系统性的想法：

一是要建立对外的话语体系，也就是讲好中国故事。

二是要拓展对外文化交流的领域，过去长期以来是侧重于介绍中国共产党领导的革命历程，其实我们不仅有"长征"这样的奇迹，我们五千年的文明中还有非常多的东西可以向世界介绍，这些都是足以使中国人非常自豪的东西，介绍出去肯定会引起强烈的共鸣。我举个例子，大概是2013年，我到德国去参加中德文化交流开幕式，我们搞了一场演出，是由余隆先生指挥的爱乐乐团演奏的交响乐。那次表演的节目是两段，第一段是瓦格纳的歌剧《唐豪塞》，其难度是世界音乐界公认的，但他们的演奏非常完美。另一段是交响乐伴奏的京剧《贵妃醉酒》，外国人从来没见过，他们非常惊讶。演出结束之后，所有来参加的客人都不走，那时已经是晚上12点了，大家还意犹未尽。因为我第二天还有活动，就先和德国的部长告别了。后来使馆同志告诉我，招待会一直持续到凌晨1点多，德国客人才散走。后来我和余隆说到这件事，他说这很自然，我们中国的乐团可以把他们认为难度很高的交响乐演奏得很好，而我们演奏的交响乐可以伴奏京剧，他们谁都不会，所以我们的优势非常明显。这说明我们交流的领域一定要扩展，不能局限，我们那么多丰富的优秀的传统文化、民间文化、物质文化遗产和非物质文化遗产,都是可以交流的内容。

图18-3　京剧《贵妃醉酒》

三是要大力加强国际传播能力建设。这些年,国家在这方面下了非常大的功夫,各方面投入也很大。我们搭建了新型的广播、电视、网络,并且在电影"走出去"上取得了很大的成效,包括我们的新闻出版平台,十年前我们的版权引进比例是1∶14,现在已经降到1∶1.6了,说明从前多数引进外国版权,而现在中国版权输出很少的局面已经得到了极大的改变。我最近看到了一个最新的材料,2016年我们的文化产品出口已经将近800亿美元了,对外文化投资在40亿美元左右,图书版权输出达到1万种,这都是很了不起的历史性成就。

四是要大力发展对外文化贸易。我们加入WTO之后,尽管在自由贸易里面有一个特殊的文化例外的条款,但是我们可以充分利用自由贸易体制的发展来推动对外文化贸易,推动双向的文化产业投资,扩大文化产品和服务在国际市场的份额和竞争力。在这方面,电视剧的发展是非常明显的,现在占领世界电视剧市场的份额已经很大了,电影发展的势头也非常好,我国的银幕总数已经超过美国和加拿大的数量总和了,这是很了不起的进展。

五是对于文化走出去,在体制上一定要突破传统观念,实行官民并举。官方交流方面现在已经有了一个很好的基础,我们已经和世界上160多个国家签订了文化交流协定和文化交流的年度议定书。在我国100多个驻外使领馆中,有我们的文化处、文化参赞，一共有将近500人。这几年我们还建了30多个海外中国文化中心，有自己的房屋产权和固定的编制，国内有支撑这些文化中心开展各种活动的体系，有供应产品和供应服务的机制，定期举办各种文化交流活动、文化年、文化节等。另外，大家都知道的，我们在国外建了几百所孔子学院，但是文化中心和孔子学院是不一样的，文化中心是由我们完全自主的官方的文化机构，建立前是要和对方政府谈判，签署对等协议的，因此现在我们国内也有些外国的文化中心，比如德国歌德学院、西班牙塞万提斯学院等。举个例子，我有一年陪国家领导人到德国访问，我们到了柏林的中国文化中心，虽然场地不大，但是这里有一批铁杆的德国人粉丝，他们一有空闲就到这里来看书、看电影，接受中华文化，并且他们会对外宣传介绍中华文化。我们那天去的时候，正好一批德国人在开讨论会，他们看见我们都非常高兴。当时里头还有个老朋友，就是已经退休的过去东德驻中国的大使，一见面，我说："哎哟，大使你怎么在这儿？"他说："我是这儿的常客，来学习和宣传中国文化。"这样的例子有很多，比如我们在泰国的曼谷也建了一个文化中心，非常漂亮，泰国官方也经常用我们这个地方搞活动，起到了很好的作用。我们从2005年开始举办的欢乐春节活动，是由中宣部、文化部统一协调进行的。每年春节期间，我们会在全世界140多个国家的将近400个城市，派出几万名艺术家和文化人士开展各种各样的文化活动，把中国各地过春节的风俗习惯、各种精彩的演出都展示给当地人看，因为春节是中华传统文化一个很具代表性的符号，最有亲和力。我印象最深的是前几年在伦敦的特拉法加广场办春节庙会，几十万的外国人带着孩子，孩子骑在大人的脖子上，举着中国的风车，买中国的小吃，亲身体验中华文化，场面非常热闹。欢乐春节活动的范围涵盖广，活动时间持续约一个月，因此影响力很大，效果非常好，好几个国外的城市已经把春节列为当地的法定节日了。在泰国的欢乐春节活动是和泰国的华人、华侨活动结合起来的，受到王室的支持。那年我去泰国参加欢乐春节活动，诗琳通公主和我一起去为活动剪彩，我们共坐一辆车。当时路边上百万的民众都跪在那里欢迎公主，而公主和我们代表团都穿的是公主专门为欢乐春节活动设计的中式服装，意义和影响很大。这些都起到了非常好的作用。

我认为这些改革、创新之所以能提出,并落到实处,有一个很重要的前提,就是坚持解放思想、转变观念,以更加开放的心态、更加包容的姿态,张开我们的双臂,敞开我们的心怀,拥抱一切优秀的文化。你有这样一种胸怀,交流才可以真正发挥作用,做到"各美其美,美人之美,美美与共,天下大同"。我认为,我们的文化自信,应该具备"自信而不自负、自豪而不自傲、自尊而不自大"这样一种大胸襟、大气魄、大格局,那样,中华文化一定可以作为一种伟大的文化在世界上产生更大的影响。

六是必须坚持以我们的价值观为引领。中华优秀的传统文化是融化在我们的血液里的,已经成为我们的精神标识。这是从中国的长远历史上形成的优秀的价值观,不但适应我们自身的发展,也符合整个世界发展的潮流,它具有某种普适性。习近平总书记讲:"和平、发展、公平、正义、民主、自由,是全人类的共同价值,也是联合国的崇高目标。"[①]举个例子,中国人讲"己所不欲,勿施于人",这个观念是中国传统文化的理念,被喻为中国人对世界精神发展、对国际关系的一个最重大的贡献,它成了一个普遍原则,全世界都赞赏。但是我们不能仅仅满足于过去形成的这些价值观,必须和时代、和现实生活相结合,实现创造性的转化、创新性的发展,成为中国特色社会主义核心价值观,从而引领文化发展。

我特别注意到,习总书记在党的十八大报告和党的十八大之后的宣传思想文化工作会议中讲道,要坚持中国特色社会主义文化发展道路。文化发展道路,我个人理解,它是符合我国的基本国情,顺应时代发展潮流的,深刻地回答了有关我国文化长远发展的一些重大的战略问题,对推进中国特色社会主义文化建设指明了方向和路径。我最近学习了《习近平谈治国理政》,习近平同志在过去的这些年里头,他的一系列重要讲话和文章都已经对此做了深刻的阐述。我们讲中国特色社会主义的最大特点、根本的特点是中国共产党的领导。我记得党的十七届六中全会决议讲文化建设,必须坚持党的领导。我们党领导人民开创中国特色社会主义道路,既是

---

① 《全人类的共同愿望就是和平与发展(习近平讲故事)》,人民网,2017年8月10日。

一条实现社会主义现代化、创造人民美好生活的道路，同时也是一条孕育先进文化、建设先进文化的道路。中国社会特色社会主义文化发展道路，就是建设社会主义文化强国的道路。我们建设社会主义文化强国，是中华民族的一个理想追求，也是中国共产党的历史使命。党的十八大以后，习总书记在历次关于文化和文艺工作的重要讲话中对中国的文化发展之路讲得都非常充分，也非常系统，这是指引我们在新时代全面深化文化改革、坚持走好中国特色社会主义文化发展道路的根本指南。

以上这些体会和认识，我认为是文化体制改革最核心的、最精髓的地方，习总书记强调了我们的文化自信，要更深沉、更基本、更长久，这种自信就建立在这个基础之上。最近我在学习习近平新时代中国特色社会主义思想，学习习总书记关于文化发展的重要思想的时候，深深地体会到，改革开放是决定当代中国命运的关键一招，也是决定实现"两个一百年"奋斗目标，实现中华民族伟大复兴的关键一招；没有改革开放，就没有中国特色社会主义，就没有今天中国兴旺发达的大好局面。我们过去40年的改革开放这个路子是走对了，这个方向是对的。我们现在要按照党中央的战略部署，要进一步深化改革，为实现中华民族的伟大复兴提供精神力量，提供文化支撑、文化条件，这是当代我们文化工作者所肩负的历史使命。

19. 我国教育体制改革的历程回顾

教育体制改革，自20世纪70年代末在恢复重建中掀开序幕，经历80年代中期到90年代末阶梯式推进，21世纪第一个十年重点深入，第二个十年由全面建成小康社会目标牵引进入新阶段，在党的十八大以来取得许多突破性进展。

口述者：张　力（国家教育咨询委员会秘书长、教育部教育发展研究中心原主任）

张力

改革开放40年，是载入中华民族伟大复兴史册的辉煌40年。党代会报告和中央全会文件及全国教育工作会议主文件清晰地显示出党中央关于教育改革的决策脉络，特别是党的十八大以来，以习近平同志为核心的党中央带领全国各族人民不懈奋斗，巩固中国特色社会主义教育发展道路，把建设教育强国作为中华民族伟大复兴的基础工程，依法保障国民受教育权利，推动教育改革向纵深进展，促使教育为社会主义现代化建设奠定可靠的人力资源基础。

改革开放40年教育体制改革主要阶段

教育体制改革，自20世纪70年代末在恢复重建中掀开序幕，经历80年代中期到90年代末阶梯式推进，21世纪第一个十年重点深入，第二个十年由全面建成小康社会目标牵引进入新阶段，在党的十八大以来取得许多突破性进展。关于改革开放每一个十年教育体制改革特点，我仅从教育政策研究角度出发，做一些初步归纳。

一是1978年党的十一届三中全会召开，我国进入改革开放和社会主义现代化“以经济建设为中心”的新时期，倡导“尊重知识、尊重人才”观念，加快扭转专业人才青黄不接、劳动力素质偏低局面，教育重点是恢复正规学校学历教育，兴起补文化补学历热潮。但随着经济与科技等体制改革深入，重建后的教育体制不适应性渐显。1985年党中央、国务院召开改革开放以来的第一次全国教育工作会议，会后发布《中共中央关于教育体制改革的决定》（以下简称《决定》），选取若干突破点，包括把发展基础教育责任交给地方，有组织有步骤实施九年制义务教育，大力发展职业教育，改变政府对高校统得过多的管理体制，扩大高校办学自主权等。1985年7月，我从北大调到教育部从事宏观教育政策研究，所以，我上班后第一项任务就是学习贯彻中央的《决定》。在我的宏观教育政策研究生涯当中，《决定》实际上是我的第一座灯塔。

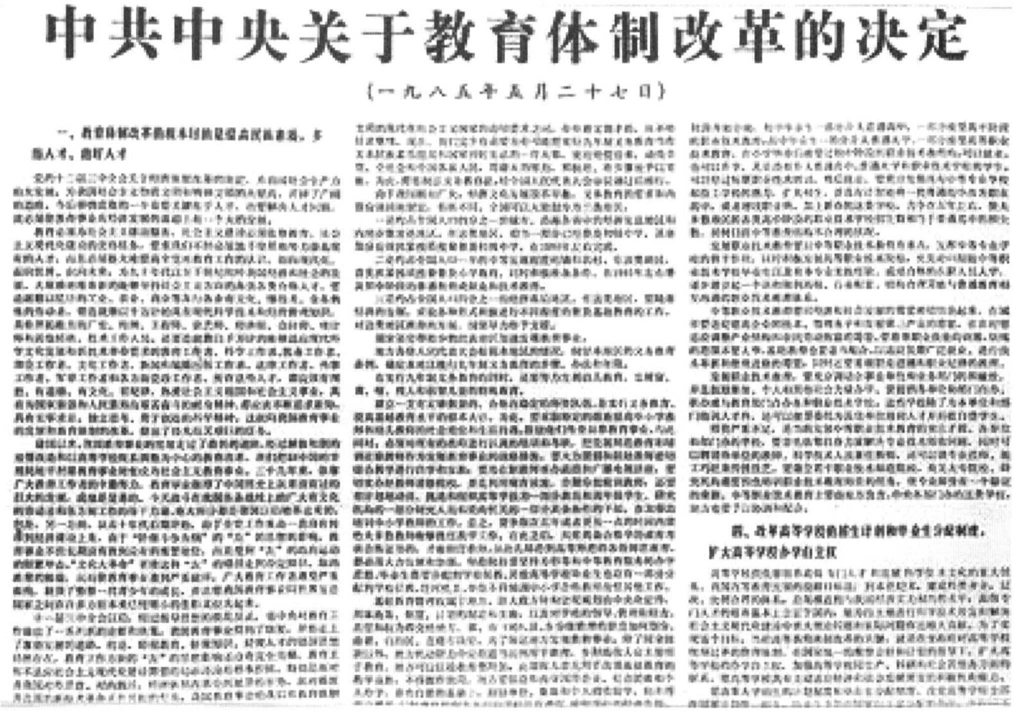
中共中央关于教育体制改革的决定

（一九八五年五月二十七日）

图19-1　1985年5月27日，《中共中央关于教育体制改革的决定》发布

改革开放第一个十年教育体制改革，沿着一个大方向，即党中央明确的"教育必须为社会主义建设服务，社会主义建设必须依靠教育"，这一定位成为1995年全国人大颁布《中华人民共和国教育法》的重要依据。根据党中央部署，1986年全国人大颁布《中华人民共和国义务教育法》，在"教育要面向现代化、面向世界、面向未来"方针指引下，教育管理体制改革、结构调整和教学改革、招生毕业生分配制度改革等迈开新步伐。

二是1992年党的十四大确立社会主义市场经济体制改革目标，要求把经济建设转向依靠科技进步和提高劳动者素质的轨道上来，优先发展教育事业。1993年党中央和国务院发布《中国教育改革和发展纲要》，1994年召开第二次全国教育工作会议具体部署，要求适应社会主义市场经济体制改革需要，全面推进教育管理体制、办学体制和投资体制改革。

改革开放第二个十年教育体制改革，表现为两条路径：一是赋予地方政府更多管理义务教育和职业教育权责，确立普及义务教育和扫盲的国家级目标，分区规划分步实施，拟定职业教育结构比例，加大财政教育投入。二是优化资源配置，形成财政投入为主、分担学习成本、多渠道筹措经费的体制，建立贫困学生资助体系，倡导社会捐集资助学，同时鼓励社会力量办学，探索中外合作办学。

三是世纪之交，社会主义市场经济体制基本建立，在社会对教育需求日趋多样化的形势下，1999年党中央和国务院召开第三次全国教育工作会议，发布《中共中央国务院关于深化教育改革全面推进素质教育的决定》，以全面推进素质教育为主旨，构建与社会主义市场经济体制和教育内在规律相适应、不同类型教育相互沟通相互衔接的教育体制。在2002年党的十六大、2007年党的十七大相继确定2020年全面建设小康社会目标的宏观背景下，教育体制改革不断攻坚克难，取得了显著成效。

改革开放第三个十年教育体制改革。呈现三大走向：第一个走向是更加重视教育公平，国家注重支持农村特别是西部地区教育发展，农村义务教育学生最先免收学杂费，提供免费教科书和贫困寄宿生补贴，再扩展到城镇地区。第二个走向是深化高等教育管理体制改革，中央部门原属高校共建调整合并合作，形成地方为主管理新格局。第三个走向是完善教育投入体制,财政性教育经费逐年增加,非义务教育成本分担和多渠道筹资制度基本建立。

图19-2 农村义务教育学生最先免收学杂费

四是21世纪第一个十年期,我国综合国力显著增强,各领域改革进入深水区,在相继制定科技和人才两个十年规划纲要后,2010年党中央和国务院召开了新世纪第一次全国教育工作会议,发布《国家中长期教育改革和发展规划纲要(2010—2020年)》,将改革创新置于中心位置,就创新人才培养体制、办学体制、教育管理体制,改革质量评价和考试招生制度,建设现代学校制度提出一系列要求。

2012年,根据以习近平同志为核心的党中央确立的"四个全面"战略布局,党的十八大报告定下"深化教育领域综合改革"的基调。2013年党的十八届三中全会文件系统部署教育改革,即以立德树人为导向创新育人模式,以促进公平为关键缩小教育差距,以考试招生制度改革为龙头优化教育结构,以管办评分离为重点改革管理办学体制,并推进教育服务业领域有序开放。党的十八届四中全会部署全面依法治国,对依法治教、依法办学提出新的更高要求。十八届五中全会以创新、协调、绿色、开放、共享五大发展理念为统领,对"十三五"期间深化教育改革、加快制度创新确定了重点。2017年党的十九大报告明确了新时代优先发展教育事业、加快教育现代化、建设教育强国的战略部署,坚持以人民为中心的发展思想,提出办好人民满意的教育的新要求新举措,对"深化教育改革"予以重要定位,着力增强教育系统实力和服务"五位一体"总体布局能力。2018年党的十九届三中全会文件强调,在深化党和国家机构改革中"理顺政事关系""加快推进事业单位改革",对教育体制改革提出新要求。

改革开放第四个十年教育体制改革,特别是党的十八大以来,具有若干突出特点:一是坚持和加强党的全面领导,更加重视学校基层党组织建设和思想政治工作,强调创新体制机制,中办、国办发布关于教育体制机制改革的指导性意见。二是决策层级上移,中央全面深化改革领导小组统筹考试招生制度改革、现代职业教育体系建设、一流大学学科建设、一揽子修改教育法律等事项,跨部门推进改革力度空前加大。三是围绕使市场在资源配置中起决定性作用、更好发挥政府作用,紧扣法治政府和服务型政府建设,深化教育管理体制改革,放管服改革与管办评分离相结合,着力构建政府、学校、社会新型关系。

2018年9月10日,习近平总书记在全国教育大会上发表重要讲话,明确将"坚持深化教育改革创新"作为党的十八大以来党中央关于教育工作一系列新理念新思想新观点的重要内容之一,并强调"这是对我国教育事业规律性认识的深化,来之不易,要始终坚持并不断丰富发展"。为当前和今后相当时期的教育体制改革指明了方向。

改革开放40年教育体制改革的成果

改革开放40年,我国教育事业发生举世瞩目的变化,建成世界最大规模的教育体系,教育体制改革为此注入强劲动力,依靠教育开发人力资源收获了丰硕成果,为全力推进新时代中国特色社会主义事业建设奠定了坚实基础。具体成果有以下四点:

一是义务教育全面普及,基础教育质量不断提高。九年义务教育全面普及,进入均衡发展乃至城乡一体化新阶段,2017年全国小学学龄儿童净入学率达到99.91%,初中和高中阶段毛入学率分别达到103.5%、88.3%,高中阶段教育基本普及,学前教育毛入园率为79.6%,面向残疾人的特殊教育持续发展。

二是职业教育占"半壁江山",现代职业教育体系基本形成。2017年中等职业教育在校生1592.5万人,占高中阶段教育在校生总数的40.1%。职业院校每年输送近1000万名技术技能人才,城乡新增劳动力素质显著改善,为各行各业提供有质量、有专业、有技能的人力资源支持。

三是高等教育实现跨越式发展,为现代化建设做出更多贡献。2017年全国各类高等教育在学总规模达到3779万人,十多年来稳居全球首位,毛入学率达到45.7%,高校在人才培养、科研开发、社会服务、传承创新文化、国际交流合作方面,形成了多样化的高地,一流大学和学科建设不断推进,高校牵头承担大量国家重大科研任务和重大工程项目,产出大批标志性成果,技术转移和成果转化成效明显。

四是继续教育不断推进,多样化学习途径逐渐拓展。函授、夜校、广播电视学校、网络教育、自学考试等学历继续教育体系渐趋完备,培养出数以亿计生产、服务、管理一线实用型专业人才。利用学校及社会资源,面向农村转移务农劳动力、城镇在职或转岗人员、退役军人及其他社会成员,开展非学历继续教育培训,每年参与者超过2亿人次,为学习型社会建设打下良好基础。

回想中华人民共和国成立时,全国5.4亿人口,约有80%的人不识字,1949年在校的只有3000多万小学生,100多万中学生,10多万大学生,大中小学在校生类似"倒图钉形"。经过几十年努力特别是改革开放40年的奋斗,九年义务教育、高中阶段教育逐步普及,21世纪以来高校扩招,大中小学在校生成为"金字塔形",2017年进而呈现"正梯形",而同期世界上达"正梯形"的国家(地区)仅1/3左右。

目前我国各级教育入学(园)率达到中上收入国家门槛,在校女学生及少数民族学生比例与人口自然比大体相当,高校农村新生与人口城镇化率基本一致。联合国教科文组织的全民教育指数监测表明,我国居于前1/3,在联合国开发计划署的"人类发展指数(包括各级入学率)"中,我国高于世界平均水平。从人力资源开发存量看,我国新增劳动力平均受教育年限超过13年,主要劳动年龄人口(20~59岁)接受高教比例超过17%,均处于发展中国家较好水平。我觉得,40多年来,每一位中国人都会感受到自己和家人接受正规教育、参与各类培训的机会成倍增加，选择教育与学习的方式和途径也更加多样。

改革开放40年，我国构建了基本完善的现代化教育体系，初步形成了多层次、宽领域、全方位的教育对外开放格局，基本实现了从人口大国到人力资源大国的历史性转变。这些成就的取得，很大程度在于中华民族尊师重教传统从改革开放以来重新发扬光大，城乡居民旺盛的学习需求成为教育发展的不竭动力，也在于持续推进的教育体制改革释放出前所未有的发展活力，最重要的是中国共产党领导人民立足基本国情，坚持改革开放，成功探索出中国特色社会主义教育发展道路，为决胜全面建成小康社会，开启全面建设社会主义现代化国家新征程提供重要支撑。

改革开放40年教育体制改革的经验与启示

党的十九大报告明确指出："中国特色社会主义进入新时代，我国社会主要矛盾已经转化为人民日益增长的美好生活需要和不平衡不充分的发展之间的矛盾。"习近平总书记深刻指出："新时代新形势，改革开放和社会主义现代化建设、促进人的全面发展和社会全面进步对教育和学习提出了新的更高的要求。"纵观改革开放40年教育体制改革，始终立足于社会主义初级阶段基本国情和现代化建设进程，围绕着社会主要矛盾变化和促进人的全面发展的多样化需求，而不断向前推进。以下三个因素，对理解教育体制改革基本格局十分关键。

第一，国家、区域、人的现代化：影响教育体制改革的重要维度。当中国特色社会主义进入新时代，党的十九大绘制的国家建设现代化蓝图，要在2020年全面建成小康社会，2035年基本实现社会主义现代化，2050年建成富强民主文明和谐美丽的社会主义现代化强国。区域现代化直接对标国家现代化，根据各地实际协调推进。人的现代化从社会主要矛盾出发，形成谋生发展的多样化需求。为此，教育体制改革应与经济、政治、社会、文化、生态文明等领域体制改革形成合力、协同行动。

第二，教育服务属性分化：政府和市场配置资源的体制机制。世界银行等国际组织通常把现代社会中的服务领域分为公共与非公共两类，改革开放以来尤其是

21世纪以来，我国公共政策一个重大变化，就是在非公共服务外，明确将公共服务分为基本和非基本两类，价值取向是坚持依法行政，建设"行为法定、有限权责边界"的法治政府和服务型政府，明晰政府在不同属性教育服务领域中的权责定位，并在以财政为主支持的公共资源和由市场配置的非公共资源中，明确教育服务供给方的行为规则，克服政府治理和社会治理存在的体制障碍。

第三，中央与地方政府关系：教育体制改革运行的制度环境。政府处于教育体制改革的主导地位，必然涉及中央与地方关系。中央统一设定地方的遵循原则和执行方向，地方决策总体上要同中央决策相配套。在党的十九大报告关于"赋予省级及以下政府更多自主权"的基础上，党的十九届三中全会强调要科学设置中央和地方事权，理顺中央和地方职责关系，更好发挥中央和地方两个积极性，全面推行政府部门权责清单制度，以更好统筹教育体制改革决策与实施过程。

总结改革开放40年教育体制改革基本经验，拟归纳为四点体会：

第一，深化教育体制改革，是推进国家治理体系和治理能力现代化的关键环节。国家治理体系和治理能力现代化，必然包含教育治理现代化。深化教育体制改革，必须全面贯彻党的教育方针，坚持立德树人方向，向阻碍前进的顽瘴痼疾开刀，不断解放和增强教育发展活力，使教育治理制度更加成熟定型，形成适应人的全面发展和现代化建设多样化需求的体制，提高教育治理现代化水平。

第二，深化教育体制改革，重点是构建政府、学校、社会新型关系。坚持以人民群众需求为依归，区分教育服务属性，形成政府依法管理、学校依法自主办学、社会各界依法参与和监督的格局，重点是精准实现政府权责法定，施行清单管理；健全现代学校制度，依法规范学校自主办学行为；发挥社会参与作用，创新教育服务提供方式。在多媒体、自媒体新环境中，还需要政务公开法治化、公众有效参与、多元评价监测的跟进。

第三，深化教育体制改革，必须坚持同依法治教和依法办学协调推进、相辅相成。坚持重大改革遵循党的路线方针政策，于法有据、依法依规进行，实践证明行之有效的教育体制改革成果，适时上升为人民的意愿和党的主张与法律法规相结合；实践条件不成熟需先行先试的，按法定程序授权；对不适应改革要求的法律法规，及时修改和废止。通过在法治下推进改革、在改革中完善法治，促使教育系统治理步入法治化、规范化、制度化轨道。

第四，深化教育体制改革，应将强化顶层设计与激励基层创新有机结合。对重大改革事项，在国家层面确定标准统一实施；对涉及重点领域和关键环节的改革事项，在试点基础上逐步推开；对涉及局部地区和学校的改革事项，注重发挥基层积极性、主动性。近期新组建的中央教育工作领导小组，作为党中央决策议事协调机构，必将加强党对教育工作的全面领导，进一步强化顶层设计、凝聚各方合力，增强改革的系统性、整体性、协同性，使各项改革相互促进、相得益彰。

展望未来，根据习近平总书记关于"构建衔接沟通各级各类教育、认可多种学习成果的终身学习立交桥"的总体要求，我国正规学校教育将与非正规教育、非正式学习相互结合，普通教育、职业教育、继续教育将顺畅链接，逐渐覆盖人的一生。教育与学习资源的"战国时代"正在到来，能者为师、愿者为生的新格局开始显现，泛在的自助互助学习形态已经形成，政府将依法重点保障公共教育服务的公平性、普惠性、均衡性，同时市场配置学习资源的选择性、便利性、竞争性日益活跃。21世纪中国人的教育与学习将朝着更有质量、更加公平、更为有用、更加持续的方向迈进，让亿万人民群众更满意。

站在新时代新起点上，教育系统和社会各界遵循以习近平同志为核心的党中央的教育战略部署，必将沿着坚持立德树人、发展素质教育、提高质量、促进公平的主线，坚持以深化改革为动力、依法治教为保障，共同谱写加快新时代中国特色社会主义教育现代化、建设教育强国的新篇章。

20. 医疗保险改革"两江试点"

1994年4月14日,国家体改委、财政部、劳动部、卫生部共同制定了《关于职工医疗制度改革的试点意见》,经国务院批准,在江苏省镇江市、江西省九江市进行试点,即著名的"两江试点"。同年12月,镇江市、九江市的职工医疗保障制度改革试点正式启动。"两江试点"的重点是实现机制转换,建立"统账结合"的城镇职工医疗保险模式。这一模式,为后期深化医疗卫生体制改革奠定了重要的基础。

口述者:彭佩云(时任国务委员,兼国家计划生育委员会主任、党组书记)

宋晓梧(时任国务院职工医疗保险制度改革领导小组办公室主任)

医保改革的背景

彭佩云

20世纪90年代初,我们国家实行的公费医疗和劳保医疗的制度是在20世纪50年代初按照计划经济体制的要求建立起来的。40多年来,这个制度对于保障职工的身体健康、促进经济发展、维护社会稳定发挥了重要的作用。但是改革开放以后,随着经济的发展和经济体制改革的深入,这个制度存在的缺陷日益突出,主要表现在:一是缺乏合理的医疗经费筹措机制和个人积累机制。职工医疗费用没有稳定的来源。当企业经营困难的时候，不少企业采取低额包干的做法，或者长期拖欠职工的医疗费，使职工得不到应有的基本保障。职工年轻的时候身体好、看病少，但是没有积累医疗费用，使得年老多病的时候看病困难增加。二是职工医疗费用全部由国家、企事业单位包揽，对于医患双方都缺乏有效的制约机制，出现了严重浪费的现象。国家财政支出的负担过重，全国职工医疗费用支出的总额，1978年是27亿元，到1994年就高达558亿元，16年间增长了超过20倍，各级财政难以承担，企事业单位负担重。三是公费、劳保医疗保障制度的覆盖面窄，社会化程度低。根据这样一些情况可以看出，当时的职工公费和劳保医疗制度不仅不能适应建立社会主义市场经济体制的需要，而且本身也难以继续运转下去，改革势在必行。在这种大背景下，国务院开始着手研究医疗制度改革问题。

《关于职工医疗制度改革的试点意见》

1992年5月，国务院成立医疗制度改革领导小组（以下简称"医改领导小组"），时任国务委员的李铁映同志任组长，时任国务院副秘书长的徐志坚同志任副组长。国家体改委、卫生部、劳动部、财政部等相关部委的负责人参加，共同研究医改的问题。1993年2月，徐志坚同志主持医改领导小组，起草了医疗制度改革的初步意见，提出要通过试点建立起和当地经济发展水平相适应的，由国家、用人单位和职工个人三方面分担的医疗费用的筹款机制和运行机制，其基本原则是以收定支、收支平衡。

1993年3月下旬，我就任国务委员，分管卫生和计划生育工作。4月初，李铁映同志向我交接工作，特别强调了医改工作的重要性和艰巨性。4月，我向徐志坚同志、刘志峰同志[①]、陈敏章同志[②]了解有关情况，又到江苏、上海进行了调查研究。在研究原来医改领导小组起草的医疗制度改革初步意见后，我认为这个报告的基本思路是可行的，但是还有不完善之处，还缺乏实践的检验，需要尽快通过试点来获得验证。

---

① 时任国家体改委副主任。
② 时任卫生部部长。

5月14日，我作为医改领导小组的组长，首次召开会议，主张尽快草拟推进医疗保障制度改革的指导意见，使原来的初步意见完善起来。这次会议要求1993年底以前形成职工医疗保险制度改革试点的意见，同时准备好向国务院领导汇报的提纲。当时国务院的领导对这项改革十分重视。7月27日，朱镕基副总理听取医疗制度改革筹备工作情况汇报的时候说："医疗改革是改革中的一大重点，也是一大难点，关系到亿万职工的生命健康，要十分慎重，一定要搞试点。"他还强调，要把改革的道理讲清楚，否则你动了职工的既得利益，群众会反对的。原先国家1992年用于公费劳保医疗的总支出有372亿元。他说我一分不少你的，但是要改变制度，建立机制，减少浪费。邹家华副总理在会上提出，不仅在职职工要参加医疗保险，待业的职工、退休的职工都应该纳入进来。对有生活困难的职工，在制定政策的时候要专门考虑。所以，应该说保障广大职工的基本医疗和控制费用，始终是当时医改的两条最基本的原则。当时，改革的难点在于既要扩大覆盖面，保障广大职工的基本医疗，又不可能大量增加拨款。加上国家的财力很紧张，只能够改变制度，建立新的机制，才可达到控制费用、遏制浪费的目的。所以就要打破"大锅饭"，医疗费用由过去国家或者企业单位全包，改为个人要承担一部分。经过反复地调研、研讨修改，1994年这个试点意见终于准备好了。

1994年1月18日，李鹏同志主持第22次总理办公会，朱镕基、李岚清副总理，陈俊生国务委员和我参加，国家体改委、财政部、卫生部、劳动部有关的负责人列席，听取刘志峰代表医改领导小组汇报新起草的《关于职工医疗制度改革的试点意见》。国务院领导人总体上同意试点意见，希望再加以完善后，就可以作为医疗改革的指导文件。会议的重要决定是，同意试点方案提出的建立社会统筹医疗基金与个人医疗账户相结合的新制度，并且逐步覆盖城乡所有劳动者的改革方向。在地方自愿的基础上，选择两个条件较好、有代表性，而且不会引起较大震动的中等城市，全市进行试点。朱镕基同志说得很明确，今年把医改方案研究好，在推行其他改革的同时，搞医改试点，通过试点取得经验，争取明年推出来。至于新的医疗保险体制由谁来管理，他的意见是机关事业单位还是由卫生部管，企业还是由劳动部管，将来再走向由统一的部门来管。李鹏同志同意朱镕基同志的这个意见。会议还决定由我牵头,以国家体改委、卫生部和劳动部为主,有关的部门参加,成立职工医疗保障制度试点领导小组,来推进试点工作。我在2月28日给徐志坚写了封短信,我说3月中旬务必把修改稿上报国务院,并争取早些批下来。3月下旬就向两个城市部署试点,我们可以和卫生部、劳动部一起,分别到两个市和当地领导一起研究试点方案。

1993年3月,我开始分管卫生工作的时候,公费医疗和劳保医疗制度的缺陷已经越来越突出,改革势在必行。所以推行这项改革的态度必须是积极的,决心必须是坚定的。但是这项改革难度又很大,它涉及广大干部职工的切身利益,涉及如何正确处理国家、单位、个人和医疗医药机构的关系,所以必须要慎重。我的做法是深入调研、反复研讨、加强宣传、一抓到底。

深入调研,就是向各有关部委和地方的同志调研,了解情况,听取意见。许多实际问题就是在调研中了解到的,比如亏损企业的职工医疗费用问题、离休干部的医疗费用问题、职工供养直系亲属的医疗费用问题等。这些使得我们在制定相关文件措施的时候,考虑得更周到,更切合实际。

反复研讨,就是各相关部门的同志反复地商量、研讨。国务院医改领导小组里面有近十个部委的同志,他们分管的领域不同,接触面不同,出发点、落脚点也不尽一致。任何一个政策的规定,有的时候甚至只是一句话、一个词的不同,所引起的反响也是不一样的。各方面的同志经过反复地磋商,逐步地达成共识,即使有的问题一时达不成共识,也能得到各方的重视、思考,为今后解决问题打下基础。

加强宣传,就是因为医疗保障制度的改革涉及千家万户的切身利益,必须得到广大干部职工的理解和支持,这就需要做好宣传教育和思想发动工作,使得广大的干部职工明白其中的道理,明白这项改革是符合他们的长远利益。虽然眼前个人要出一些钱,但是可以建立起一个更合理,能够持续发展的新制度。即使企业效益不好,或者个人患了大病、重病,基本的医疗支出也能得到保障。在医疗保障制度改革试点前、试点中,我逢会必讲要加强宣传,要求各地、各层级的干部都要做好宣传工作。

再就是一抓到底,就是这项工作不仅要有部署、有时间表,还要有检查、考核。医疗保障制度改革难度大、涉及面广、工作头绪多，必须抓得紧而又紧，才不至于滑坡，甚至半途而废。

"两江试点"

国务院职工医疗保障制度改革领导小组的主要成员有：国务院副秘书长徐志坚，国家体改委副主任刘志峰，卫生部部长陈敏章，劳动部副部长王建伦，财政部副部长刘积斌（后来是谢旭人，高强接着先后参加），还有国家发改委、人事部、中医局、药监局、全国总工会的有关负责同志，在领导小组下成立了一个办公室，简称医改办。由国家体改委、卫生部、劳动部、财政部，各抽调两三位同志组成，负责医改领导小组交办的工作。医改领导小组的负责人是宋晓梧，当时他是国家体改委体改司的司长，是一位学者型干部，很能干。

医改领导小组的工作效率高、质量好，为推进"两江试点"做了大量的工作，发挥了重要的作用。医改领导小组的一项主要工作是制定文件。由国务院批准的，由国家体改委、财政部、劳动部、卫生部四部委联合制定的《关于职工医疗制度改革的试点意见》，就是一份非常重要的、指导性极强的文件。"两江试点"是遵循它，后来全国扩大试点也遵循它。这个文件中阐明的基本原则，在较长一段时间内都发挥了作用。这个文件是经过反复调查研究，多次深入讨论修改才制定出来的。为了贯彻实施好这个文件，医改领导小组经常到试点城市进行督促检查，深入基层，包括企业、医院、基层卫生院、普通百姓家，了解新情况，研究新问题。从1994年的4月到1996年初，我先后8次到镇江、九江去调研试点的情况，大体上是两三个月一次。每次都有徐志坚、陈敏章同行，大多数情况下，国务院有关部门的负责人都参加，率领这些部门的司局长们，大约有30人，每到一地一般都是分组先做几天调研，每晚都汇报调研情况，提出问题，集体会商，往往持续到深夜。最后一晚都要商定第二天怎么向当地的领导来反馈试点进展情况和评估，对当地提出的问题要作出回应和解释。

实践证明，由于医改领导小组的工作抓得紧，作风比较深入，加上镇江、九江两市同志的积极努力，试点在较短的时间内取得了成效。我一直称赞镇江市和九江市是敢为天下先，勇当铺路石，他们勇于创新的精神和实践能力，值得大力地肯定和发扬光大。

1996年，在总结“两江试点”经验的基础上，在全国范围内逐步推广医改试点。5月5日，国务院办公厅转发了国家体改委、财政部、劳动部、卫生部制定的《关于职工医疗保障制度改革扩大试点的意见》。此后，全国各地的医改试点陆续开始，但是发展不平衡。1997年8—9月，我和四部委的同事到各地调研，分别召开了华东、中南、西南、西北、华北5个区域会议。10月份向国务院提交了各地医改试点情况的汇报。10月21日，我在全国医改扩大试点工作电视电话会议上讲话，再次进行了动员和督促。这一次电视电话会议之后，全国58个地级市都启动了医改试点。

扩大试点取得了新的经验，也暴露了一些新的问题，但也逐步找到了解决办法。按照国务院的要求，医改领导小组开始起草《建立城镇职工基本医疗保险制度的决定》。这就是向全国推行的一个指导性文件。后来这个文件经过多次修改，到1998年12月14日正式颁布。1998年3月，我完成了国务委员的任期，到全国人大工作。医改领导小组的工作由其他的领导同志接任了。

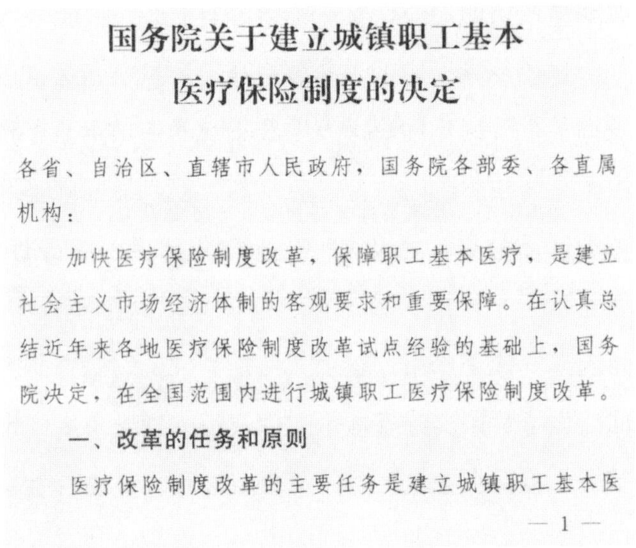
国务院关于建立城镇职工基本医疗保险制度的决定

各省、自治区、直辖市人民政府，国务院各部委、各直属机构：

加快医疗保险制度改革，保障职工基本医疗，是建立社会主义市场经济体制的客观要求和重要保障。在认真总结近年来各地医疗保险制度改革试点经验的基础上，国务院决定，在全国范围内进行城镇职工医疗保险制度改革。

一、改革的任务和原则

医疗保险制度改革的主要任务是建立城镇职工基本医

— 1 —

图20-1　1998年12月14日，《国务院关于建立城镇职工基本医疗保险制度的决定》正式颁布

当时，在我们国家对职工医疗保障制度进行改革是一项全新的工作，没有任何经验可以借鉴。我考虑如果在大城市搞试点，可能出现的复杂局面不容易掌握。在县级市搞，又不可能取得在大范围推广的经验，因此应该选择地级市试点为好。我们国家幅员辽阔，各地经济发展差异性大，应该在我国的东部和中部各选择一个经

济发展水平中上的地级城市进行试点,这样探索出来的经验更有推广意义。我们国家多年来一直是由卫生部管理干部公费医疗,劳动部管理企业劳保医疗,他们比较了解情况。所以我请卫生部和劳动部各推荐一个试点城市。劳动部推荐了江西省的九江市,因为他们已经采取了多种措施,对医疗费用的增长控制得比较好。卫生部就请江苏省提名,当时江苏省的副省长张怀西同志建议在镇江试点。镇江在江苏是属于经济中等发达的水平,在医改上也有初步的探索,积累了一些经验。我同意他的建议。

1994年3月下旬,我召开医改领导小组会,确定镇江和九江作为全国医改的试点城市。因为这两个试点城市名字中间各有一个"江"字,因此这次试点被称为"两江试点"。

当时党中央、国务院对医疗保障制度改革的决心是坚定的,认为面对存在的问题,改革势在必行,不改革没有出路,必须冲破旧的思想观念的束缚,从制度上进行全面的改革,探索出一条符合国情的可持续发展的新路。各级领导干部对于必须进行改革认识基本一致,也有不少人对这一项改革的重要性、复杂性认识不足,抓得不力,因此必须不断提高他们改革的自觉性,使他们崇尚实干、不畏艰难、狠抓落实。当时医改存在的阻力主要是在建立社会主义市场经济体制的过程中,各种改革措施陆续出台,人民群众承受的利益调整压力已经不小。因此,有不少人对进行医疗保障制度的改革不理解,甚至有抵触。当时在干部职工中有一种议论,认为医疗费用全部由国家企业包下来,这才是社会主义制度优越性的体现。现在一改,就把社会主义制度最后一点优越性也改没了。

因此要突破阻力,搞好改革,处理好改革、发展与稳定三者的关系。一方面,要做好制度设计,使之符合国情,切实可行。另一方面,就是要做好宣传教育和思想发动工作,更新观念。我一再要求大家认真学习党的十四届三中全会颁布的《中共中央关于建立社会主义市场经济体制若干问题的决定》,学习贯彻中央国务院关于医改的指示精神,充分认识医改的重要意义,着重阐述医改在筹资机制、制约机制、运行机制上都是根本性的改革。要建立个人账户,不仅仅是个人要分担一些费用,更要促进职工增强自我保健意识。在年轻体壮的时候就要想到年老体衰的时候，通过自我积累一定的医疗保险金，增强自我医疗保障的能力。要让大家都认识到这个制度从长远看是好的，可以克服过去吃国家企业"大锅饭"的弊端。在改革的过程中，不同的人群也曾出现这样那样的问题。我一直强调要及时掌握干部群众的思想动态，有针对性地对他们进行耐心细致的宣传解释，同时对他们的实际困难要充分考虑，合理解决，使他们真心拥护改革，积极参加改革。

有了制度设计和宣传教育这两条，再加上各级领导的重视支持、相关部门的通力协作，以及医疗机构的积极配合，才使得改革能够顺利推进。1994年4月，经国务院批准的四部委（国家体改委、财政部、劳动部、卫生部）制定的《关于职工医疗制度改革的试点意见》中，明确地提出改革的目标是建立社会统筹医疗基金与个人医疗账户相结合的社会保险制度，并且使之逐步覆盖城镇所有的劳动者。

这个文件提出了几项基本原则。第一条是，适应建立社会主义市场经济体制的要求，使城镇全体劳动者都能获得基本医疗保障，有利于整个社会保障制度改革的推进，有利于减轻企业事业单位的社会负担，有利于转换国有企业的经营机制，建立现代企业制度。第二条是，基本医疗保障的水平和方式要与我国社会生产力发展水平以及各方面的承受能力相适应，国家和企业不能包揽全部的医疗费用。其他的几项原则是：公平与效率相结合；建立对医患双方的制约机制；对医疗保险基金加以严格的管理和监督；公费劳保医疗制度同步改革；实行政事分开等。这个文件把医改的目标和原则阐述得十分清楚。

具体的做法是将现在由国家支出的职工医疗费用（约为职工工资总额的10%）分为两部分，一部分纳入社会统筹资金，另外一部分纳入个人账户。职工本人要拿出工资的1%进入个人账户。职工患病就医，先使用个人账户上的钱，个人账户的钱用完了，由职工本人支付医疗费。一年当中个人支付的医疗费超出本人年工资5%以上的由社会统筹基金支付，但是个人还需支付其中很小的比例。这个制度规定保证了职工医疗保障资金的稳固的来源，也控制和减少了医疗经费的浪费。这个文件还规定，对老红军、离休人员、二等乙级以上革命伤残军人、退休职工、大专院校在校生实行政策性照顾。这个文件还提出，为了不过多增加职工负担，职工个人缴纳医疗保险费，应在增加工资的基础上进行。文件中所指国家支出的职工医疗费用约占职工工资总额的10%是全国的平均数，具体到每个城市，比例数是不一样的。镇江市医疗费用较高，约占工资总额的12%，九江市则只占8%左右。至于划入统筹资金和个人账户的资金，是五五开，还是六四开、七三开？统筹资金划少了，怕不够用。个人账户划少了，怕对个人制约的力太小，不能更好地避免浪费。还有如何设立起付线，封顶线。这些问题都在试点中遇到，也都在试点中摸索出了一些办法，这些都为以后的医疗保障制度改革摸索了经验。

1994年5月，我带领了一个小组前往新加坡和德国，实地考察那里的医疗保险现状，以借鉴国外经验。新加坡强调个人账户的观点，给我留下了深刻的印象。他们提倡公民年轻时就有责任考虑自己一生的医疗保障，设立个人账户是这种责任的体现。新加坡凡有个人账户的患者，住院治疗。如果住C级病房，十个人一间没有空调，只有吊顶的大电扇，无须自己支付；如果要住B级病房，患者要付一部分住院费；如果要住A级病房，几乎要由患者支付全部的费用。他们的药品比较便宜，医院药房给药不是一瓶子一瓶子地递出来，几乎全是分装的小纸袋，里面药量很少，只是几天的用药。德国卫生部部长则强调，开始建立医疗保险制度的时候，起点要低一点，保险金要少一点，逐步增加。这些经验对我国都有借鉴意义。基本医疗保障是一个重要的概念，它的主要含义就是讲医疗保障的水平和方式要与我国社会生产力发展水平和各方面承受能力相适应，这是一条非常重要的原则。关于基本医疗的界定，曾经讨论了很长时间，哪些应该纳入基本医疗范围？哪些不算基本医疗？曾经有同志提出以小病、大病分类，小病纳入基本医疗，大病不纳入。讨论中，大家否定了这种分法，因为小病可以发展成大病，如果大病不纳入，不利于保障职工的健康，而且大病小病也很难区分。后来卫生部的一位专家提出，基本医疗不是医学概念，而是经济学概念，以支出的金额来衡量，比较明确，也比较好操作。这种说法得到了大家的赞同。随之而来的问题就是社会保障水平基线的划定。我曾经看到中国社科院的代表团到德国、英国、瑞典考察社会保障问题的报告。报告中提到，英国前财政和外交大臣，现任英中文化协会主席的杰弗里·豪强调，确定社会保障水平基线的时候，一定要谨慎，社会保障的一个重要的特点是，某些措施一出台，基线一确定，只会上升，难以下降。经验表明，每一项措施的费用都比预计的要高得多。德国的卫生部部长也曾对我说，德国的医疗保障水平很高，看病的时候去吃午饭、配眼镜都管。政府的财政支出压力太大了，可是想要降下来阻力很大，十头大象都拉不回来，所以一开始医疗保险起点要低一点。这些提示和建议都给我留下深刻印象。在实践中，我们也看到当代医学诊疗技术手段发展得很快，日新月异。而这些高新技术和药品往往需要支付高额费用。如果经济条件不允许，而又确定了较高的保障水平，势必造成医疗保险基金透支出险。如果保障水平定低又会加重广大职工患者的负担，也不合理。后来我们总结基本医疗就是要使职工在患病时能得到目前所能提供给他能支付得起的、适宜的治疗技术。

我们在实践中逐步认识到医改要从三个方面来控制基本医疗保障水平。一是从总量即从筹资水平来控制；二是从提供医疗服务的基本诊疗技术、基本药物、基本医疗生活服务设施三方面进行控制；三是要制定社会统筹医疗基金的最高支付限额，就是封顶线，因为医疗需求是无限的，医保基金却是有限的，如果不设封顶线，极少数患大病的人，就可能占有过多的医保基金，以致影响大多数人的基本医疗。由于各地社会经济发展水平不同，封顶线也有地区差别，关键是要积极地探索如何解决封顶线以上的高额医疗费用的问题。从以上三个方面加以控制，既能兼顾各方面，又能保证医疗保险基金平稳运行，持续发展。

医疗机构是医疗服务的供方，是医疗保障制度改革中各种矛盾的交汇点。要搞好医疗保障制度的改革，医疗机构起着非常关键的作用。医疗保障制度的改革，又是促进医疗机构深化内部改革、加强内部改革的契机。如果医院和医务人员缺乏积极性，医改很难顺利进行。在试点工作中，一方面我们始终十分重视帮助广大医务人员提高认识，主动适应和积极参与改革，努力提高服务质量和工作效率，遏制浪费。同时制定了对医疗机构的制约机制。另一方面，我们也十分重视建立健全对医疗机构合理的补偿机制，为探索解决这个问题的对策，做过不少努力。在国务院批准的试点意见中，明确要求各地政府应该随着财政收入的增长，增加对医疗机构的投入，要根据医疗机构的不同情况，明确政府应该承担的经济责任，规范财政资金供给的范围和方式，要合理调整医疗机构的收入结构，适当增设体现医务人员技术劳动价值的医疗收费项目。

1995年6月，我率队先到九江，再到镇江，看到两个市医改试点，平稳运行，开局良好。九江市全市已有5400多个单位参加医疗保险，已经参保的职工达465400人，已经收缴的医疗保险金是5537万多元，单位的参保率已经是95.23%，职工的参保率是92.6%，资金的到位率为86.62%。镇江市单位的参保率为98.1%，职工的参保率为96.8%，资金的到位率为96.3%。一个全新的基本覆盖两市职工的医疗保险体系初步形成，运行基本正常，开局良好，达到了预期的目标。

由于建立了由国家、单位和个人共同负担的医疗经费筹措机制，医疗费用有了稳定的来源，职工的基本医疗有了切实的保障，促进了社会公平与稳定。一些过去看病没有保障的职工，对这个新制度的反映更好。由于建立了对医患双方的制约机制，医疗费用的浪费现象明显减少。新制度的建立还增强了医疗单位的竞争意识，促进了医疗服务质量和医疗管理水平的提高。总的看，医改方案符合人民群众的愿望，得到了广大干部群众的衷心拥护。

调研使我认识到基层的同志有真知灼见，许多办法和经验是基层同志在实践中创造出来的。比如上海市率先实行总量控制、结构调整的做法，控制了医疗费用过快增长的势头，而且规范了医疗行为，促进了医疗机构的改革。这个经验在许多城市推广后取得了很好的效果。基层同志的经验使我们

图20-2　20世纪90年代企业职工医疗卡

的认识更丰富，方案更完善，措施更切实可行。我们一定要真诚地向人民群众学习。"两江试点"两年以后，就是1996年，国务院批准下发了《关于职工医疗保障制度改革扩大试点的意见》，决定在29个省、直辖市、自治区扩大试点。在扩大医改试点之后，我更深刻地认识到，我国各地经济发展不平衡，地区间差异很大，即使在一个省里，县和县之间也有许多不同之处。我在无锡市调研的时候，地方领导谈到医疗机构，为了配合医改需要更新设备，市里要拿出100万元，他说得很轻

松,不感到有什么为难的。可是在九江市却因财政困难拿出10万元都很不容易。九江市在1995—1996年医改试点工作做得很好,但是1998年一场洪水破坏很大,统筹资金就收不上来了。因此,我们做工作时必须从实际出发,不能搞一刀切。

1996年5月,国务院办公厅批转了四部委《关于职工医疗保障制度改革扩大试点的意见》,又在镇江召开了一个全国医改扩大试点的工作会议。职工医疗保障制度改革试点工作就进入了新的阶段。这个时候和1994年初相比,增加了一些有利条件。一是社会各界对现行医疗保障制度的弊端,认识逐渐深化,也看到了党中央国务院加快医改的决心,对改革的必要性、紧迫性基本形成共识。二是随着人民生活水平的不断提高和改革开放的深入发展,广大职工对改革的承受能力也有所增强。对于新型医疗保障制度实行个人负担少部分医疗费的办法,一般能够接受。三是各地已经积累了一些医改的经验,镇江市和九江市又提供了比较全面的经验。这个文件①进一步明确了改革的目标、基本原则和主要内容,使各地有所遵循。所以我觉得这个时候应该说心中已经基本有底,不完全是摸着石头过河了。对各省市的扩大试点,国务院明确要求由各省、自治区、直辖市政府领导和组织实施,就是把组织开展各地扩大试点的领导权交给地方了。这种情况下,我们除了继续关注镇江、九江的工作,就是按大区分片进行调研和督导。从调研情况看,最大的问题是有一些省市领导对医改试点工作的重要性、复杂性认识不足,没有把这项工作摆到重要的议事日程,没有花功夫研究解决医改试点中存在的问题。为此,我们于1996年10月召开了全国医疗改革扩大试点工作电视电话会。

在这次电视电话会议上,我强调了几点:第一,各省市领导要充分认识职工医疗保障制度改革的重要意义,切实加强领导,精心组织好试点工作。我表扬了江苏省、江西省,对镇江、九江的试点工作非常关心,对扩大试点城市也抓得很紧。江西省领导对制定试点方案进行了事前、事中的指导,把问题解决在前期,而不是等到最后审批方案的时候再进行事后的指导。第二,强调要认真学好16号文件,就是《关于职工医疗保障制度改革扩大试点的意见》,制定好医改方案。第三,强调各部门要加强协作,密切配合。第四,强调要充分调动医疗机构的积极性。第五,

---

① 指《关于职工医疗保障制度改革扩大试点的意见》。

强调要加大宣传教育工作力度。第六，强调要加快工作进程。对各地反映较多的一些中央和省属企业不愿意参加属地医改试点的问题，如何确定用人单位缴费率的问题，困难乃至破产的企业怎样为职工交纳医疗费的问题，还有个人账户积存的资金如何使用的问题，以及方案的审批和备案问题等，都一一做了解答。这次会议对各地进一步做好医改试点工作，起到了重要的积极推动的作用。

现在看来，这几年的试点为1998年国务院出台《国务院关于建立城镇职工基本医疗保险制度的决定》奠定了良好的基础。试点的主要成效表现在建立了由国家、单位、个人共同负担的医疗经费筹措机制。医疗费用有了稳定的来源，职工的基本医疗有了切实的保障；建立了对医患双方的制约机制，医疗费用的浪费现象明显减少，促进了医院自身的改革；提高了广大干部群众对新型医疗保障制度的认识，为下一步在全国范围内建立新型医疗保障制度打下了思想基础；为在中国建立新型医疗保障制度，闯出了一条新路，积累了一些宝贵的经验，接触到许多亟待解决的矛盾，提出了许多需要继续研究解决的问题，为我国卫生事业和医疗保障事业的改革和发展做出了贡献。江苏省镇江市、江西省九江市在省委、省政府的领导下，敢为天下先，勇当铺路石，承担了改革试点的重任，为全国医疗保障制度的改革做出了贡献。

宋晓梧

1995年底，我从劳动部劳动科学研究院调任国家体改委分配与社会保障司司长。我1996年突然接到任命，让我兼任国务院职工医疗保险制度改革领导小组办公室主任。我对医学一窍不通，怎么能当医改办主任呢？后来有领导同志说这个任务就交给国家体改委了，你是国家体改委社会保障司司长，不是你负责谁负责啊？我说，这个事应该是卫生部和劳动保障部的事。后来我听说是当时国务院职工医疗保险制度改革领导小组组长彭佩云建议让国家体改委牵头。时任国家体改委主任李铁映同志曾经跟我说过这件事很难，不好搞，但国务院定了，就要尽最大努力把工作做好。

真正着手这项工作以后，我发现医疗保险体制改革是我从事过的最困难的工作。尽管它属于社会保险，但它和养老保险、失业保险性质很不同，养老保险、失业保险的保险基金筹集对象很明确，支出对象也很明确。虽然医疗保险基金的筹集对象比较明确，也是企业和职工交钱，但支出可不是患者自己能确定的，这个问题就复杂多了，还涉及医院的管理体制和财务机制。这与养老金、失业保险金完全由个人决定其支出是大不相同的。

图20-3　镇江试行国家、单位、个人共同筹集职工医疗保险基金的"医疗保险"制度

当时我们选择在江西九江和江苏镇江这两个地方试点。镇江的试点是由卫生部侧重负责，九江的试点是由劳动部侧重负责。当时出台了试点文件，建立社会统筹和个人账户相结合的职工基本医疗保险制度是"两江试点"最核心的举措。以后整个医疗保险框架，都是基于"两江试点"的基本模式。当时的试点主要围绕以下问题展开：医保个人账户如何筹资，社会统筹如何筹资，个人怎么交钱，企业怎么交钱，国家负担什么事，这些钱筹集之后怎么支出，看大病怎么支出，看小病怎么支出等，彭佩云同志抓这项工作非常认真、具体，有人开玩笑说乾隆八下江南，彭佩云同志到"两江"调研也有八次，也是八下江南。我陪同她到"两江"有五六次。

当时第一批试点需要深入调研，然后扩大试点。以前各地搞了一些医改，但比较简单。比如说，一些企业搞职工医保包干制，每个月给你几块钱，你有病你看，没病就存着，钱花光了自己补，企业就不管看病了。这种办法简单，但根本解决不了大病医疗需求。例如当时广州某厂一个职工肾衰竭要换肾，这个企业的全部流动资金只有十几万，不换肾病人就要死，换肾企业要死，用现在话讲就是非常纠结，非常不好办。

为了解决这些问题，国务院决定建立统一的企业职工基本医疗保险制度。"两江试点"就是要探索建立社会统筹与个人账户相结合的医疗保险模式。比如你去门诊看病的时候，门诊一般是小病，所以这个时候，你花你个人账户的钱，等到你住院的时候，大病就享受社会统筹，当时医改基本是这个思路。但是实际问题很复杂。

在"两江试点"和扩大试点的基础上，1998年国务院统一了企业职工基本医疗保险制度，明确了职工与企业单位的缴费比例、个人账户和社会统筹筹资比例、个人账户与社会统筹基金各自的支出范围等。"两江试点"想通过个人账户建立约束作用，抑制医疗费用的过快增长，但是后来发现有问题，必须把医院的管理体制改革与医疗保险制度的改革结合在一起。为什么医院那么愿意多卖药？我们在调研中得到好多案例。1998年，天津一个医院的医生自己揭发医药代表给医生回扣，让医生多开药的事。这位医生在材料里说，这种现象继续下去，医院就没法办了。这位医生说到一种注射液，病人注射一支此类注射液，医药代表就给医生多少钱的回扣。其实有些病人并不需要注射这药，医生也给他开了，因为有回扣。因此，那个医生非常愤怒，写信揭发。

大家看一看现在这个情况，不搞医药卫生体制改革行不行？那时候反映的问题很多，出发点就是公立医疗机构要保证本身的公益性，你不能把自己变成企业一样去赚钱了。但是，也不是说不发展民营医院了，国外有很多私人医院，私人医院分两种性质，一种是营利性的，一种是非营利性的，非营利性的和公立医疗机构大致相同，只不过公立医疗机构是国家政府投资的，私营的非营利性医疗机构是一些财团投资的，这些财团投进钱以后采取基金的模式，不追求回报。民营的营利性医疗机构跟企业差不多，但是你要凭你的医疗本事去吸引顾客，你要出了事故要负责任。我们国家管的医疗机构中，国有占比太高，这样一些传统的国有单位弊端在这里边表现出来了，比如效益低、大锅饭、养懒汉，也不讲财务核算等。

另外就是药品的生产流通。比如，药品生产厂商、流通厂商与医院是什么关系？为什么会不断地发生医药腐败的问题？1998年我到江苏调研，江苏省卫生厅的一位负责人和江苏省医药局的一个负责人当面互相指责。一个说，现在药价这么高，就是你们医院垄断药品销售，不让到药店去买，只能到医院去买。另一个说，

图20-4 2005年8月27日，宋晓梧在"医疗卫生体制改革：评估与展望"——中改院第22次改革形势分析会上发言

现在医疗队伍就是被你们药厂的医药代表腐蚀了，搞乱了。两个人吵得很厉害，最后那个卫生厅的负责同志当场犯了心脏病，掏出硝酸甘油吃。这件事我印象特别深刻，感到医药卫生体制改革是非常复杂的事，在我国现有体制下，只搞职工医疗保险制度改革是单兵突进，走不远。

后来针对这个问题，1998年我们提出职工医疗保险制度、医疗机构管理制度、药品生产流通制度，即"医保药"三项制度同时推进。其实在"两江试点"中已经发现这个问题了。当时劳动部副部长王建伦是医改领导小组成员，她说只搞医疗保险制度改革是"小马拉大车"，拉不动医院管理体制和药品生产流动体制的改革。但是劳动部管不了医院和药品生产流通，卫生部管得了医院也管不了药品生产流通，那是经贸委管的。所以最后又让国务院体改办牵头，推进三项制度改革。"两江试点"和"医保药"三项制度改革提出的一些主要精神，现在看来仍不过时，但是落实起来很困难。比如说医院，成分很复杂，有军队的医院，有企业的医院，有行业的医院，有地方的医院。统一管理起来很难，而且是无序竞争，为了招揽患者，变成企业一样竞争了，降低各种成本，实际降低了服务水平对医院的改革并没有非常大的进展。在"医保药"三项制度改革中，提出要整合医疗资源，实行属地管理，还提出在医院管理方面引入市场竞争机制，提高服务水平。虽然后来这一点被一些学者批评。但是应该明确说一下，所谓上一轮医改，包括"两江试点"与"医保药"三项制度改革，当时的思路并没有把医疗机构简单推向市场，看看当时出台的文件，绝对没有医疗机构市场化的提法。我个人就多次强调过公立医院和非营利性民营医院不是企业，公益性是第一位的。但是在很多地方实际上医疗机构是被市场化了，这是为什么呢？当时一些地方政府唯GDP论，把医院视作负担，一些地方让医院自己去赚钱，甚至规定上缴利润。我个人认为，长期存在的"地方政府公司化倾向"才是主要原因，而这个问题靠医改是解决不了的。所以不少人批评医改过度市场化的确事出有因，许多地方确实把不该推向市场的公立医疗机构推向市场了。

在医疗体制改革过程中，农村医改也是一个重要领域。当时李岚清副总理提出农村因病返贫、因病致贫的问题很严重，在"医保药"三项制度改革的文件出台以后，就让国务院体改办着手牵头研究农村医疗保险和医疗卫生问题。有关农村的医疗卫生体制改革，我们组织国务院八个部委调研了八个省市。当时看到的情况确实让人惊讶，大家都认为农村医疗确实很糟糕，过去依靠集体经济建立的赤脚医生制度已经垮掉，农村的三级卫生网破败不堪，农村医生护士大量流失。在"两江试点"和推进医改的过程中，我非常敬佩彭佩云同志这样的老革命家的工作作风。她工作非常深入、非常细致，八下江南，深入调研，确定了医疗保险的基本框架制度。而我那时刚从中国劳动科学研究院调任过来，习惯从学者的角度考虑问题，我觉得，个人账户在医疗保险里究竟有多大作用，是值得探讨的。彭佩云同志有一次在会上对我说："宋教授，你现在不是教授，你是国务院医改办主任，你的任务是负责协调有关部门落实贯彻中央和国务院已经确定的指导原则。"我认为，彭佩云同志还有一大功劳，就是从"两江试点"起，她就坚决反对搞职工医疗保险的双轨制，不赞成像职工基本养老保险那样，把职工医疗保险分成企业与国家机关事业单位工作人员两种制度。在两江医改的多次讨论中，彭佩云同志坚定地表示，一定要建立一个包括企业、机关、事业单位的统一的城镇职工基本医疗保险制度。尽管在实际工作中，机关、事业单位职工医改相对滞后，一些地方迟迟没有按文件精神并轨，但在制度设计上是一致的。职工基本养老保险搞了双轨制，近30年来，惹出多少不必要的矛盾纠纷，至今仍难平息。而职工基本医疗保险制度的推进较为平稳，历史应当记下彭佩云同志的这一大功绩。

21. 90年代中期住房制度改革历程回顾

从1980年邓小平同志明确提出改革城镇住房投资、建设和分配制度的总体设想以来，住房制度改革作为城市经济体制改革的重要组成部分，率先在广大城镇展开。90年代中期，住房制度改革在80年代试点工作经验的基础上，进入全面推进、综合配套改革的阶段，取得了突破性进展。住房制度改革涉及金融体制改革、财政体制改革以及土地制度改革，涉及广大城镇职工的切身利益，涉及多个部门利益的协调，在探索中不断推进。

口述者：陈锦华（时任国家体改委主任、国务院住房制度改革领导小组组长）

陈学斌（时任国务院住房制度改革领导小组办公室主任）

社会事业的老大难问题：住房制度改革

陈锦华

我一直认为中国的民生问题，除了吃饭、穿衣，最大的问题就是住房。从历史上看，我国长期实行的低租金、福利分房的制度，造成了住房市场难以发育，住房供应短缺，从而刺激了人们都想多占房、占好房，并因此助长了以权谋房、分配不公的不良风气，社会对此反映强烈。改革福利分房制度，实行住房商品化，成了有关方面一直想改而又怕改，担心改不成的一个老大难问题。缓解住房紧张状况,也成了各级政府一项重大的"民心工程"。

1977年、1978年,我在上海工作时,住房是每年编制计划供求缺口最大的一项指标,市委想方设法挤出资金,每年盖100万平方米的宿舍,但仍是杯水车薪,满足不了住房需求十分紧张的状况。1979年,市委咬咬牙想搞200万平方米,有人认为搞得多了,是冒进,但这与实际需求还差得很远。2005年,上海每年新建住宅1000多万平方米,新建住宅还是年年大幅度增长,但房地产市场仍然一片兴旺。

早在1980年,邓小平就提出要搞商品房。我最早看到中国要改革住房制度的消息,是北京市委书记林乎加陪同邓小平同志视察前三门住房时的报道。后来,邓小平更明确地提出:"城镇居民个人可以购买房屋,也可自己盖。不但新房子可以出售,老房子也可以出售。可以一次付款,也可以分期付款,10年、15年付清。住宅出售以后,房租恐怕要调整。要联系房价调整房租,使人们考虑到买房合算。因此要研究逐步提高房租。①"根据邓小平同志的讲话精神,为加强对这项工作的领导,1986年2月,成立了国务院住房制度改革领导小组,负责领导和协调全国的房改工作。安志文、陈俊生和林汉雄同志先后担任住房制度改革领导小组组长。1991年3月,我接任住房制度改革领导小组组长,刘鸿儒、刘志峰和陈学斌三位同志先后配合我一起,抓这项工作。

住房制度改革难度很大,是一件"费力不讨好"的事情。那么,国家体改委为什么要碰这个事?当时出于以下几点考虑:第一,各方面对福利分房意见很多。比如,有人反映有关系的人,可以拿到几套房子。没有关系的人,一套都拿不到。可以说,福利分房变成了分配不公、滋生腐败的温床。当时有人讲,国家体改委改这个,改那个,住房这样的事情为什么就不敢碰啊?当时我们想,既然这件事反映这么强烈,而且又是经济和社会发展当中绕不过去的一个问题,就决定"碰一碰"。第二,有人批评国家体改委太虚,我们想做些实事。一天到晚规划来规划去,都是空的,老百姓看不到。国家体改委的工作要务实,不能成天都是讲道理、讲大话,搞住房制度改革也可以转变国家体改委的作风。第三,我当时受到了上海经验的启发。在我接手房改工作后不久,就听说朱镕基同志任上海市市长时,因为上海的住

---

① 陈锦华:《国事忆述》,中央党史出版社,2005,第241页。

房矛盾非常尖锐，老百姓反映突出，为了解决这个问题，他曾经专门考察过新加坡、中国香港的住房建设和住房制度。后来他大力推进上海住房制度改革，讲过新加坡的经验，我印象最深的是两件事，一件是建立住房公积金，一件是房地产开发商必须拿出10%～15%的投资用于盖廉租房，给没有钱的人住。这就从机制上解决了问题。

后来住房公积金制度率先在上海市建立。朱镕基同志找我，要求国务院批准上海市的住房制度改革方案，以便更好地推行这项制度。我找了李鹏同志，他同意由国务院办公厅正式转发。这件事在全国造成很大的影响，后来各地的房改办法都基本参照了上海市的做法。

住房制度改革领导小组根据国务院的部署，在广泛调查研究的基础上，于1991年6月起草、下发了《关于继续积极稳妥地进行城镇住房制度改革的通知》，并于1991年10月7日（世界住房日）召开了第二次全国住房制度改革工作会议，讨论《关于全面推进城镇住房制度改革的意见》。会后由国务院办公厅转发各地、各部门实施。这个文件明确了住房制度改革的目标、基本原则和政策。据调查，当时全国城镇共有无房户和住房困难户800万户，其中人均居住面积在2平方米以下的特困户为50万户，还有5000万平方米的危房，6亿平方米的简易房需要改造，每年还有200万对新婚青年需要住房。[1]解决好职工的住房问题，关键是加快住房建设，多建住房。但建房要用新机制，采取老的福利建房、分房的办法是行不通的。为了充分调动和发挥国家、单位、个人三方面的积极性，我们提出了三者共同负担的原则。在保持原有资金渠道不变的情况下，如何更多地筹集建房资金，加快住房建设，缓解住房供求矛盾，我们增加了个人投入这个新渠道，把个人的积极性充分调动起来。三者合理负担的原则，是各地多年进行房改实践的经验总结。

计划经济时期造成职工群众住房困难的根本原因是福利分房的体制。政府和企业建房投资越多，支出的维修费用和住房补贴就越多，投资不能实现自身积累，包袱越背越重，不能形成良性循环，还助长了"以权谋房"的不正之风，影响干群关系。房改从哪里突破？单纯在建房上做文章，不能解决住房商品化的问题。单纯提

---

[1] 陈锦华：《国事忆述》，中央党史出版社，2005，第241页。

高租金,也会有很大的阻力。单纯出售房子,难以确定价格机制和经济承受能力。我们还认为,提租不卖房,不能加速资金的回收。卖房不提租,不能解决住房商品化的运行机制,因此必须进行配套改革。在第二次全国房改工作会议上,我们提出了租、售、建并举的改革思路,确定了以提租为重点,"多提少补"或"小步提租不补贴"的租金改革原则。立足于转换住房运行机制,逐步实现住房商品化,基本思路是通过提高租金,促进售房,回收资金,促进建房,形成住宅建设、流通的良性循环。

在住房制度改革过程中,我们认为,应当考虑中国地域辽阔,人口众多,地区之间经济差异大的实际情况,允许各地在实现住房商品化的目标下,因地制宜地探索适合自己的改革方式。如果全国实行同一个政策、同一种模式,很难适应各地的实际情况,实施难度也大。我在全国住房制度改革会议上提出,沿海与内地、南方与北方、大城市与小城市、城市与县镇之间,在经济发展水平、消费水平、居住条件、文化传统、生活习俗等各方面差异很大,推进住房制度改革必须要因地制宜、分散决策,注意各地的这种差异性和承受能力。

图21-1 1991年6月18日,国务院住房制度改革领导小组办公室与《中国经济改革》杂志社在北京人民大会堂联合举办住房制度改革新闻发布会

建立住房基金，是住房制度改革一直倡导的做法，目的是把原来财政和各单位的住房建设资金集中起来，用于住房制度改革。我们全力支持朱镕基同志在上海提出的建立住房公积金制度，认为这是建立住房基金的有效形式，体现了国家、单位和个人三者共同负担的原则，有利于提高职工的住房支付能力。我们对上海建立住房公积金制度的改革思路表示肯定，并在全国住房制度改革会议上加以介绍和推广。

1991年以后，各大中城市逐步推开住房公积金制度。为了规范住房基金管理，并把它管好用活，国务院住房制度改革领导小组还颁发了《住房资金管理中心章程（试点）》的通知。实践证明，住房公积金制度符合中国国情，受到各级政府、企事业单位和广大职工的普遍拥护。经过10多年的发展积累，截至2003年底，全国已经有7036万职工建立了住房公积金账户，累计归集公积金5563亿元，累计发放购房贷款2343亿元，解决了329万户家庭的住房问题，推动了住房建设和住房金融的发展。[①]

可以说，住房制度改革"牵一发而动全身"，这项改革涉及方方面面，影响很大。早期的住房制度改革试点都是在中小城市进行，后来逐步把重点转到大城市，尤其是特大型的那些城市。因为特大城市职工的住房困难比较突出，改革的基础好，就是说有改革的紧迫性和积极性。我们与上海市有关部门一起研究了上海的房改方案，并以它为样板，来推动大城市的房改。根据我们多年来的房改经验，房改的关键是要起步，要综合配套，稳步提租、优惠售房、建立住房公积金和多种形式建房。同时，强调对退休职工、下岗职工、优抚对象等社会弱势群体要给予政策优惠。后来国务院住房制度改革领导小组先后听取了北京、天津房改方案的汇报，并向全国转发了北京、天津的房改方案。实践证明，京、津、沪三大直辖市房改带动了全国房改的全面起步，京、津、沪三大直辖市示范带头作用就抓住了大城市房改的示范龙头。

这里面还有个插曲，就是在国务院批转上海、北京房改方案以后，全国其他地方都要效仿，但当时国务院考虑这个不宜全都由国务院来批准，所以就决定停止转

[①] 陈锦华：《国事忆述》，中央党史出版社，2005，第243页。

发了。天津市市长聂璧初同志听到这个决定后，亲自给我打电话，说："房改事关重大，关系群众切身利益，上海、北京都经国务院批了，天津不批，我这个市长当不下去了，我干脆辞职吧。"他当时是很激动的。我只好答应去做工作争取，在同国务院副秘书长何椿霖同志商量后，并请示国务院领导同意，最后批准了天津的房改方案。

住房制度改革的实践，证明了房改起步阶段所制定的目标、政策、原则是正确的，越来越大地改善了中国城乡人民的居住状况。

住房制度改革的开始

陈学斌

住房制度改革最早是1980年邓小平同志提出的。当时他提出了住宅问题、城市建筑、住房的分配等一系列政策。城市的分配制度、建设体制也都要考虑，老百姓可以买新房子，旧房子也可以出售。房子出售以后，要考虑到提高租金。他提出繁华地区的房子和偏僻地区的房子，交通方便地区的房子和交通不方便地区的房子租金要有差别。租金提高以后，租房不如买房。因此他提出来解决城镇居民住房问题，实际上是一整套的改革思路。这是在1980年提出的，而且是在中央领导同志小范围来探讨这个问题。

20世纪50年代初，我国城镇居民住房的水平人均是4.5平方米。经过30年的社会主义建设，据统计，1978年全国城镇人均居住水平是3.7平方米；也就是说，经过30年的发展建设，1平方米也没提高，反而还下降了。因此不管是国有企业、中央机关及事业单位还是广大城镇居民，住房都非常困难，三代人住一间房子，甚至四代人住一间房子，并非个别现象。工矿区还存在大量的棚户区。居民住房可以说到了无法再承受的程度，引发出诸多社会问题，甚至影响到社会的稳定。无论有多少理由，这样的一种住房状况都是无法向城镇居民交代的。

尽管在客观上我们存在许多困难，但是主观上，我们长期执行了先生产、后生活，片面强调艰苦奋斗，又不断地批判资产阶级享受思想等，应是造成住房积重难返的原因。当然，要改革在观念上还存在不同的认识。当时国务院有些领导的思想是比较开放的，决心比较大，甚至有人提出过，公房出售除了中南海的房子不能卖，剩下的住房应该统统可以出售。与之相反的观点是什么？公房绝不能出售，谁卖房子谁就是败家子。卖掉公房就是国有资产流失，这些大帽子接踵而来。坚持公房是国有资产，主要是财政部门的同志。这也难怪，中华人民共和国成立初期，我们统计报表国有资产这一栏，当时全国住房就有3亿多平方米。如果公房出售，3亿平方米变成2亿平方米、变成1亿平方米，那么资产管理部门要有个交代啊，国有资产哪去了？有个怪圈，如果国有企业产品不符合市场需求，就把它积压在仓库，积压10年、20年、30年统一申请报废，就可以把这笔资产交代了。而涉及住房，他们的观点就是国有资产在我手上，如果你把它卖掉，国有资产没有了，谁负这个责任？这是一个问题。

第二个问题，我们说所谓资产应该年年增值，这样的资产才有意义。但是3亿平方米的国有住房，年年都在损失。因为住房也是消耗品，年年要有折旧的。公房是国家资产，房子漏了，你要负责维修。需要大修翻建了，每年要拿出钱来大修、翻建。面对这样一个国有资产状况，实际上是财政背上一个很大的包袱。在讨论当中，这些认识观念必须突破。

第三个问题，从国家的分配制度来讲，一个员工的工资构成，应该包含劳动力最基本的生活以保证简单再生产。比如工人，你要叫他吃饭、穿衣，你要给他提供住房，世界上所有市场经济国家工资的构成起码要包含这些基本的生活需求。我们中华人民共和国成立几十年实行低工资，工资构成里面几乎不含住房消费，只要你参加工作，你的住房我包了，一包到底，不光分配你房子，连换个灯泡、换个水龙头都是单位的责任。如果不允许出售，那么单位长期要背着这个沉重的包袱。我们在宣传房改的时候，老百姓积极赞成，但是一说你要提高租金，工资里给了这个钱没有？我们不能理直气壮地回答。当时就提出了，提租要给补贴。要给补贴，财政又说没钱，企业也说没钱。因此这个房改一直是在争论中探索。

所以80年代的房改仅仅是停留在试点阶段，而且是中小城市试点。国务院非常谨慎地选择了唐山、烟台、蚌埠、郑州、常州等这些中小城市，主要是进行提租补贴和公房出售两方面的试点。然而，试点的情况效果并不好，比如烟台搞提高租金的试点，但是没有钱，印代替券，实行空对空，叫空转这种办法，毫无进展。对公房出售的试点，一出售就形成了低价售房，因为职工确实买不起。

回顾80年代，尽管房改很重要，城镇职工、居民也赞成房改，但是由于财政困难、企业困难，因此这个住房制度改革不管是提高租金，还是出售房子，都是要由老百姓的兜里往外拿钱的。这个问题不解决，就成了一个症结，很难推进。当时国务院的文件都是“意见”“通知”之类的，显然是在“摸着石头过河”，鼓励大家去探索。因此80年代房改应该说是处于问题繁多的困难阶段。

1994年房改决定的出台过程

我想讲的第二个问题，就是1994年国务院出台的《国务院关于深化城镇住房制度改革的决定》[①]。这个文件跟过去就不一样了，它是“决定”，而且是以国务院的名义下发的。80年代的房改文件都是国务院办公厅这样一个层次下发的。

90年代初，陈锦华同志到国家体改委当了主任，又当了国务院住房制度改革领

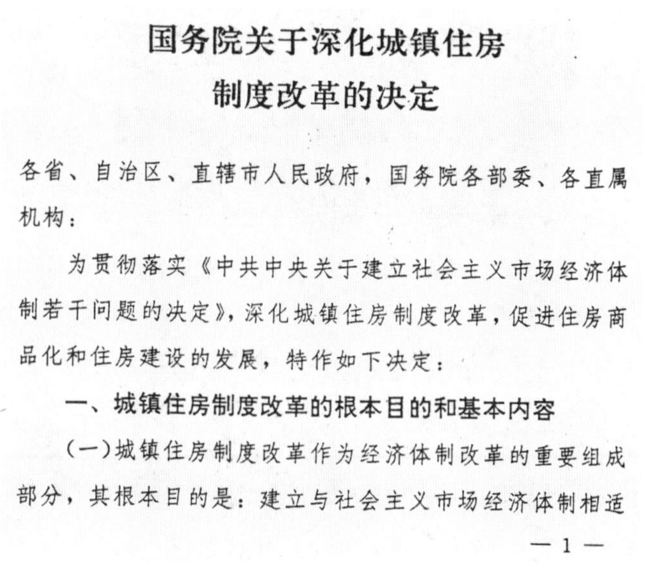

国务院关于深化城镇住房
制度改革的决定

各省、自治区、直辖市人民政府，国务院各部委、各直属机构：

为贯彻落实《中共中央关于建立社会主义市场经济体制若干问题的决定》，深化城镇住房制度改革，促进住房商品化和住房建设的发展，特作如下决定：

一、城镇住房制度改革的根本目的和基本内容

（一）城镇住房制度改革作为经济体制改革的重要组成部分，其根本目的是：建立与社会主义市场经济体制相适

— 1 —

图21－2　1994年7月，国务院颁布《国务院关于深化城镇住房制度改革的决定》

① 1994年7月18日，国务院作出《国务院关于深化城镇住房制度改革的决定》，明确城镇住房制度改革的基本内容，其中包括把住房实物福利分配的方式改变为以按劳分配为主的货币工资分配方式、建立住房公积金制度等。

导小组的组长,这个时期第一个大的突破是从抓直辖市开始。80年代的房改始终在中小城市进行,因为大城市难度大、问题多,比如北京。但是房改如果不从北京搞起,那就对全国毫无示范和推动作用。当时北京市主管房改的负责人对我说,搞房改全国哪个地方的经验拿到北京来都不好使,他一语道破。因此我认为,房改要从大城市、要从直辖市抓起,这是有一定道理的。只有首都动了,直辖市动了,全国才会动。所以陈锦华同志当时提出来首先要北京、上海制定住房制度改革的方案,而且这个方案为了提高其信誉度、执行力,要由国务院住房制度改革领导小组转发全国。这个举措的示范作用、带动作用是非常大的。

图21-3 1995年,陈锦华与中国城镇住房制度改革研究会成立大会全体代表合影

北京、上海方案转发之后,天津市也转发了方案。这些直辖市方案是在80年代试点的基础上概括了房改的内容,都非常具体。总体上沿着住房制度改革要社会化、商品化的思路来制定。其中北京突出了要积极、稳妥地逐步提高租金,同时政府给补贴。我们改革之前,全国的公房租金水平一平方米只需1毛2分钱。北京市好像到1997年提高到8毛7分钱。大家要知道,我们当时制定租金提高的规划时,非常艰难。国务院原则上都同意逐步提高租金,但是具体从哪月哪日开始提高,这个要严格按手续审批。大家应该知道,80年代末、90年代初我们国家处在高通货膨胀时期,每年都是两位数的增长。国务院领导同志曾经形象地说,现在我们头上顶了一个大水库,不知道什么时候决口。所以说这个物价水平国务院和各个省市都是严格

控制的，尤其是牵连到千家万户的住房问题。

当年租金的提高何时起步，从年初排到年末始终找不到一个合适的时间，年初春节过后是"两会"，"两会"散了又是"五一"劳动节，劳动节完了又是"七一"党的生日，之后又是国庆节，接着是元旦，都是敏感时期，政府的主要目标都是保持社会稳定，维持物价稳定，租金改革再重要都难以批准。当时国家领导人已经非常清楚地意识到住房改革是非常困难的，每走一步都需十分小心，然而不解决也会影响到社会稳定。

我本人是1993年3月到国务院房改办任职的。为了制定好国务院关于房改的文件，首先做了大量的调查研究，国务院房改办的同志跟着刘志峰主任，可以说是走遍了大半个中国。我们认为，这个文件一定要符合实际，一定不能"一刀切"，一定不是空话大话，一定要有具体措施，发下去以后大家可以照着办。我们在北京、天津等地召开了不同类型的座谈会，既有政府部门和国有企业职工，也有普通城镇居民。紧接着我们又到南京、上海，到东北、西安、深圳等地反复征求意见。因为我们国家太大，经济发展的水平不一样，比如说提高租金，我们只是原则规定5年要达到什么水平，要占到工资的什么水平，给各个地方政府考虑经济的实际情况留下余地。各地反映，国务院关于房改的决定，是这些年少有的可以操作的好文件，受到好评。

稳妥推进公房出售

当时国务院常务会要讨论公房出售问题，李鹏总理主持国务院常务会，要房改办汇报公房出售的具体政策，究竟要多少钱，既能让国有资产不流失，又要老百姓能够负担得起。我记得非常清楚，李鹏总理说："以我为例，现在我住了多少平方米房，比方说我买需要多少钱，怎么算账。"朱镕基同志当时说："我不知道在座的诸位怎么样，如果现在买房子，要我拿出5万块钱，我肯定拿不出来。"这就是当时的情况。

经过实践探索，众多不同的观点交锋，逐渐有了一个共识，就是公房要出售，只能是稳步，而且要有明确的具体措施，不能刮风，不能打雷，呼呼啦啦一下子就

图21-4 20世纪90年代房屋所有权证

卖了,这不行。公房出售,要防止突击售房,要防止低价售房,公房价格确定要有一个严格的规定,房价一定要和当地的工资收入相结合,要和当地的房价水平相结合,旧房子要考虑建了多少年等因素,要给折扣。同时还要考虑老职工、新职工的工龄折扣,体现购房价格公平。

我们当时就设计了售房价格的一个计算公式,考虑到房龄、工龄,比如说这个房子建了50年了,如果是一年折旧2%,就等于这房子价格为零了。我们中国有一个特殊的情况,有些老同志13岁就参加了革命。因此我们在设计的时候,考虑到公房出售价格计算时,应当考虑老房子应有折旧,老职工应有工龄折扣,但决不能小于零。这个公式后来也引起了一定的质疑,有人又告状又写信,因此这件事经过反复地宣传、耐心地说明。在方案出台之前,全国各地房改办以培训班等形式,把房改的思路、计算方式向大家交代得明明白白、清清楚楚,一定要体现既积极又稳妥的售房政策。后来李铁映同志非常有感触,说全国革命成功之后,几亿平方米的资产等于重新再分配,不出乱子,是东欧任何一个国家都没做到的。因此这个房改能够平稳地把公房出售,而且是皆大欢喜,很不容易。

公房出售最重要的是盘活了国有资产。原来这是一个大包袱,压得我们年年往外拿钱,现在一下子回笼了资金,可以再投入、再建房,开始良性循环。还有个故事。我记得当时为了推动公房出售,有的试点城市因为长期灌输了阶级斗争的观点,"文革"时期搞极"左",房子是不允许私有的。因此现在让大家买房,心有余悸。有群众反映出售公房是好事,领导应该带头。比如,当时阜新市委讨论的时候,说是不是找个领导带头,要不然公房出售大家都不敢买啊。有一个市委副书记，马上就要退休，就动员他："书记你是不是带头？"这位老书记党性挺强，说好吧。算了账，结果他买房大概花2万块钱。老人家把存折的钱都拿出来了。过了几天，要批判私有化，这个事让阜新市委非常作难，市里又动员这个老同志说："你别买了，现在把钱退给你。"老同志就提出来："原来我是定期存款，你们非得让我买房，我的利息损失谁给补啊？"所以房改就是这样反复，推进过程是非常不易的。

建立全国住房公积金制度

1993年10月，李鹏总理主持召开国务院第11次常务会议，原则上同意《国务院关于加快城镇住房制度改革的决定（草案）》。国发〔1994〕43号文件发布了《国务院关于深化城镇住房制度改革的决定》（以下简称《决定》），明确了建立与社会主义市场经济体制相适应的新的城镇住房制度，实现住房商品化、社会化；加快住房建设，改善居住条件，满足城镇居民不断增长的住房需求。

后来朱镕基同志由上海到了北京，任国务院副总理，而且分管改革。他在上海时已经开始实行住房公积金制度了，他明确提出了借鉴新加坡的公积金制度经验。新加坡公积金是社会保障和住房、养老、医疗联系在一起的，而我们是单独解决住房问题。经过又一轮调查研究，我们认为朱镕基同志的意见是有道理的。国务院房改办工作人员是积极的，认为上海有了试验基础，是可行的，主张《决定》要突出这样一条内容和举措。但是，全国要建立住房公积金制度确实存在着很多困难，首先是财政吃紧，因为住房公积金制度是全国城镇职工个人要拿出工资总额的5%，同时国家或者单位要给你增加5%，这个不随工资发到口袋，是要放在公积金管理中心，是解决职工住房的专项资金。

在《决定》修改之前，我们曾经和有关部门交换意见。实践证明，争房改资金的现象一直非常激烈。我们房改出来的资金一个是住房公积金，一个是公房出售的售房款，售房款由谁管也存在很大争论。有人提出，原有的公房都是国家财政投资，现在不管卖多少钱，必须得交给财政。比方说，首都钢厂20世纪50年代建厂，是国家投资的，包括生活这一块，要给多少钱建房子，是由中央财政决定的。所以一开始讨论的时候，财政部认为售房款应100%上缴财政。但是后来具体讨论的时候，究竟有多少是随着基建投资拨了住房投资款？实际后来企业盖房子，财政是几乎不拿钱的，都是从企业福利基金挤出来建的房子。所以大家认为不应上缴财政。

有一次我在上海调研，上海的公房出售售房款100%要留给企业，留给产权单位，一律不允许平调。如果按照上缴财政的办法，就完全降低了各地公房出售的积极性，好不容易卖房了，卖房的钱统统拿走，我这里职工住房这么困难，我还不如不卖呢。房也没了，钱也没了，我搞什么房改啊？所以我们就学习上海的经验。当然朱镕基同志赞成上海的办法，售房款一律要留给售房单位，当然这个时候还要留下一部分维修基金，因为房子出售了仍然还有包袱啊，剩下的钱拿出来投入再盖房子。售房款这么一搞把资产盘活之后，解决了大量的住房建设资金，各个城市、各个单位利用这笔钱再投入住房建设。为了争夺这一批资金，湖北有个城市，售房单位贴出告示几月几日要交售房款，结果各家银行都要去现场服务，各银行都要争取这个钱。售房单位谁也不敢得罪，因为你平常生产、贷款哪个银行也离不了，谁家也得罪不起。说到晚上售房款袋子一捆装上汽车，后面各家银行就追着，弄得企业没办法，最后把车开到市政府，去问市长，说这个钱存在哪？就这件事我们给朱镕基同志写了报告。后来中国人民银行规定，以后不允许各家银行再争夺资金。

我们的意见，谁的服务好就往谁家存，市场竞争嘛。有远见的是建设银行，后来它是专项服务于基础建设的银行。为了开拓市场，增加资金量，当时建行提出一个很响亮的口号"要住房，找建行"。上海就把住房公积金放在建行，等到我们这个决定发出以后，资金规模越来越大，因为每年的工资总额会增加，各家银行都看出来这是一块大肥肉，大家开始激烈争夺。因此在房改这个过程当中，我们深深体会到推进房改非常非常艰难。

建设"安居工程"

住房制度改革推进过程中，还有一个关于"安居工程"的建设。房改最终是要增加住房建设，满足城镇居民住房的需求。20世纪80年代末90年代初，我们国家经济态势，一是财政赤字很大，二是通货膨胀，对推动房改非常不利。"安居工程"

提出来，是意识到住房不光是一种商品，还是一种必需品，是关系民生的一种特殊产品，政府有责任帮助买不起房的中低收入者解决住房问题。国家"安居工程"从1995年开始，当年安排了50亿元的"安居工程"贷款（1995年后，建设规模和贷款规模一年一定），由国务院房改办牵头，全国试点，到1997年增加了100亿元，加上1995年、1996年的计划借转贷款约60亿元，贷款规模一共达到了160亿元，缓解了城镇居民住房问题，得到广大职工群众的积极赞成和拥护。当时对于"安居工程"资金贷款，各级城市抓得很紧，受到各级政府的欢迎，到国务院房改办来申请"安居工程"贷款的排着队。

为了推动"安居工程"建设，国务院房改办提出几个要求。第一，要求你这个城市房改要搞得好，要确定那里有没有房改机构，有没有房改办。第二，租金是不是逐步在提高？第三，这个城市公房开始卖了没有？价格怎么定？第四，要搞"安居工程"，要政府划拨土地，地块落实了没有？配套资金有没有？整个项目落实、土地落实、资金落实之后，你才有资格来申请。你得按照房改方案办，按照国务院的决定推进。一开始是88个城市试点。咨询当中，发现国务院总体上明确贷款指标，但是到地方有不同的银行承办，有的是工行，有的是建行，落实慢的往往就是银行有问题了，有的地方把贷款指标拿去支持别的项目了。国务院承诺的，到下

图21-5　顺河街居委会住上新房感谢党和政府

边落实不了。后来每件事都这样,具体盯着才能够落实。"安居工程"是非常好的事。我们参加过不少城市的竣工典礼,看到当地老百姓拿到钥匙,眼含着热泪,甚至制作锦旗,写着感谢政府、感谢房改政策,去给当地政府、房改办报喜去,这些场面非常动人。应该说从1993年到1997年的下半年,全国的房改搞得是有声有色。各地房改办因为是一个新机构,有新的工作作风,大家推动这样一个房改事业,加班加点、出力流汗、尽心尽力,确确实实给老百姓解决了问题,"安居工程"受到城镇职工的普遍欢迎,全国老房改人都深感自豪和欣慰。

对房改工作总的回顾

这一生我感到最欣慰的,就是1993—1998年这5年参与了全国住房制度改革的工作。经过这些年的房改,第一,不管怎么说,住房制度改革使全国亿万城镇居民的住房观念发生了重大变化。如果还是老制度,城镇居民都要等、靠、要,到现在也解决不了住房问题。通过房改老百姓才知道,住房问题不能单靠政府、单靠单位,它是生活必需品,还需要靠职工自己努力奋斗。没有全国房改大讨论、大宣传,也不会有今天这种局面。第二,经过房改,住房的私有率大大提高,2001年我们的住房私有率达到82%,这是很大的变化。当然以后才会有《中华人民共和国物

图21-6 住房制度的改革,促进了房地产的发展。图为在1998年北京房展会上,国家机关工作人员杨小姐(右)通过银行贷款,买下了一套满意的住房

权法》出台。第三，住房水平翻了一番。2001年，人均住房面积已超过11平方米，后来达到20平方米。第四，全国建立了住房公积金制度。住房公积金制度的建立有着重大意义，不光解决了建设住房的资金问题，对规避国家金融风险也起到了不可忽视的作用。第五，由于房改，中国房地产市场稳步发展，而且逐渐成为国民经济的支柱产业。

从20世纪80年代一直到现在的住房改革，我反复强调是在争论当中探索前进，在这个过程当中，第一个改革初期的争论，就是要不要走私有化这条道路。第二个就是部门利益的争论。比如，住房公积金的规范化管理问题，当时我就主张全国要实现联网，现在建设部有一个公积金监督司，一打开电脑系统就知道资金的变化。住房公积金的监管和安全仍是至关重要的课题。另外，房改要解决老百姓住房问题，要把它视为一个重大的民生问题，解决中低收入群体的住房困难问题是政府责任，必须加大财政投入。

22. 我亲历的城镇化改革政策制定过程

1998年,党的十五届三中全会将小城镇建设提升至"大战略"的高度,号召各地在发展小城镇中走出一条具有中国特色的城市化道路。2012年11月,党的十八大正式提出:"坚持走中国特色新型工业化、信息化、城镇化、农业现代化道路","促进工业化、信息化、城镇化、农业现代化同步发展"。一个月后的中央经济工作会议再次强调,要走"新型城镇化道路",翻开了中国城镇化进程的新篇章。

口述者:李 铁(国家发展改革委员会城市和小城镇改革发展中心原主任)

初提小城镇发展

李铁

1992年,杜润生与中国国土经济学会在新华社组织召开了一个关于小城镇发展的座谈会。座谈会上提出并讨论了小城镇发展的问题,比如:是不是应该走农村城镇化的道路来解决农村问题?中国的小城镇发展是不是应该有它独特的发展路径?

当时国务院有关部门如国家计委、住建部等都派代表参加了这个座谈会。我作为国家体改委农村司的官员也参加了这个会议。可以说,这次座谈会非常重要,促进了国家体改委在农村工作研究上的思路转变。因为当时的国家体改委更多的还是注重宏观层面上的经济体制改革,例如国企改革、城市综合改革、流通体制改革等,对于农村的关注度明显不够，涉及城乡关系的重大制度问题等仍是空白，如户籍管理体制的改革。当时的国务院领导认为，户籍管理体制改革会影响到大量的农村人口进入城市，担心引发两个问题：一是农产品供应是否能够保障供给，会不会影响农业的发展；另一个是害怕农村搞小城镇会到处盖房子，侵占耕地。已经出现的"村村点火、处处冒烟"对农业也产生了一些所谓的负面影响。当时的小城镇发展确实已经形成了一定的规模。因为20世纪80年代乡镇企业在沿海发达省份所占工业比重都是"七分天下"，比如广东、浙江、福建、山东，还有江苏，这五个省70%的产值是在县以下创造的。由于乡镇企业的发展，农民可以带口粮进镇，促进了小城镇的发展。乡镇企业带动小城镇发展已经成为当时中国农村城镇化非常重要的特色。现在到广东、浙江看到的大多数特色小城镇，基本都是那时候奠定的基础。

所以1992年提出小城镇发展问题的时候，国家各部委都非常重视，国家体改委牵头报了课题，国家计委、财政部、民政部也都纷纷申报了课题。1993年，在农村司领导的主持下，我向当时的国家体改委马凯副主任报了六个课题，包括土地、税费改革、农产品流通、小城镇等课题，结果他就在小城镇课题上画了一个圈儿。之后，在马凯副主任的支持并亲自协调下，开展了以国家体改委为主导的小城镇综合改革工作。

在这之前我们对城镇化问题是回避的。为什么呢？第一，之前我们对农产品的供给和轻工业产品的供给问题始终有一种担忧：一旦城镇化发展快了，农民大量进城，怎么解决他们的就业、物资供应以及粮食等方面的需求？这个问题长时间困扰着我们高层决策。所以，即使20世纪80年代改革开放取得了很大成功，但当时的农产品供给还是有波动。从决策层面看，对中国的城市到底能容纳多少人口，农产品能不能保证极大的丰富供应，心里一直没底。所以对城镇化问题就有这点担心。第二，农民进城以后，会对城市带来什么样的变化，会不会成为城市的负担？城市的公共服务和基础设施能否容纳得了更多的进城人口，例如医疗和教育资源是否充足等，这也是决策层面担忧的问题。第三，虽然我们整个工业发展的速度够快，但如果我们把有限的财政大量用到城市建设方面的话，会不会导致投资的浪费？

《小城镇综合改革试点指导意见》颁布

1995年,在当时的国家体改委副主任马凯的协调推动下,我们联合国家计委、财政部、国家科委、住建部等11个国务院有关部委,颁布了《小城镇综合改革试点指导意见》,这个文件是针对当时农村经济发展的形势,就怎样深化农村改革,推进城镇化而提出的。我记得当年马凯同志在主持讨论小城镇问题的时候提出了"减少农民才能富裕农民"的观点,这也是当时国家体改委推进小城镇发展非常重要的出发点。当时我们城镇化率很低,只有26%,全国12亿人口,如果70%~80%的人都在农村,人均1亩多地,怎么能增加农民收入,更不用说改善农村的生活状况。1亩多地种粮食,年收入500多元,1户平均五六亩地,年收入才几千元,无法解决农民致富的问题,更谈不上促进农村的发展。根据全国各地乡镇企业带动小城镇发展的现状,马凯同志提出,只有把农民从土地上彻底转移出去,才能从根本上解决农村的发展问题。

减少农民,增加农村人均占有资源的供给。如果城镇化率提高到50%,农民减少一半,人均耕地就会增加一倍,农民在农业上的收入必然会增加。

增加对农产品的商品需求。农民都进城了,农民就会加大对农产品商品化的需求。20世纪90年代农产品的商品率很低,只有20%左右,商品率低导致农产品价格也低,对城市的供应也会受到限制。农产品供给结构单一,品质也上不去。如果使农民转移到城镇,加大城镇化比重,改变城乡人口结构,就会使农产品商品化速度大幅提高,农产品供给结构将发生深层次改变,刺激农业种植业的多样化,丰富农产品的供给形式,农产品价格也会提高。同时因为农村人均占有资源增加了,农民的收入也会增加。

促进城乡的人口流动。最重要的是解决农村非农就业人口的去向问题。当初提出小城镇问题,也是根据中国的现实情况来考虑:农民进城是进入大城市还是到小城镇?当时的大城市对户籍制度管得很严,不仅限制农村人口,也限制城市间的人口流动,农民不可能大规模进入大城市。我们测算了一下,当时5万个乡镇,如果1个乡镇解决1万人的居住问题,就解决了5亿农民的居住问题。所以我们提出通过建设小城镇，吸收大量低收入、低教育素质的农民，发展中小企业、乡镇企业，这是当时比较符合现实的通过小城镇发展为中小城市推进城镇化的一条思路。

在城乡矛盾并不是特别突出的小城镇推进城镇化，改革的风险较小。虽然提出了农村城镇化道路，但这个问题在政策上是一个限制非常严格的禁区，谁也不敢提城镇化，"户改"①"土改"②都是禁区。所以我们不好把它上升到各级城市政策层面。但在小城镇问题上可能容易松动，原因有几个方面：首先，对大城市利益触动有限。城市的农产品和轻工业品的供应还没有明确的保障，户籍人口有很多福利。如果农民进入特大城市和中心城市，可能会在整个社会稳定和利益结构上产生一些矛盾，但是选择小城镇就避免了这些问题。其次，农民进入小城镇后，实际上和周边的农村还有天然的联系。这里是政府行政管理的薄弱环节，也是最容易取得政策突破的地方。特别是户籍制度改革，在小城镇率先进行改革，不会产生较大的利益冲突，也不会影响到社会的稳定。总结以往的改革经验，寻找体制上比较薄弱的环节进行突破，是我们抓住小城镇"牛鼻子"进行城镇化改革的初衷。

1995年国家体改委等11个部委制定的《小城镇综合改革试点指导意见》，确实在这方面取得了根本性突破，大概有以下几个方面：

第一，第一次提出了户籍管理制度改革，力争在这些小城镇试点，率先进行户籍制度改革。当然这事在高层还有不同意见，但是在小城镇进行改革，至少在试点层面上可以放开。

第二，在土地管理的基础上进行改革，主要是提出了"以地生财"，由此引发的土地财政至少影响了中国20年。1995年，我们选择的"以地生财"试点是湖南浏阳的大瑶镇，因为小城镇建设没有资金来源。经过与国家土地管理局商量和协调后，在大瑶镇进行试点所实行的政策是：小城镇可以通过集体建设用地的出让，用于解决城镇基础设施建设资金投入问题。到1996年又在安徽芜湖大桥镇进行了"以地生财"改革试点。在这两个镇试点的基础上，逐步推进到所有大中城市。现在，土地财政已经成为各级城镇政府基础设施建设最重要的资金来源。

---

① 注：户籍制度改革。
② 注：土地制度改革。

第三，行政管理体制改革。当时我们提出能不能给小城镇放权。我们研究了中国的城市管理体制，它是等级化的管理体制，管理权限自上而下缩减。涉及小城镇管理体制的问题出现在哪里呢？就是上级政府把当年乡镇企业所创造的大量税收大多集中到县以上的城市去了。从20世纪80年代县改市、地改市以后，管理体制的等级化越来越强，在乡镇企业基础上发展的小城镇，资源逐渐上移，后果就是县级市、地级市发展很快，县以下的小城镇虽然有活力但是财政资源不足。许多特大镇创造的税收可以占全县的半壁江山，但是能留在镇一级用于小城镇建设的却微乎其微，这是小城镇发展非常滞后的重要原因。

在这种背景下，我们提出小城镇改革要针对这些最有活力的特大镇或者经济发展的强镇，要"还权于镇"。举个例子，当年浙江的一些镇，都是十来万人口，财政收入十几个亿，甚至超过了某些北方的地级市。如果能缓解小城镇财政资金的压力，给小城镇放权，激发小城镇的活力，对推进农村城镇化、农村人口转移，促进中小城市发展，带动整个中国经济的发展具有很大的价值。当时我们在全国选择了57个试点镇，进行了涉及户籍、土地，特别是行政管理体制中的机构设置等方面的改革。比如建立镇一级财政金库，在镇一级建立公安分局、规划局等。我们要求上级地方政府在行政上进行配套，试点进展较好的镇，一把手建议提到县一级，有利于协调县级各部门的关系。在一些省份，这些小城镇试点的改革都得到了省级政府的支持。例如浙江省专门派省长助理下到温州的龙港镇，负责落实小城镇的改革试点政策。还有财政超收返还，土地出让收入全留给小城镇使用，也在镇上设立了金库，而且相应地进行了机构改革。但是实施大概三年以后，因为影响到上级县级政府的利益，当初提出的这些政策以三年试验期满为理由，大多都退回去了。这些小城镇在试点改革上的探索，为后来中央出台的一系列政策积累了经验，并为之后的中共中央、国务院关于小城镇发展的文件出台，特别是为将近二十年后制定中国的新型城镇化政策奠定了非常好的实践基础。

图22-1 龙港镇党委书记陈定模大胆地提出了土地有偿使用和梯度移民的设想,使原来的小渔村成为中国第一座农民城,为中国农村城镇化开辟道路,引起了中央领导和全国各地的关注。图为1984年,陈定模(图中戴帽者)和同事们在龙港街头研究该镇规划建设(萧云集 摄影)

两个重要文件的出台[①]

1995年至1998年,关于城镇化的认识发生了变化。

第一件事情是1997年的亚洲经济危机,对中国经济产生了冲击,尤其在投资和外贸出口方面产生了非常大的影响。在这时候宏观政策研究领域提出的问题就是怎样拉动内需。我们与当时的国家计委从不同层面提出了报告,重点就是城镇化可以拉动内需,带动消费增长,这使得20世纪90年代后期中央对城镇化问题有了新的认识。

第二件事情是1998年长江发洪水,需要解决移民问题。朱镕基总理去长江考察,提出在湖北、安徽等长江流域受灾较严重的省份可以推行"移民建镇"。"移

---

① 中共中央、国务院2000年11号文件《中共中央国务院关于促进小城镇健康发展的若干意见》、国务院办公厅2003年1号文件《国务院办公厅关于做好农民进城务工就业管理和服务工作的通知》。

民建镇"就是把移民资金集中起来用于建设小城镇,让受到洪水影响的灾区农民去那里生活。当时实施的效果还不错,小城镇建得很漂亮,灾民住进去很高兴,灾区灾民问题得到了有效解决,回避了原来在农村由于土地占用造成的矛盾。"移民建镇"的提出,标志着决策层首次在小城镇问题上有所松动。1998年抗洪救灾以后,党的十五届三中全会公报上第一次提出了"小城镇,大战略",把我们这些年关于小城镇的研究成果写入了党中央全会公报上,直接影响了未来全国城镇化进程,城镇化改革从"小城镇,大战略"中开始逐步突破。

1998年国家体改委也由于机构改革发生了变化。国家体改委与国务院特区办合并成立国务院体改办,原来的16个司、局变成6个司、局,农村司被撤销了,成立了小城镇改革发展中心。我从主持农村司工作的副司长转成了小城镇改革发展中心主任,组建了一个团队,专门从事小城镇、农村政策和城镇化政策研究,并继续推动小城镇综合改革试点工作。

1998年党的十五届三中全会提出"小城镇,大战略"之后,按照中央领导要求,当时国务院副秘书长马凯和中央财经领导小组办公室副主任段应碧把起草《中共中央国务院关于促进小城镇健康发展的若干意见》(以下简称《意见》)的任务交给了国务院体改办。当时在国务院体改办副主任邵秉仁的牵头协调下,包括中财办陈锡文同志在内的很多领导同志都参与了这个文件的讨论和起草。国务院体改办则由我们小城镇改革发展中心和产业司来负责具体协调和文件的起草工作。经过一年的充分酝酿和讨论以及起草工作,《意见》最后以中共中央、国务院2000年11号文件的名义颁发了。从1995年,我们在马凯同志领导下,顶着压力协调出台的国务院11个部委的文件,到2000年中共中央、国务院11号文件的颁布,这其中最重要的意义就是马凯同志所说的,改革的事情认准了就要干,就要坚持。

《意见》里提出的很多改革措施,虽然在当时的认识上还有较大的分歧,还要与相关部门协调,但是对后来的涉及城镇化改革政策的制定都产生了明显的、积极的效果。比如《意见》里明确提出县级市以下进行户籍管理制度改革,放开农民进城的户口管理制度限制。公安部根据《意见》,在2001年制定了《关于推进小城镇户籍管理制度改革的意见》。一年多的时间里,有一千多万人由农村户口转成了城镇户口。

此外,《意见》中还提出了投资体制改革,允许民资、外资参与城镇基础设施建设,这在之前也是严格禁止的。这个文件发了以后,经贸委、商务部之前的一些政策就相应取消了。所以说《意见》影响是很大的,可以说是中国城镇化历史上最重要的一个文件。

在关于小城镇的文件颁布之后,我们同时起草了另一个重要的研究报告,即《小城镇发展与城镇化进程》。这是由国务院体改办向中央政治局常委直接就城镇化问题提出的第一个重要报告。当时由中财办委托国务院体改办和国家计委同时分别起草的。国务院体改办又把起草这个报告的任务交给了小城镇改革发展中心和产业司。报告起草之后,由国务院原体改办副主任邵秉仁向中央政治局常委进行了汇报。由于在中央领导层面对城镇化问题认识上取得了共识,党的十六大第一次把城镇化问题写进了报告中,那一段的标题是"全面繁荣农村经济,加快城镇化进程",把城镇化问题和农村经济繁荣、发展和农村改革连在一起。

随着时间的演变,我们的认识也在逐渐深化。当我们合并到国家发改委之后,我们感觉到,从农村的角度去谈小城镇,实际上对政策作用的影响有限。因为从中国城镇的管理体制上看,小城镇是最低一级政府,农村、农业以及农民问题虽然一直得到重视,但在地方政府的层面上,特别是由于中国行政管理体制的特点,上级城市管理下级城镇,城市管理农村,只有从城市发展的角度去谈城镇化问题、谈农民进城给城市带来的活力问题,从城市的公共服务和市场化服务问题出发,才有可能得到城市政府的支持。从这个角度出发,考虑到我们的决策系统更多地偏重于城市,忽略了下级城镇和农村,所以我们后来也在逐步调整关于城镇化政策的研究角度,深入到城市的视角看待城镇化问题,看待农民进城问题。

我们直接参与、牵头起草的另一个文件是关于农民工的。这个文件也是在2002年初按照时任国务院总理朱镕基同志的指示精神,马凯同志和段应碧同志把任务交给国务院体改办,当时的国务院体改办主任王岐山和副主任邵秉仁又把这个文件的起草工作交办给小城镇改革发展中心,经过一年的时间,最终形成2003年国务院办公厅1号文件——《国务院办公厅关于做好农民进城务工就业管理和服务工作的通知》。这个文件对中国整个城镇化的进程来说，是一个里程碑式的文件。这个文件里面明确提出了农民工在城市中应该享受和城里人同等的公共服务待遇，而且很多历史遗留的关于对农民工包括所有外来人口受歧视的问题在这个文件里基本都得到解决：

第一，采取一系列措施，确保农民工的工资不被拖欠。

第二，取消各种收费。当时收费问题很突出，农民工进城打工要交很多费，办暂住证要交费，办劳务证要交费，上学要收费，计划生育要交费等，我们在起草文件的时候，把所有相关的收费项目全部取消了。

第三，彻底取消对外来人口的强制遣返。从1949年以后强制遣返盲流的政策一直执行到2003年，成了一个顽政。这次我们不仅仅取消了强制遣返，而且把所有的遣返站，全部转变为农民工的服务救助站。这项政策很重要。

第四，农民工子女免费享受义务教育。

第五，完善社保缴费，农村户口享受和城市户口同等的待遇。那时候农民工的社保缴纳率不到10%，这个文件颁发以后，社保缴纳率有了提高。到2013年，农民工的社保缴纳率达到了20%。

此外，这个文件还提出了对农民工进行各类培训，提高农民工素质。

我们起草的这个文件在城镇化进程历史上，应该说具有划时代意义，为农民工在城市的就业和服务以及发展奠定了非常重要的基础。很多社会舆论认为，这个文件的出台是因为孙志刚事件，其实我们准备这个文件的时候，是在孙志刚事件发生的一年前。文件出台与这个事件时间吻合，其实就是巧合。一年的时间要跟有关部门反复协调，例如取消收费问题，就涉及很多部门，最后还要经过国务院常务会讨论，并经过中央政治局通过才能下发。

推动新型城镇化

2003年，国务院机构改革之后，国务院体改办被撤销并入国家发改委。在进入国家发改委初始的这5年时间，我们做的最重要的两项工作就是：一是继续坚持推进小城镇综合改革试点工作；二是按照时任国家发改委主任马凯同志的要求推进了城镇国有建设用地和农村集体建设用地增减挂钩政策的实施。

城镇化真正进入中央政策的主渠道是在2012年，当年中央提出"通过新型城镇化拉动内需"。我们全程参与了推动新型城镇化发展的过程，例如城镇化规划的起草和编制，改革思路的提出以及后来的试点指导和相关的国际合作。我们在时任国家发改委副主任徐宪平的领导下配合国家发改委规划司全程参与新型城镇化政策的制定过程。相对于过去几十年的进展，户籍管理制度改革已经在中西部地区和三四线城市取得了较大的进展。我们在中部地区省份调查的时候，当地政府介绍，现在不是让不让农民进城的问题，而是农民想不想进城落户的问题。当然，在人口流入地区和超大城市对户籍的管理反而更加严格了。所以，全面放开户籍管理已经涉及更深层次的利益结构调整。土地管理制度改革的进展还是比较缓慢，目前已有的"增减挂钩"的政策继续延伸，在个别试点或者城市也进行了集体建设用地入市的探索，但还是停留在试验阶段。从2012年开始推进的新型城镇化政策通过规划的形式颁布，虽然涉及的政策内容很多，但是贯彻落实还是存在着较大的问题。

纵观改革开放40年，中国的城镇化有了明显的发展和变化。比如北京从1000多万人口到2000多万人口，城镇化率从17%到现在的58.53%，城镇人口净增加了3亿多。城市也发生了巨大的变化，千万人口以上的城市超过6个，设市城市658个，城区人口5万以上的各类较大规模的城镇1500多个。这些都是城镇化的实质性进展。但是，户籍人口城镇化率与常住人口城镇化率还有16个百分点的差距，城乡要素流通的市场还没有完全被打开，土地管理制度改革和城镇行政管理体制改革举步维艰，城市自身发展过度依赖土地财政和房地产，还没有实现真正的实体经济转型。在人口流入地区的各级城镇距离真正解决农民长期居住和公共服务的均等化等问题，达到拉动内需、促进公平、提高资源配置效率这三个总的目标，还有比较大的差距。

透过今天城镇化的进程，可以看到我们当年在其中的心血和付出。曾经国家体改委主要的改革内容是：国企改革、城市综合改革、金融改革、社保制度改革、财政体制改革等。我们在很多方面都取得了较大的进展。可是涉及城镇化的改革，涉及城乡要素流通的改革，涉及一些农村领域的改革，也是发端于国家体改委，最终也成为中央的重要战略决策。

图22-2 2013年12月12日至13日,中央城镇化工作会议在北京举行。中共中央政治局常委、国务院总理李克强出席会议并做重要讲话(新华社记者王晔摄)

未来中国涉及全体国民福祉的改革战略之一应该是城镇化。城镇化可以激活农村的改革,彻底地通过减少农民、富裕农民而使三农问题从根本上得到解决。城镇化可以拉动内需,促进宏观经济增长,改善人民生活水平。城镇化在当前信息产业、互联网、人工智能的技术变革影响下,又增加了创新和智慧的内容。而基于科技发生的变革和共享模式的创新,也在另一个层面上自动地推进了社会的变革。我们生活在城市中,作为一个城市居民关注着城市的发展。作为一个曾经致力于推动城镇化进程的政府官员,尽自己所能在一些方面取得了进展。作为长期从事改革,从中央农村政策研究室和国务院农村发展研究中心以及短暂的国务院发展中心农村部,后来在国家体改委工作期间,在领导的支持下,从农村改革的各方面研究开始,逐渐开辟了从小城镇到城镇化的研究方向。现在我作为一个学者,还在继续着与城镇化有关的各方面的研究。我觉得在小城镇到城镇化这件事上坚持了25年,甚至还要从事一辈子,是非常值得欣慰的。